Dietmar Böhm / Regine Böhm / Birgit Deiss-Niethammer

Handbuch Interkulturelles Lernen

Dietmar Böhm / Regine Böhm /
Birgit Deiss-Niethammer

Handbuch Interkulturelles Lernen

Theorie und Praxis für die Arbeit in Kindertageseinrichtungen

Herder Freiburg · Basel · Wien

Gedruckt auf umweltfreundlichem,
chlorfrei gebleichtem Papier

Umschlaggestaltung: Joseph Pölzelbauer, Freiburg
Umschlaggraphik: Barbara Theis, Freiburg
Autorenfoto: H. Abendschein

Satz: Barbara Herrmann, Freiburg
Druck und Bindung: Freiburger Graphische Betriebe 1999
ISBN 3 451-27001-3

Inhalt

Vorbemerkungen 9

1 Einführung 13

1.1 Von der Ausländerpädagogik zum interkulturellen Lernen 13

1.2 Interkulturelles Lernen – ein Konzept für In- und Ausländer . . 16

2 Grundlagen 21

2.1 Nicht nur Vielfalt und Buntheit – die multikulturelle Gesellschaft 21

2.1.1 Zwischen Konflikt und Kompromiß 23

2.1.2 Auf der Suche nach pädagogischen Antworten 26

2.1.3 Kultur als Ausdruck verschiedener Lebensformen 28

2.2 Interkulturelles Lernen 34

2.2.1 Was versteht man unter interkulturellem Lernen? 34

2.2.2 Zwischen Neugier und Ablehnung – Fremde und Fremdes in unserer Gesellschaft 36

2.2.3 Interkulturelles Lernen braucht Religion 41

2.2.4 Ziele des interkulturellen Lernens 45

2.2.5 Direkte und indirekte Thematisierung 55

2.3 Wie entstehen die Bilder in unseren Köpfen? 56

2.3.1 Woran erkennt man Vorurteile? 56

2.3.2 Ausländerfeindlichkeit, Rassismus, Diskriminierung – auch in Tageseinrichtungen für Kinder? 59

2.3.3 Wie Vorurteile entstehen 61

2.3.4 Religion und Vorurteil 64

2.3.5 Kinder erlernen Vorurteile 65

2.3.6 Was tun gegen Vorurteile? 68

2.4 Aspekte der Identitätsentwicklung nichtdeutscher Kinder – Aufwachsen in der multikulturellen Gesellschaft 72

2.4.1 Was ist das eigentlich – Identität? 74

2.4.2 Wie Kinder in Tageseinrichtungen mit unterschiedlichen Normen umgehen können ... 79
2.4.3 Besondere Bedingungen für die Identitätsentwicklung von Kindern nichtdeutscher Herkunft ... 81
2.4.4 Identitätsentwicklung im Jugendalter ... 85

2.5 Familie ist nicht gleich Familie ... 88
2.5.1 Was ist Familialismus? ... 88
2.5.2 Zentrale Werte in vielen Migrantenfamilien ... 90
2.5.3 Werte verändern sich ... 92
2.5.4 Besonderes in Aussiedlerfamilien ... 95

2.6 Religionen begegnen sich ... 96
2.6.1 Die Begegnung der Religionen hat eine Geschichte ... 99
2.6.2 Modelle für einen Dialog zwischen den Religionen ... 101
2.6.3 Voraussetzungen interreligöser Begegnung in Tageseinrichtungen ... 106

3 Themen ... 113

3.1 Situationsansatz und interkulturelles Lernen ... 113
3.1.1 Der Situationsansatz ... 114
3.1.2 Gemeinsamkeiten von Situationsansatz und interkulturellem Lernen ... 125
3.1.3 Interkulturelles Lernen als Bestandteil einer Konzeption ... 131

3.2 Eltern als Partner ... 135
3.2.1 Interkulturelles Lernen – ein Thema für alle Eltern ... 135
3.2.2 Die Erzieherin als Vorbild ... 137
3.2.3 Hintergrundwissen hilft verstehen ... 138
3.2.4 Formen der Zusammenarbeit ... 139
3.2.5 Besonderheiten der Zusammenarbeit mit Eltern nichtdeutscher Herkunft ... 147

3.3 Welche Sprachen sprechen wir? ... 150
3.3.1 Sprachentwicklung und Spracherwerb bei Kindern ... 152
3.3.2 Die Bedeutung der Muttersprache ... 158
3.3.3 Wie erlernt ein Kind eine Zweitsprache? ... 163
3.3.4 Umgangsmöglichkeiten mit Zwei- bzw. Mehrsprachigkeit ... 168

3.4 Sprachvergnügen ... 179
3.4.1 Sprachspiele ... 179
3.4.2 Einsatz von Kinderliteratur in Tageseinrichtungen ... 180
3.4.3 Kriterien zur Auswahl von Kinderbüchern ... 182

3.5 Feste und Feiern – Ausdruck kultureller Lebendigkeit 185
3.5.1 Das Feiern von Festen in Tageseinrichtungen – ein Spiegel pädagogischer Entwicklungen 186
3.5.2 Welche Feste feiern wir? 190
3.5.3 Gemeinsame religiöse Feiern 199
3.5.4 Ein Festkalender für alle 202
3.5.5 Weihnachten am 6. Januar? – Festdaten und Kalendersysteme .. 204

3.6 „Das Kind in der Mitte“ – Religion und Religionen in Tageseinrichtungen 209
3.6.1 Aufgaben religiöser Erziehung 209
3.6.2 Geschichten – Brücken zur eigenen und fremden Religion 213
3.6.3 Symbole – die Verbindung von Sinnlichkeit und Sinn 218
3.6.4 Beten – Begegnung mit Gott und anderen 221
3.6.5 Interkulturelles Lernen in kirchlichen Einrichtungen 224
3.6.6 Religiöse Identität entwickeln 231

4 Interkulturelles Lernen – ein offener Prozeß 235

4.1 So könnte alles beginnen – erste Schritte zum interkulturellen Lernen 235

4.2 Praxisanregungen – eine Zusammenfassung 239

4.3 „Wir lernen täglich dazu“ 243

Literaturverzeichnis 245

Vorbemerkungen

Dieses Buch ist aus unserer eigenen Unterrichtspraxis und vielfältigen Kontakten mit Tageseinrichtungen entstanden. Obwohl die Situation multikulturell zusammengesetzter Kindergruppen nicht neu ist, empfanden wir die Notwendigkeit, die bisherigen pädagogischen und religionspädagogischen Ansätze und die didaktischen Modelle stärker noch von der multikulturellen Praxis her zu betrachten. Dabei fiel uns auf, daß es zwar eine Vielzahl von wertvollen Veröffentlichungen zum interkulturellen Lernen gibt, aber keine Zusammenstellung der für die sozialpädagogische Praxis und Ausbildung relevanten Themen. Die Idee für ein Handbuch war geboren.

Konzeption des Handbuchs

Bei der Konzeption des Handbuchs und der Auswahl der Themen gingen wir von folgenden Überlegungen aus:

- Grundlagenwissen zu den Voraussetzungen und Zielen interkulturellen Lernens soll mit Fragen der (sozial-)pädagogischen Praxis verknüpft werden.
- Interkulturelles und interreligiöses Lernen sind nicht zu trennen. In vielen Situationen, in denen unterschiedliche Wert- und Verhaltensvorstellungen aufeinander treffen, spielt der jeweilige religiöse Hintergrund eine wichtige und prägende Rolle. Das Handbuch versucht deshalb, allgemeinpädagogische und religionspädagogische Überlegungen und Fragestellungen – wo sie für die Praxis relevant werden – zu verbinden.
- Angesichts der Vielzahl von Nationalitäten und kulturellen Unterschieden, die in nicht wenigen Kindergruppen vertreten sind, geht es uns weniger um Detailinformationen als vielmehr darum, pädagogischen Fachkräften einen „Schlüssel" in die Hand zu geben, der es ermöglichen soll, auf verschiedenartige multikulturelle Situationen adäquat zu antworten.

Aufbau des Handbuchs

Beim Aufbau des Handbuchs unterscheiden wir zwischen einem Grundlagen- und einem Thementeil. Im Grundlagenteil vermitteln wir Basiswissen zur multikulturellen Gesellschaft und zum Konzept des interkulturellen Lernens. Im Thementeil nehmen wir verstärkt den sozialpädagogischen Alltag in den Tageseinrichtungen in den Blick und setzen ihn in Bezug zum interkulturellen Lernen.

Wir freuen uns natürlich über alle Leserinnen und Leser, die das Buch von Anfang bis Ende durchlesen. Aber selbstverständlich geht es auch anders. Jedes Kapitel ist auch unabhängig von den anderen verständlich; wo es uns nötig und sinnvoll erschien, haben wir durch Querverweise auf die Kapitel hingewiesen, die das Ausgeführte erklären oder vertiefen.

Durchgängig finden sich zahlreiche Beispiele aus der sozialpädagogischen Praxis. Sie veranschaulichen einerseits die verschiedenen Aspekte und Fragestellungen interkulturellen Lernens, andererseits sollen sie deutlich machen, daß es immer um Einzelsituationen geht, in denen – ausgehend von den Grundsätzen interkulturellen Lernens – überlegt und gehandelt werden muß, und daß es keine allgemeingültigen Rezepte geben kann.

Das Buch richtet sich an

- alle diejenigen, die in sozialpädagogischen Arbeitsfeldern tätig sind (Erzieherinnen, Sozialpädagogen[1] usw.);
- Studierende und Dozenten an Fachschulen, bzw. an Fachakademien für Sozialpädagogik
- und – auch wenn der Schwerpunkt der ausgewählten Themen auf der sozialpädagogischen Praxis liegt – an Lehrer und Lehrerinnen an allgemeinbildenden Schulen, die sich einen Überblick über das Thema verschaffen wollen.

Ein besonderes Problem bestand bei der Erstellung des Handbuchs in der Begrifflichkeit. Wie sprechen wir von verschiedenen Bevölkerungsgruppen? Sind Kinder, deren Großeltern in den sechziger Jahren in die Bundesrepublik eingewandert sind, noch „ausländische

[1] Aus Gründen der Lesbarkeit haben wir bei der Erwähnung verschiedener Personen- bzw. Berufsgruppen auf die durchgängige Nennung sowohl der weiblichen als auch der männlichen Form verzichtet, ebenso auf die Schreibweise mit großem „I". Wir bitten darum, daß sich immer sowohl die Leserinnen als auch die Leser angesprochen fühlen mögen.

Kinder"? Wie sollen wir die Menschen bezeichnen, die schon über zwanzig Jahre in Deutschland wohnen? Sind es Migranten, Mitbürger oder Ausländer? Und sind wir dann die Inländer? Wer ist mit „wir" überhaupt gemeint? Sind Kinder und Eltern, die einer anderen Religion als dem Christentum angehören, „nichtchristliche" Kinder oder Eltern, oder weckt dieser Begriff negative Assoziationen? Wir haben versucht, sehr sensibel mit Sprache umzugehen, weil wir wissen, daß unser Sprachgebrauch auch etwas über unsere innere Einstellung zeigt. Letztendlich spiegelt sich in der Vielzahl der verwendeten Begriffe – nichtdeutsch, „ausländisch", Angehörige ethnischer Minderheiten, zugewanderte Familien usw.– auch die gesellschaftliche Unsicherheit wider, mit unserer multikulturellen Lebenssituation umzugehen.

Vielleicht hätten Migranten für dieses Problem eine bessere Lösung, wie sie eventuell auch die eine oder andere Stelle inhaltlich anders akzentuiert und gestellt hätten.

Allen, die uns durch Anregungen, kritische Fragen und wertvolle Hinweise unterstützt haben, möchten wir ganz herzlich danken. Dazu gehören viele Studierende, Fachberater und Erzieherinnen.

Danken möchten wir besonders Nejla Aksoy-Dietzfelbinger, die selbst hierher zugewandert ist und die aus ihren Erfahrungen als Migrantin heraus mit uns diskutierte und uns viele wertvolle Denkanstöße und Informationen gab.

Großer Dank gebührt auch dem Verlag Herder, der uns jede erdenkliche Unterstützung zukommen ließ.

1 Einführung

„Die multikulturelle Gesellschaft ist einfach da. Nun kommt es darauf an, wie wir sie haben wollen: als Schlachtfeld oder als halbwegs erträgliche Lebensform." (Leggewie 1993)

1.1 Von der Ausländerpädagogik zum interkulturellen Lernen

Entwicklung der Einwanderung nach dem Zweiten Weltkrieg

Die Zuwanderung von Arbeitsmigranten nach Deutschland aus den süd- und südosteuropäischen Ländern sowie aus Nordafrika begann in den fünfziger Jahren des 20. Jahrhunderts. Damals herrschte ein zunehmender Arbeitskräftemangel. Dieser hatte verschiedene Gründe: verkürzte Arbeitszeiten, verlängerte Ausbildungszeiten, Aufbau der Wirtschaft und der Bundeswehr und ähnliches (vgl. Marburger 1991). Die Verantwortlichen in Wirtschaft und Politik sahen die Lösung dieses Problems im gezielten Anwerben von Arbeitskräften. Deshalb wurden im Laufe der Zeit mit Ländern wie Italien, Spanien, Griechenland, der Türkei und anderen mehr entsprechende Abkommen zur Anwerbung von Arbeitskräften abgeschlossen. Zunächst gingen sowohl die Anwerbeländer als auch die Vertreter der deutschen Wirtschaft und Politik davon aus, daß die „Gastarbeiter" nach ca. fünf Jahren wieder in ihre Heimatländer zurückkehren und durch neue ersetzt werden würden. Man sprach in diesem Zusammenhang vom „Rotationsprinzip" (vgl. Diehm 1997, S. 18). Das Ziel vieler Gastarbeiter war es, durch die Arbeit in Deutschland soviel Geld zu ersparen, daß sie sich in ihrem Heimatland mit einem eigenen Geschäft selbständig machen könnten. Da die meisten ihre Ziele nicht so schnell erreichten, zogen zunehmend auch ihre Familien nach. Der Zuzug verstärkte sich besonders nach dem Anwerbestop 1973. Er wurde von der Bundesregierung in Kraft gesetzt, nachdem erstmals nach dem 2. Weltkrieg in der Bundesrepublik die Arbeitslosigkeit zunahm. Durch den verstärkten Familiennachzug veränderte sich die Struktur der ausländischen Wohnbevölkerung sichtbar. War sie früher hauptsächlich durch männliche Einzelpersonen gekennzeichnet, kamen nun Frauen und Kinder hinzu.

Nachdem bereits 1964 die allgemeine Schulpflicht für Kinder ausländischer Arbeitnehmer eingeführt worden war, entstanden zu Beginn der siebziger Jahre für Schulen und sozialpädagogische Einrichtungen neue Herausforderungen durch die ständig steigenden Zahlen ausländischer Kinder (vgl. Hotz 1994, S. 247). In der Regel handelte es sich dabei um Kinder, die ihre ersten Lebensjahre in ihrem Heimatland verbracht hatten. Lehrer und Erzieherinnen waren auf diese Veränderungen nicht vorbereitet, so daß es zu vielerlei Problemen kam. Weder die Schulen, noch die sozialpädagogischen Einrichtungen verfügten über Konzepte oder Vorstellungen, wie sie mit dieser Situation umgehen sollten. In der Zeit zwischen 1971 und 1974 entstanden schließlich zahlreiche Initiativgruppen mit dem Ziel, ausländischen Kindern durch Nachhilfe und Unterstützung in schulischen Angelegenheiten zu helfen. Mitte der siebziger Jahre begannen der Staat und wichtige Stiftungen durch die Förderung von Modellprojekten die Arbeit dieser Initiativgruppen aufzuwerten und verstärkt zu unterstützen. Dadurch fand diese Arbeit auch das Interesse der Hochschulen, die Überlegungen zur *Ausländerpädagogik* entwickelten. Dies bedeutete, daß endlich nicht nur die konkrete Lebenssituation der Kinder in den Blick genommen wurde, sondern auch deren soziokultureller Hintergrund, die Lebenssituation im Herkunftsland, die dort geltenden Werte- und Normensysteme, die Erziehungspraxis und vieles mehr. Hinzu kamen Forschungsarbeiten, die sich mit der Identitätsentwicklung dieser Kinder auseinandersetzten, also der Frage nachgingen, was der Wechsel von einem Land in ein anderes für Kinder und deren persönliche Entwicklung konkret bedeutet. Einen weiteren Schwerpunkt bildeten Arbeiten zur Zweisprachigkeit und zum Zweitspracherwerb.

Ausländerpädagogik

Zur gleichen Zeit entstand auch *das Konzept der bilingual-bikulturellen Erziehung*. Seine Ausgangsbasis bildete eine EG-Richtlinie von 1977, die den Aufnahmeländern empfahl, einerseits die Integration ausländischer Kinder zu forcieren und andererseits durch geeignete Maßnahmen „die kulturelle Identität der Migrantenkinder zu bewahren, um im Falle einer Rückkehr ins Herkunftsland deren Reintegration nicht zu erschweren (Rückkehroption)“ (Diehm 1997, S. 20). Diese Empfehlung fand ihren Niederschlag in der teilweisen Einführung muttersprachlichen Unterrichts in Grundschulen. In Kindergärten versuchte man, bilingual-bikulturelle Gruppen zu bilden, die jeweils von einer Erzieherin der Migrantengruppe und einer deutschen Erzieherin geführt werden sollten. Phasenweise wurde dann die Gruppe aufgeteilt, um die Kinder besonders in ihrer Muttersprache zu fördern. Verschiedene Erkenntnisse zur Entwicklung der Zweisprachigkeit bildeten hierfür die Grundlage (vgl. Kapitel 3.3).

Dieser Ansatz scheiterte jedoch an der Wirklichkeit: In immer mehr Tageseinrichtungen und Schulen konnte man Kinder aus vielen verschiedenen Ländern antreffen. Wie sollte dann aber eine bilinguale-bikulturelle Gruppe entstehen?

Kritik an der Ausländerpädagogik

Doch es dauerte auch nicht allzu lange, da tauchte erste Kritik an der Ausländerpädagogik auf. Die Kritik läßt sich in drei Punkten zusammenfassen:

1. Die Basis der Ausländerpädagogik ist eine Defizithypothese:
Dies bedeutet, daß ausländische Kinder und Jugendliche „ausschließlich als Mängelwesen betrachtet werden. Konkret: Sie sprächen nicht oder ungenügend Deutsch, sie beherrschten nicht oder nicht genügend deutsche Konventionen“ (Marburger 1991, S. 27), oder sie würden von ihren Eltern nur unzureichend in der Schule und beim Lernen unterstützt.

Diese Sichtweise führte dazu, daß ausländische Kinder ausgesondert und an den Rand gedrängt wurden. Dies geschah beispielsweise durch die Bildung von Schwerpunktklassen oder entsprechende Fördermaßnahmen, wie zum Beispiel Sprachhilfe (vgl. Diehm 1997, S. 19).

2. Ausländerpädagogik verfolgt einen ausschließlich individualistischen Ansatz:
Dem einzelnen Kind wird durch Sprachkurse geholfen, besser Deutsch zu lernen. Grundlegende strukturelle Probleme, wie z. B. die mangelnden Möglichkeiten, sich am öffentlichen Leben zu betei-

ligen oder eine entsprechende Gesetzgebung, werden nicht verändert. Dies bedeutet, daß weiterhin die Schwierigkeiten ausländischer Kinder und Jugendlicher auf ihr „Ausländer-Sein" zurückgeführt, aber letztendlich nur als individuelles Problem gesehen werden. Nicht die gesellschaftlichen Rahmenbedingungen werden problematisiert, sondern es wird nur die individuelle Ebene betrachtet.

3. Die Ausländerpädagogik richtet sich nur an die ausländischen Kinder und Jugendlichen:
Daß die Anwesenheit von Menschen aus anderen Ländern und Kulturen nicht nur von diesen selbst, sondern auch von den „Inländern" vielerlei Lernprozesse verlangt, wird in der Ausländerpädagogik übersehen. Sie wendet sich tatsächlich nur an die zugewanderte Minderheit und verlangt von ihr eine maximale Anpassung an die deutsche Mehrheitsgesellschaft. Dabei verkennt die Ausländerpädagogik, daß Menschen ihre Kultur und Herkunft, ihre Sprache und ihre Gewohnheiten nicht einfach so aufgeben können, wie man seinen Schirm und Mantel an der Garderobe im Theater abgibt.

Aus dieser Kritik wurde schließlich *das Konzept des interkulturellen Lernens* entwickelt, das versucht, genau diese Überlegungen aufzugreifen (vgl. Kap. 2.2).

Unabhängig von den einzelnen Konzeptionen waren es Erzieherinnen, Lehrerinnen sowie andere in sozialpädagogischen Arbeitsfeldern Tätige, die sich zwangsläufig schon immer mit der Frage befassen mußten, wie das Zusammenleben von Menschen unterschiedlicher Nationalität oder Kultur funktionieren kann.

1.2 Interkulturelles Lernen – ein Konzept für In- und Ausländer

Während also die Ausländerpädagogik von der Mehrheit für die zugewanderten Minderheiten gemacht wurde, wendet sich interkulturelles Lernen an alle – an die Mitglieder der Mehrheitskultur genauso wie an die Mitglieder der verschiedenen Migrantenkulturen –, da sie ausdrücklich auf das Leben in einer multikulturellen und pluralistischen Gesellschaft vorbereiten will (vgl. auch Diehm 1997, S. 21).

Eine Erzieherin:

„Interkulturelles Lernen hatten wir auch als Unterrichtsthema in der Ausbildung. Mich interessierten besonders in Religionspädagogik die Informationen zum Islam. Jetzt arbeite ich in einem kirchlichen Kindergarten am Rande einer ländlichen Kleinstadt, in dem nur deutsche Kinder sind. Nein, es stimmt nicht ganz! In meiner Gruppe gibt es auch ein vierjähriges Mädchen, dessen Mutter Französin ist. Aber sonst sind es alles deutsche Kinder. In unserem Kindergarten haben wir das Problem zum Glück noch nicht. Eine Kollegin aus dem kommunalen Kindergarten unserer Kleinstadt, der im Zentrum liegt, berichtete mir, daß es bei ihnen da ganz anders aussieht: Über die Hälfte der Kinder kommen aus türkischen, griechischen und italienischen Familien. Daß die sich mit dem Thema interkulturelles Lernen auseinandersetzen sollte, finde ich auch. Aber für uns hier ist das kein wichtiges Thema."

Zunächst hat die Erzieherin vielleicht recht. Sicherlich, wo werden ihre Kinder mit ausländischen Kindern zusammentreffen? Im Kindergarten vermutlich nicht, denn er liegt in einem Wohngebiet, in dem auf Grund seiner besonderen Lage (fast) nur deutsche Familien wohnen. Sie übersieht aber, daß die Kinder aus ihrer Kindergartengruppe in ihrem Alltag an vielen Stellen mit Menschen anderer Kulturen zusammentreffen können, trotz ihrer exponierten Wohnlage:

Beim Einkaufen mit der Mutter am Nachmittag in der nahe gelegenen Kleinstadt hört der vierjährige Denis andere Menschen reden, deren Sprache er nicht versteht. Er fragt seine Mutter, welche Sprache die Menschen denn da sprechen. Als ihm seine Mutter erklärt, daß es sich um Italienisch handelt, entwickelt sich zwischen Mutter und Sohn ein interessanter Dialog über die Existenz von Sprachen.

Die siebenjährige Sarah, die im Sommer eingeschult wurde, kommt zu Besuch in ihre alte Kindergartengruppe. Gleich wird sie von den anderen Kindern umringt und muß von ihren Schulerlebnissen erzählen. Zunächst berichtet sie von den täglichen Busfahrten zur Schule in den nächstgelegenen Ort, die sie besonders spannend und aufregend findet. Dann erzählt sie, daß ihre neue Freundin Ismahan und sie die gleichen Fadenspiele wie im Kindergarten auch in der Pause spielen. Die Kinder finden den Namen lustig und lachen. Da meint die Erzieherin, daß es sich sicher um ein türkisches Mädchen handeln würde. Die Erzieherin erklärt den Kindern nun, daß die Eltern des Mädchens aus einem anderen Land gekommen sind.

Die sechsjährige Janine berichtet am Morgen aufgeregt, daß sie gestern im Fernsehen ganz viele Frauen mit Kopftuch gesehen habe. Sie fand es merkwürdig, wie die Frauen aussahen. Plötzlich fällt ihr ein, daß sich ihre Mutter im Sommerurlaub, wenn es besonders heiß war, auch immer ein Tuch um den Kopf gebunden hatte. Die Erzieherin reagiert verwundert: „Das ist doch etwas ganz anderes!" Auf die spontane Frage der Kinder „Wieso?" weiß sie keine Antwort. Sie ist unsicher, wie sie diesen Unterschied erklären soll.

Die Beispiele ließen sich beliebig fortsetzen. Sie alle zeigen, daß Kinder sehr aufmerksam durch ihre Welt gehen. Sie entdecken, daß die Menschen unterschiedliche Sprachen sprechen. Sie stellen Unterschiede in der Kleidung oder im Aussehen fest, ohne sie zum Problem für sich zu machen. Sie fragen nur und wollen auf ihre Weise verstehen lernen. Die Erzieherin hat nun die Möglichkeit, diese Beobachtungen der Kinder zu ignorieren, ihre Erzählungen und Fragen zu überhören, oder sie kann darauf eingehen und sie zum Anlaß nehmen, mit den Kindern Fragen zu entwickeln, die sie weiter interessieren.

Multikulturelle Wirklichkeit unserer Gesellschaft

Aber selbst wenn wir annehmen, die Kinder dieses Kindergartens lebten tatsächlich auf einer „Insel": Spätestens wenn sie diese verlassen, um in die Schule zu gehen oder verschiedene Freizeitangebote wahrzunehmen, werden sie mit der multikulturellen Wirklichkeit unserer Gesellschaft konfrontiert:

- Sie begegnen im Fußballverein Jungen mit türkischen Namen.
- Sie kommen in Schulklassen, in denen Kinder aus Migrantenfamilien vertreten sind.
- Ihre Eltern treffen auf Elternabenden mit den Eltern dieser Kinder zusammen.
- Sie lernen lesen und entdecken an den Geschäften Aufschriften

wie „Anadolu-Market“ oder an den Kiosken Zeitungen und Zeitschriften, deren Texte sie nicht entziffern können.

- Sie erleben Konflikte zwischen Kindern, und sie nehmen wahr, daß manche Erwachsene diese Konflikte auf die unterschiedlichen Nationalitäten zurückführen.

In unserer Gesellschaft werden wir also an vielen unterschiedlichen Stellen mit der multikulturellen Wirklichkeit konfrontiert. Längst ist das Zusammenleben von Menschen mit verschiedenem soziokulturellem Hintergrund nicht mehr nur ein Problem einiger Großstädte wie Berlin, Hamburg, Frankfurt oder München, sondern läßt sich auf der Schwäbischen Alb genauso entdecken wie im Sauerland oder in Dithmarschen. Und genau diese multikulturelle Vielfalt verlangt viel von den einzelnen Menschen:

Die sechzehnjährige Maria, die vor zwei Jahren als Aussiedlerin aus Rußland mit ihren Eltern nach Deutschland gekommen ist, wird in ihrer Klasse immer wieder wegen ihres deutlich zu hörenden Akzentes gehänselt. Als sie neulich in der Stadt mit ihrer Großmutter einkaufen war, hörte sie hinter sich zwei Mädchen abfällig tuscheln: „Die Alte trägt ja noch ein Kopftuch!“

Immer wieder kommt es im Jugendhaus zu kleineren Auseinandersetzungen zwischen einer Gruppe griechischer und bosnischer Jugendlicher. Dieser Konflikt führte im Laufe der Zeit dazu, daß andere Jugendliche zunehmend das Jugendhaus meiden. Die Mitarbeiter sind ratlos und wissen nicht, wie sie mit dieser Situation umgehen sollen.

So wie wir in unserem Alltag an vielen Stellen ganz unterschiedliche Elemente der multikulturellen Gesellschaft wahrnehmen, so betrifft dieses Thema in der Zwischenzeit alle sozialpädagogischen Fachkräfte, die in Tageseinrichtungen für Kinder arbeiten. Die Richtung gibt hier das Kinder- und Jugendhilfegesetz (KJHG) vor. In ihm sind Ziele formuliert, an denen sich Tageseinrichtungen generell zu orientieren haben und aus denen Erziehungsziele auch hinsichtlich der multikulturellen Zusammensetzung der Gruppen direkt abgeleitet werden können. Dort heißt es in § 1, Jugendhilfe habe die Aufgabe,

„junge Menschen in ihrer individuellen und sozialen Entwicklung (zu) fördern und dazu bei(zu)tragen, Benachteiligungen zu vermeiden oder abzubauen".

Und in § 22 steht:

„In Kindergärten, Horten und anderen Einrichtungen, in denen sich Kinder für einen Teil des Tages oder ganztags aufhalten (Tageseinrichtungen), soll die Entwicklung des Kindes zu einer eigenverantwortlichen und gemeinschaftsfähigen Persönlichkeit gefördert werden." (Junge/Lendermann 1990, S. 62)

Aufgabe von Tageseinrichtungen

Dies bedeutet, daß es die Aufgabe einer Tageseinrichtung ist, auf das Leben in dieser Gesellschaft vorzubereiten und Kinder zu befähigen, kompetent ihren Alltag zu bewältigen. Hierzu gehört auch, mit der multikulturellen Vielfalt in unserem Land umgehen und die Chancen erkennen zu können, die in einer solchen Pluralität liegen, und die Schwierigkeiten nicht zu ignorieren, die diese Vielfalt auch mit sich bringt.
Deshalb wendet sich interkulturelles Lernen
- an alle, die in Tageseinrichtungen arbeiten, nicht nur an *die* Erzieherinnen, die in ihren Tageseinrichtungen einen hohen Anteil „ausländischer" Kinder haben;
- an alle Eltern und nicht nur an die ausländischen Eltern; auch deutsche Eltern müssen lernen, sich in dieser Wirklichkeit zurechtzufinden;
- an alle Kinder und nicht nur an die ausländischen Kinder.

Dieser Ansatz ist Grundlage des Handbuchs. Unsere Überlegungen richten sich an alle Verantwortlichen in der sozialpädagogischen Arbeit mit Kindern und Jugendlichen. Dabei orientieren wir uns unter anderem an zwei Fragestellungen:
- Welche Fähigkeiten benötigen Kinder, um in einer multikulturellen Gesellschaft gut zurecht zu kommen?
- Über welche Kompetenzen sollten Erzieherinnen in Tageseinrichtungen verfügen, um die ihnen anvertrauten Kinder entsprechend auf das Leben in dieser von verschiedenen Kulturen geprägten Gesellschaft vorzubereiten?

2 Grundlagen

2.1 Nicht nur Vielfalt und Buntheit – die multikulturelle Gesellschaft

Anteil der Migrantenkinder

Schon ein Blick in Klassenlisten oder Adressenverzeichnisse von Kindergartengruppen zeigt deutlich: Viele der Kinder stammen aus verschiedenen Teilen der Welt – oder zumindest ihre Eltern und Großeltern. Der Anteil der Migrantenkinder, die schon in Deutschland geboren wurden und aufwachsen, liegt zur Zeit bei Zweidrittel, und es ist anzunehmen, daß dieser Anteil weiter ansteigt. Diese Kinder sind in ganz anderem Maße als ihre Eltern und Großeltern in Deutschland verwurzelt. Allerdings gibt es bei dem jeweiligen Prozentsatz der nicht-deutschen Kinder regional extreme Unterschiede. Westdeutsche Großstädte wie Frankfurt/Main oder Stuttgart haben z. B. einen sehr hohen Ausländeranteil an der Bevölkerung (29,2 % bzw. 24 %, vgl. Beauftragte der Bundesregierung für Ausländerfragen 1997, S. 184), in den östlichen Bundesländern liegt der Anteil dagegen selbst in den Ballungsgebieten nur bei knapp 2 %, ähnlich wie in manchen ländlichen Gebieten der alten Bundesrepublik. Einheitlich deutsche Kindergruppen sind also, zumindest in westdeutschen Ballungszentren, die Ausnahme.

Vieles spricht dafür, daß die ehemals als Gastarbeiter angeworbenen Menschen sich auf Dauer hier niedergelassen haben. Floß z. B. früher ein Großteil des Einkommens zurück in die Herkunftsländer, um den Lebensunterhalt der zurückgelassenen Familie zu sichern, wird heute dieses Geld eher hier investiert, so z. B. in Geschäften und Handwerksbetrieben. Auch der Ausbau bisher provisorischer kultureller Einrichtungen (Moscheen in Hinterhöfen), der Erwerb von Eigentum (Immobilien), die steigende Zahl türkischer Mitbürger im Rentenalter (vgl. Zeitpunkte Heft 2/1999, S. 44) oder das Anlegen eigener islamischer Friedhöfe sprechen dafür, daß Migrantenfamilien ihre (zum Teil nach wie vor vorhandenen) Rückkehrwünsche nicht realisieren werden. Auch die deutliche Zunahme von Selbständigen kann als eine schon sehr hohe Stufe der Integration in die deutsche Gesellschaft interpretiert werden.

Asylsuchende und Flüchtlinge

Migrantenfamilien machen allerdings nur einen, wenn auch großen, Teil der ausländischen Bevölkerung aus. Seit Anfang der 80er Jahre bis 1993 kamen immer mehr Asylsuchende und Flüchtlinge aus Kriegs- oder Bürgerkriegsländern nach Deutschland. Seit 1993 gingen durch die Neuregelung des Asylrechts die Zahlen zwar drastisch zurück. Die Probleme, derentwegen Menschen ihre Heimatländer verlassen und auch in Zukunft verlassen werden, nämlich Krieg und Verfolgung, Arbeitslosigkeit und Hunger, bestehen aber weiterhin, so daß die reichen Industrieländer Westeuropas, zu denen die Bundesrepublik Deutschland gehört, verständlicherweise auch in Zukunft als Fluchtziel attraktiv sein werden.

Aussiedler

Seit Beginn der 90er Jahre kam es – nach dem Zerfall des kommunistischen Systems – zu verstärkten Wanderungsbewegungen (Migration) aus Osteuropa nach Deutschland. Die sogenannten Aussiedler kommen heute vor allem aus dem östlichen Rußland und Kasachstan. Sie tauchen jedoch nicht als Ausländer in den Statistiken auf, da sie gegenüber anderen Migrantengruppen das Privileg haben, unmittelbar nach ihrem Zuzug die deutsche Staatsbürgerschaft zu erhalten. Sie kämpfen aber zum Teil mit ähnlichen Problemen wie andere Zugewanderte auch: Sie haben häufig Schwierigkeiten mit der deutschen Sprache, sie finden ihre Werte und Umgangsweisen in der deutschen Gesellschaft nicht unbedingt wieder. Sie fühlen sich von einem Teil der einheimischen Bevölkerung abgelehnt.

Am Rande sei hier noch angemerkt, daß Einwanderung kein neues Phänomen ist. Auch in früheren Jahrhunderten wanderten Menschen unterschiedlicher Herkunft in das Gebiet des heutigen Deutschland ein, z. B. im 17. Jahrhundert die französischen Hugenotten, die wegen ihres Glaubens verfolgt wurden, oder um 1900 Menschen aus Polen, die sich besonders im Ruhrgebiet niederließen. In Deutschland gab es wohl nie eine monoethnische oder monokulturelle Gesellschaft.

Zusammenfassend läßt sich also sagen: Der nicht-einheimische Bevölkerungsanteil speist sich aus drei Quellen:
- Menschen aus den ehemaligen Anwerbeländern und deren Nachkommen,
- Flüchtlinge, die aus verschiedenen Gründen Asyl suchen,
- Aussiedler aus Osteuropa.

Bedeutsam könnte in Zukunft auch die Arbeitsmigration innerhalb der Europäischen Union sein. Infolge des europäischen Einigungsprozesses ist es möglich, eine Arbeitsstelle frei innerhalb der Länder der EU anzunehmen. Aufenthaltsgenehmigungen und Arbeitserlaubnisse sind hierfür nicht mehr notwendig.

Einwanderungsland Deutschland?

Wenn man sich diese gesellschaftlichen Prozesse realistisch ansieht, wird deutlich, daß tatsächlich eine Einwanderung nach Deutschland stattfindet. Gleichwohl ist Deutschland nach offizieller Rechtsdefinition kein Einwanderungsland. Dies könnte sich aber ändern, abhängig von den innenpolitischen Entwicklungen. Unübersehbar leben Menschen aus verschiedenen Teilen der Welt in Deutschland zusammen, und alle bringen unterschiedliche kulturelle Erfahrungen und Wissen mit: Sie sprechen verschiedene Sprachen, haben (zum Teil) unterschiedliche Werte und Verhaltensmuster, ihre religiösen Hintergründe sind verschieden. Seit Anfang der 80er Jahre hat sich zur Umschreibung dieses Sachverhalts der Begriff multikulturelle Gesellschaft eingebürgert.

2.1.1 Zwischen Konflikt und Kompromiß

Offizielles politisches Programm wurde der sogenannte Multikulturalismus zuerst im Einwanderungsland Kanada. Zu Beginn der 70er Jahre verpflichtete sich Kanada, die kulturelle Vielfalt im Land zu bewahren und zu fördern. Auch Australien, ebenso ein klassisches Einwanderungsland, übernahm dieses Programm. Kurze Zeit später wurde auch in den USA die Idee des Multikulturalismus aufgegriffen, allerdings nicht von regierungsamtlicher Seite, sondern als Bewegung von unten. Es war deutlich geworden, daß die Idee des

„melting pot“, des Schmelztiegels für Menschen aus vielen Teilen der Welt, die Realität der US-amerikanischen Einwanderungsgesellschaft nicht zureichend beschreibt.

In Europa paßte zuerst Großbritannien das Konzept den eigenen Gegebenheiten an. Von dort übernahmen Kirchen und Gewerkschaften in Westdeutschland Anfang der 80er Jahre die Diskussion um die multikulturelle Gesellschaft. Seither ist sie Gegenstand öffentlicher Auseinandersetzung.

Kulturelle Traditionen der Minderheiten weiterentwickeln

Folgende Punkte stehen dabei vor allem im Zentrum des Interesses: Es ist richtig und wichtig, *daß die entstandenen Minderheiten ihre kulturellen Traditionen aufrechterhalten* und weiterentwickeln und ihnen auch offiziell die Möglichkeiten dazu eingeräumt werden. Das könnte z. B. heißen, daß Baugenehmigungen für Moscheen so selbstverständlich wie für Kirchen erteilt werden. Daraus soll nun aber kein interesseloses Nebeneinander unterschiedlicher kultureller Traditionen entstehen. Angestrebt wird vielmehr, *daß Minderheiten und Mehrheitsbevölkerung aufeinander zugehen, sich bewußt austauschen* und akzeptieren und voneinander profitieren.

Ein solches Zusammenleben ist natürlich auch von *Konflikten* geprägt. Dies zeigt sich z. B. an Leserbriefdebatten zu der Frage, ob der Ruf des Muezzin über eine deutsche Stadt erschallen oder ob eine Lehrerin afghanischer Herkunft, die ein Kopftuch trägt, die Unterrichtserlaubnis bekommen darf. Aus der Forderung nach Gleichberechtigung und Toleranz ergibt sich zwingend, daß solche Konflikte, die in einer multikulturellen Gesellschaft entstehen können, auf der Grundlage der geforderten Gleichberechtigung ausgetragen werden, das heißt mit friedlichen demokratischen Mitteln und der *Bereitschaft, einen Konsens oder Kompromiß zu finden,* der von allen Beteiligten mitgetragen werden kann.

Ein Minimalkonsens ist notwendig

Aber: Es gibt sicherlich Bereiche, bei denen kein Kompromiß möglich ist, und es ist auch wichtig, solche Differenzen wahrzunehmen. Jedoch hat die Diskussion darüber, wie weit Unterschiedlichkeiten gehen können, noch kaum begonnen. So wäre es absurd, wenn wir in falsch verstandener Toleranz z. B. frauenfeindliche Praktiken wie die Beschneidung von Mädchen achselzuckend hinnehmen würden – ein Streit, der z. B. in Frankreich geführt wird. Die Menschenrechte gelten von ihrem Anspruch her prinzipiell für alle. Unsere multikulturelle Gesellschaft braucht also einen Minimalkonsens, der sinnvollerweise in der Anerkennung des Grundgesetzes der Bundesrepublik Deutschland begründet sein muß. Das heißt im Klartext: Eine Gleichberechtigung der Kulturen im *strengen* Sinn kann es nicht geben.

Gleichberechtigung der Kulturen?

Natürlich wird an dem Begriff „Multikulturelle Gesellschaft" auch Kritik geübt, und zwar von politisch rechter wie linker Seite.

Für die einen ist die multikulturelle Gesellschaft ein Synonym für gesellschaftliches Chaos und schlichtweg eine Bedrohung.

Andere, die sich durchaus dem Ideal der sozialen Gleichheit und Gerechtigkeit verpflichtet fühlen, kritisieren z. B., daß Probleme der Zuwanderer vorrangig als kulturell verursacht gesehen würden und nicht als Ergebnis ihrer sozialen Lage oder ihrer rechtlichen und politischen Benachteiligung. So verschleiere der Multikulturalismus die strukturelle Ungleichheit von Deutschen und Zugewanderten. Viel wichtiger, als sich für kulturelle Vielfalt einzusetzen, sei es demnach, für die rechtliche Gleichstellung von Einwanderern zu kämpfen.

Zusammenfassung:
Zum einen wird mit dem Begriff „Multikulturelle Gesellschaft" die Realität einer Einwanderungsgesellschaft beschrieben: Hier leben auf Dauer Einheimische und Zugewanderte zusammen. Die Zugewanderten gleichen sich dabei aber nicht einfach an die einheimische Bevölkerung an und gehen in ihr auf (Assimilation), sondern bleiben als eigene Gruppe erkennbar, z. B. durch ihre Sprache und die Pflege ihrer religiösen und kulturellen Traditionen, das heißt, sie existieren als verschiedene ethnische Minderheiten.
Das politische Programm des Multikulturalismus enthält folgende Forderungen:

- Alle Minderheiten sollen die Möglichkeit haben, ihre kulturellen Traditionen aufrechtzuerhalten und weiterzuentwickeln.
- Dies soll im bewußten Austausch von Mehrheit und Minderheiten geschehen. Beide brauchen die Bereitschaft, sich gegenseitig wahrzunehmen und Kontakt zu suchen.
- Dieses Zusammenleben ist notwendigerweise auch durch Konflikte geprägt. Diese müssen mit demokratischen, friedlichen Mitteln

ausgehandelt werden, so daß Kompromisse und Konsenslösungen gefunden werden, die von allen mitgetragen werden können.

2.1.2 Auf der Suche nach pädagogischen Antworten

Interessant ist, daß der Begriff „Multikulturelle Gesellschaft" in Deutschland zuerst von Sozial- und Arbeitsmarktpolitikern aufgegriffen wurde. Man hoffte, über kontrollierte Einwanderung die Probleme, die sich aufgrund der Überalterung der einheimischen Bevölkerung für die sozialen Sicherungssysteme ergeben, lösen zu können: Einwanderer sind in der Regel jung und zahlen in die Sozialversicherungen ein. Das Konzept wurde also funktionalisiert, um ganz andere Probleme als die einer Einwanderungsgesellschaft zu lösen.

Auch pädagogische Fachleute nahmen die Diskussion um die multikulturelle Gesellschaft auf. Lehrerinnen z. B. hatten große Probleme, Kinder mit unterschiedlichen Muttersprachen und unterschiedlichen Deutschkenntnissen in einer gemeinsamen Klasse zu unterrichten. Erzieherinnen fühlten ihre eigene Hilflosigkeit, wenn sie sich Kindern, die ihnen anvertraut waren, nicht verständlich machen konnten oder wenn sie von Gesprächen der Kinder in einer ihnen fremden Sprache ausgeschlossen wurden.

Um diese Probleme zu analysieren und Lösungsmöglichkeiten zu diskutieren, schienen die traditionellen Blickwinkel, unter denen Pädagogen Kinder und Jugendliche betrachten und einordnen, nicht mehr ausreichend zu sein. Wir fragen uns z. B., wie alt ein Kind ist, welches Geschlecht das Kind hat, ob es mit beiden Eltern oder nur einem Elternteil zusammenlebt, welche Art von Berufstätigkeit die Eltern ausüben, wie viele Geschwister es hat und anderes mehr. Anhand solcher Kriterien machen wir uns ein erstes Bild von einem Kind (z. B. in einem Aufnahmegespräch). Durch den steigenden Anteil von Kindern aus anderen Herkunftsländern in pädagogischen Einrichtungen ergaben sich neue Unterscheidungsmerkmale: Welche Sprache spricht ein Kind? Welcher Nationalität gehört es an? Zu welcher Religionsgemeinschaft gehört es? Dies nennt man *ethnische Kri-*

Ethnische Kriterien

terien. Diese neuen Kriterien schienen wichtiger und zur Erklärung der neuen Probleme geeigneter als die bisherigen.

So sagt beispielsweise eine Erzieherin in einer Kindertagesstätte über ein tamilisches Mädchen: „Immer schlägt Meera andere Kinder, wenn sie etwas von ihnen haben möchte. Aber wie soll sie sich auch sprachlich verständigen? Die Eltern sprechen ja auch nur tamil mit ihr!“ Oder ein Lehrer berichtet: „Rabiye trägt jetzt neuerdings ein Kopftuch. Sie wird deshalb vor allem von den Jungen in der Klasse gehänselt. Es wäre am besten, sie würde es wieder ablegen. Aber sie wird offensichtlich streng muslimisch erzogen.“

Problematik ethnischer Unterscheidungskriterien

Hier wird aber bereits deutlich, wie problematisch diese Unterscheidungskriterien sein können. Vielleicht gefallen Rabiye einfach die schön verzierten Kopftücher, die ihr ihre Großmutter bei einem Ferienaufenthalt in der Türkei gezeigt und deren Bedeutung sie ihr erklärt hat. Und vielleicht schlägt Meera andere Kinder, weil sie auf diese Weise ihre Schüchternheit zu verbergen sucht. Dies bedeutet: Ethnische Kriterien dürfen nicht unbesehen als neue Erklärungsmuster für pädagogische Probleme verwendet werden, weil sie nicht unbedingt der jeweiligen Individualität eines Kindes gerecht werden.

Hinzu kommt ein weiteres Problem: Neue Unterscheidungsmerkmale ziehen natürlich auch neue Grenzen zwischen den Kindern einer Schulklasse oder Kindergartengruppe. Da gibt es nun nicht mehr nur „die Kleinen“ und „die Schulkinder“, die Kinder von Alleinerziehenden oder aus vollständigen Familien, sondern türkische, griechische und bosnische oder christliche, muslimische und hinduistische Kinder. Und weil Kinder ein sehr feines Gespür für die Unterscheidungsmerkmale von Erwachsenen haben, kann es dahin kommen, daß z. B. ein deutsches zu einem türkischen Kind sagt: „Mit dir will ich nicht spielen, weil du türkisch bist“, anstatt: „Mit dir will ich nicht spielen, weil du mich gestern geärgert hast!“

Selbstverständlich kann es aber nicht im Interesse der Pädagogik liegen, neue soziale Grenzen und Barrieren aufzubauen. So stehen wir vor einer paradoxen Situation: Zum einen wissen wir inzwischen, wie wichtig z. B. die Förderung der jeweiligen Muttersprache für ein

Kind ist (vgl. Kap. 3.3). Damit wenden wir ein ethnisches Kriterium sinnvoll an. Zum anderen müssen wir aber viel tun, damit ethnische Kriterien nicht zu neuen, unüberwindbaren Schranken werden.

Hier zeigt sich ein Grundproblem des Multikulturalismus: Jede ethnische Minderheit soll die Möglichkeit haben, ihre eigene Sprache und ihre spezifischen kulturellen und religiösen Werte und Eigenheiten zu pflegen und weiterzuentwickeln. Dadurch bleibt sie von der Mehrheitsbevölkerung unterscheidbar. Gleichzeitig soll diese Unterscheidbarkeit aber keine negative soziale Bedeutung nach sich ziehen, so daß z. B. eine ganze ethnische Gruppe wie die Türken nur aufgrund ihres (teilweisen) Andersseins ein geringes gesellschaftliches Ansehen genießt. Genau das aber erleben zugewanderte Familien oft tagtäglich und vom Spektakulärsten davon lesen wir in der Zeitung: Daß Jugendliche Ausländer oder vermeintliche Ausländer anpöbeln oder verprügeln, einfach weil sie Ausländer sind, oder daß Wohnungen zugewanderter Familien in Brand gesteckt werden. Zugespitzt formuliert heißt das: Die ethnischen Kriterien, mit deren Hilfe Probleme erklärt und Lösungen gefunden werden sollten, haben sich verselbständigt und eine beängstigende Eigendynamik entfaltet.

Gerade in der interkulturellen Pädagogik gibt es aber Bemühungen, vom „Gruppenblick" des Multikulturalismus wieder wegzukommen: So wird der kulturelle Hintergrund eines Kindes wohl wahrgenommen und kann wichtig sein zum Verständnis mancher Verhaltensweisen. Mehr Gewicht wird aber auf eine differenzierte Herangehensweise gelegt: In welcher Familienkonstellation wächst ein Kind auf? Hat es möglicherweise traumatische Erlebnisse gehabt (Flüchtlingskinder)? Welche Art von Religiosität wird in der Familie gepflegt etc.? Die individuelle Lebensgeschichte eines Kindes rückt also in den Mittelpunkt. Der *Biografiebezug* ist damit ein wichtiger Aspekt des interkulturellen Lernens (vgl. Kap. 2.2.4).

Biografiebezug

2.1.3 Kultur als Ausdruck verschiedener Lebensformen

Wenn im Team einer sozialpädagogischen Einrichtung bestimmte Verhaltensweisen von nichtdeutschen Kindern reflektiert werden, wird oft auf den jeweiligen kulturellen Hintergrund eines Kindes verwiesen. Die Identitätsentwicklung von Migrantenkindern wird auf dem Hintergrund unterschiedlicher kultureller Einflüsse problematisiert. Konflikte werden oftmals auf kulturelle Unterschiede zurückgeführt. Nicht zuletzt diskutieren wir darüber, daß wir in einer multi*kulturellen* Gesellschaft leben. Im Alltag und dabei besonders in Konfliktsituationen nehmen wir Kulturen in der Regel als wohlabgegrenzt voneinander wahr.

Sehen wir uns dazu noch einmal das Beispiel der Leserbriefdiskussion an, ob eine kopftuchtragende Lehrerin an einer Hauptschule in Baden-Württemberg unterrichten darf. Schon indem diese Frage gestellt wird, wird offensichtlich angenommen, daß zwischen der Lehrerin und der Schule ein grundsätzlicher Graben klafft. Die Lehrerin tut durch ihr Kopftuch kund, daß sie einer anderen Religion als der christlichen und damit einem anderen Kulturkreis zugehörig ist als die Mehrzahl der Kinder, die ihr in einer Schule gegenübersitzen. Und auch, wenn die Mehrzahl der Schüler und Schülerinnen nicht primär von der deutschen Kultur geprägt ist, repräsentiert zumindest die Hauptschule als Institution eine andere Kultur als die Lehrerin. Und damit seien dann schon gegensätzliche Interessen gegeben. Es könnte aber durchaus sein, daß die betreffende Lehrerin in gleichem Maße wie alle anderen Lehrkräfte an einer Hauptschule deren Zielsetzung unterstützt, so daß zumindest im Hinblick auf die Erziehungsziele ein Kulturkonflikt gar nicht entsteht.

Auch diejenigen, die das Konzept des interkulturellen Lernens vertreten, gehen von der Grundannahme aus, daß jede Kultur von anderen Kulturen mehr oder weniger genau unterschieden werden kann. Erst daraus kann sich schließlich die Frage ergeben, wie Menschen unterschiedlicher Prägung miteinander kommunizieren und miteinander leben können. Und darum geht es ja dem interkulturellen Lernen.

Was ist Kultur?

Doch was verstehen wir eigentlich unter Kultur? Wir schließen uns folgender Definition des Kulturbegriffs an:

> *„Zur Kultur gehören: die Sprache mit ihren Begriffen und Bedeutungen, …, die emotionalen Ausdrucksweisen, …, die sozialen Organisationen, Rollen und Spielregeln, die das Verhalten zum Mitmenschen bestimmen; die Einrichtungen des Rechts und der Politik, …, die Arbeits- und Wirtschaftsformen mit ihren Werkzeugen, Produk-*

tions- und Verwaltungstechniken und -praktiken, die Technik überhaupt ..., die Künste und Wissenschaften, die Weisen der geselligen Selbstdarstellung (wie z. B. Spiel und Sport, Feste und Feiern), die religiösen Kulte." (Loch, zit. in: Nieke 1995, S. 47)

Kultur und interkulturelles Lernen

Das heißt: Kultur umfaßt das gesamte Leben des Menschen. Kultur prägt uns in allen unseren Möglichkeiten, vor allem in unserem Denken und in dem, wie wir Situationen und Begriffe deuten. Die Kultur, in der wir leben, prägt unser Wertesystem und bestimmt auch unsere Haltung gegenüber Neuem und Fremdartigen, gegenüber anderen Werten und Lebensformen (vgl. Pommerin-Götze 1992).

Im folgenden möchten wir einige wesentliche Charakteristika des Begriffs Kultur herausstellen, die uns für das interkulturelle Lernen wichtig erscheinen:

- Die Kultur einer ethnischen Gruppe steht in engem Zusammenhang mit der Art und Weise, wie Nahrung, Bekleidung, Behausung usw. produziert wird. Diese Produktion erfordert Kooperation und Arbeitsteilung.
  In einer bäuerlichen Gesellschaft, in der hauptsächlich für den Eigenbedarf produziert wird, ist z. B. das Geschlechterverhältnis meist streng geregelt. Die Rollen sind klar verteilt und Normenverstöße werden in der Regel entschieden sanktioniert. Das wird verständlich, wenn man bedenkt, wie existentiell abhängig die Gemeinschaft davon ist, daß jedes Mitglied die ihm zugedachte Rolle ausfüllt. Entsprechend hat auch die Familie einen sehr hohen Stellenwert. Die Belange der Familie als Gruppe stehen über den Interessen des einzelnen Individuums (vgl. Kap. 2.5 Familie ist nicht gleich Familie).

  Stellenwert der Familie

  Das kann sich bis in die Sprache hinein ausdrücken. In der vietnamesischen Sprache werden innerhalb der Familie die Pronomen „ich" oder „du" nicht verwendet, sondern man spricht von „Mutter", „Vater", „Tochter", „großer Bruder", „kleine Schwester" usw. Ähnliches gilt für gesellschaftliche Autoritätspersonen. Nur wer sozial auf der gleichen Stufe steht, kann sich persönlich mit „du" ansprechen.
  In einer (westlichen) Industriegesellschaft zählt dagegen die Einzigartigkeit des Individuums, das sich gegen andere Individuen

behaupten muß. Es ist wichtig, als Einzelperson erfolgreich zu sein, sich gegen andere Einzelpersonen durchzusetzen und mit ihnen zu kooperieren. Die Familie als Gruppe und die geschlechtsspezifische Rollenverteilung hat für das Funktionieren der Gesellschaft nur noch eine Randbedeutung. Die soziale und existentielle Absicherung des Individuums ist nicht mehr Aufgabe der Familie, sondern ist an gesellschaftliche Sicherungssysteme übertragen worden. Diese sind unter anderem deshalb notwendig, weil die industrielle Produktion Mobilität der Arbeitnehmer und Arbeitnehmerinnen verlangt, die Kernfamilie also unter Umständen öfter den Wohnort auf der Suche nach Arbeit wechseln muß. Der/die Einzelne kann also nicht mehr auf den Zusammenhalt der Verwandtschaft und auf die soziale Absicherung durch sie bauen.

- Durch kulturelle Elemente wie Normen, Gesetze, Bräuche, Feste und anderes mehr stellt sich die Gesellschaft selbst dar, und zwar für ihre eigenen Mitglieder wie auch nach außen hin. Im Brauch, die Hochzeit als einen Höhepunkt im Leben zu feiern, drückt sich z. B. die hohe Bedeutung aus, die eine Gesellschaft der institutionellen Verbindung zweier Menschen beimißt.

Kultur als Prozeß

- Kulturelle Schöpfungen leben davon, daß sie sich und damit auch ihre jeweiligen Bedeutungen verändern. Kultur muß als Prozeß, als ständige Weiterentwicklung verstanden werden. Deutlich wird das z. B. durch die Gesetze und Regelungen, die sich eine Gesellschaft gibt. Diese müssen ständig erneuert, verändert, an neue Lebensbedingungen angepaßt werden, verändern auch unser Leben selbst. Nehmen wir als einfaches Beispiel die Straßenverkehrsordnung als Produkt kulturellen Schaffens: Erst aufgrund der enormen Verkehrsdichte wurden eine Menge neuer Regeln notwendig, die vorher überhaupt nicht existiert hatten.

Veränderungen durch andere Kulturen

- Die Kultur ändert sich – oder wird verändert – auch durch den Einfluß anderer Kulturen. Dazu wieder ein Beispiel: Die ersten italienischen Gastarbeiter in der Bundesrepublik Deutschland brachten unter anderem ihre eigenen Eßgewohnheiten mit. Wurden sie zuerst noch als „Spaghettifresser“ verspottet, sind heute Spaghettihäuser, spanische, griechische und türkische Restaurants aus der öffentlichen Eßkultur in Deutschland nicht mehr wegzu-

denken. So wie durch Einwanderer die deutsche Alltagskultur verändert wurde und weiter verändert wird, so ändert sich auch die Kultur, die die Migranten mitbringen, allein dadurch, daß sie in einer anderskulturellen Umgebung, nämlich Deutschland, gepflegt wird. So darf die sogenannte Migrantenkultur nicht einfach identifiziert werden mit der Kultur des jeweiligen Herkunftslandes, wiewohl sie natürlich auch von ihr geprägt ist, aber eben auch vom aufnehmenden Land.
Auch am Beispiel des Schleiertragens in islamischen Ländern wird deutlich, wie ein kulturelles Symbol – der Schleier – mit jeweils anderen Bedeutungen verbunden werden kann. Ursprünglich war er – neben dem Ausdruck der Religionszugehörigkeit – ein Zeichen der Abgrenzung von den Sklavinnen, die keine Kopfbedeckung trugen. Im 20. Jahrhundert wurde er in den 20er Jahren z. B. in der ägyptischen Frauenbewegung als Zeichen der Unterdrückung interpretiert, in der algerischen Befreiungsbewegung dagegen trugen ihn die Frauen, um zu dokumentieren, daß sie sich gegen die französische Fremdherrschaft auflehnten. In Mitteleuropa wird das Kopftuch für manche Migrantinnen ein Ausdruck ihrer Zugehörigkeit zu einer bestimmten Gruppe oder auch zum Zeichen ihrer eigenen moralischen Überlegenheit gegenüber Andersdenkenden.

Kultur als Orientierungshilfe im Alltag

■ Nicht zuletzt hat Kultur die Funktion einer Orientierungshilfe im Alltag. Das ist einleuchtend, wenn wir bedenken, daß Kultur soziale Normen und Werte beinhaltet sowie ethnische und religiöse Orientierungen. Im Zusammenleben mit anderen richten wir uns, ohne darüber jedesmal neu nachzudenken, nach bestimmten Gepflogenheiten und sind so von permanenten Entscheidungen, wie wir uns verhalten sollen, entlastet. Kulturelle Werte geben dem Handeln Orientierung und dienen dem Aufbau einer persönlichen Weltordnung. Das Verhalten der Einzelnen wird in gewissem Rahmen berechenbar, sowohl für uns selbst, wie auch für andere. Migranten können nun die verunsichernde Erfahrung machen, daß ihnen ihre vertraute Kultur im Zusammenleben mit der Mehrheitsbevölkerung keine Orientierungshilfe mehr ist. Sie nehmen z. B. einen anderen Umgang der Geschlechter miteinander wahr, eine andere Bedeutung von Nachbarschaft oder ei-

> nen anderen Umgang mit Zeit. Eine mögliche Reaktion auf diese Verunsicherung ist z. B. das verstärkte Praktizieren von kulturellen Werten und zwar in einer Weise, wie sie die Betroffenen im Herkunftsland selbst nicht gelebt haben. So sagt Belda, ein Mädchen kurdischer Herkunft, die in Berlin lebt: „Die Mädchen in der Türkei sind wirklich sehr frei. Die dürfen anziehen, was sie wollen, dürfen sich schminken und ausgehen. Aber hier sind sie strenger, die Eltern." Auch durch den Aufbau eigener kultureller Netzwerke, wie sie sich z. B. in Läden, Moscheen, Vereinen etc. zeigen, erhält die mitgebrachte und veränderte Kultur wieder Orientierungsfunktion: Hier kann man sich ohne Mühe sprachlich verständigen, hier werden Verhaltensweisen selbstredend verstanden.

Die aufgeführten Merkmale von Kultur lassen darauf schließen, daß es für die Identitätsbildung von Kindern und Jugendlichen ganz entscheidende Bedeutung haben kann, in welcher Kultur sie aufwachsen (siehe Kap. 2.4).

Konstruktivistischer Charakter von Kultur

Interessant für das Verständnis von Migrantenkulturen ist aber auch der Gesichtspunkt, daß Kultur nicht nur Ausdruck von Lebensformen und -ansichten ist. Kultur kann dazu dienen, sich selbst z. B. als ethnische Gruppe zu konstituieren und dadurch erst eine eigene Bedeutung zu erhalten, wahrgenommen zu werden, gesellschaftlich eine Bedeutung zu spielen (konstruktivistischer Charakter von Kultur). Die verschiedenen Jugendkulturen innerhalb der deutschen Bevölkerung sind hierfür ein anschauliches Beispiel.

Angehörige von Minderheiten beschäftigen sich vielleicht zum ersten Mal mit bestimmten Aspekten ihres kulturellen Erbes, wenn sie sich z. B. in einem kroatischen Musikverein zusammenschließen: Sie werden dadurch zu einer nach außen erkennbaren Gruppe und treten so aus der gesellschaftlichen Bedeutungslosigkeit heraus. „Kultur" läßt also Gruppen auch erst entstehen.

Ein letzter Gedanke: Vielleicht ist es an der Zeit, daß wir uns von der Vorstellung, daß Kulturen wohl voneinander abgegrenzt und ethnisch unterschiedlich sind, verabschieden. Die deutsche Kultur in ihrer ganzen Unterschiedlichkeit und Vielfalt prägt z. B. durchaus nicht

Monderne Gesellschaften sind multikulturell

alle einheitlich in einer ganz bestimmten Weise. Es ist kaum möglich, einen gemeinsamen Nenner der Alltagsgestaltung für einen Schichtarbeiter in einem dicht bebauten Innenstadtbezirk, eine Rechtsanwältin im Villenvorort und einen Vertreter der Alternativszene zu finden. Das heißt moderne Gesellschaften sind multikulturell in sich.

Dies gilt ebenso natürlich auch für Menschen aus der Türkei, die die größte und am meisten beachtete Minderheitengruppe darstellen. Gerade in der Türkei unterscheiden sich die Lebensformen beträchtlich, je nach dem, zu welcher Schicht jemand gehört, oder ob die betreffenden Personen in der Stadt oder auf dem Land leben. So könnten an die Stelle der Kulturen alten Zuschnitts heute verschiedene Lebensformen getreten sein. Diese Lebensformen finden wir in vergleichbarer Weise in verschiedenen Gesellschaften. Sie liegen sozusagen quer zu den alten Kulturen, überlagern sie. Lebensformen sind damit *transkulturell* (vgl. Welsch 1992, S. 12). So haben vermutlich ein kurdischer Arzt aus Istanbul und eine Ärztin aus Dortmund mehr miteinander gemeinsam als der Arzt aus Istanbul mit einem Kleinbauern aus Südostanatolien.

Auch in der praktischen Arbeit in Kindertagesstätten wird man der Realität der Kinder und Familien sicher eher gerecht, wenn man versucht, ihre jeweilige Lebensform zu erfassen, anstatt zu fragen, welche Nationalität eine Familie besitzt, und sie dann in die entsprechende Schublade einordnet. Das Konzept der indirekten Thematisierung (vgl. Kap. 2.2.5) und die Prinzipien des interkulturellen Lernens (vgl. Kap. 2.2.4) dürften auch ein Schritt in die Richtung des Kennenlernens von Lebensformen sein, wie wir im nächsten Kapitel erläutern werden.

2.2 Interkulturelles Lernen

2.2.1 Was versteht man unter interkulturellem Lernen?

Der Begriff „interkulturelle Erziehung" tauchte erstmals Mitte der 70er Jahre in der pädagogischen Diskussion auf und steht seit den 80er Jahren besonders im erziehungswissenschaftlichen Interesse. Löste die interkulturelle Pädagogik Anfang der 80er Jahre allmählich die Ausländerpädagogik ab, so wird heute natürlich auch die interkulturelle Pädagogik weiterentwickelt und verändert. Zu Beginn wurde z. B. die Bedeutung von kulturellen Unterschieden stark betont, während wir jetzt mehr die selbstverständliche Vielfältigkeit von Lebensweisen im Blick haben.

Vorauszuschicken ist ferner, daß interkulturelles Lernen oder interkulturelle Pädagogik kein neuer oder zusätzlicher Teilbereich der Pädagogik ist, der nun auch noch in Tageseinrichtungen für Kinder berücksichtigt werden muß, ähnlich wie Verkehrs- oder Gesundheitserziehung. Interkulturelles Lernen liegt vielmehr quer zu allen Teilbereichen der Pädagogik und muß sinnvollerweise als durchgängiges Lernprinzip verstanden werden. So achtet man z. B. bei Bilderbuchbetrachtungen darauf, daß darin nicht nur weiße Kinder eine Rolle spielen, sondern gleichberechtigt auch Kinder anderer Herkunft vorkommen. Interkulturelles Lernen kann nicht in einzelne Themenvorschläge oder Aktionen verpackt werden nach dem Motto: Unser nächstes Thema in der Tagesstätte ist interkulturelles Lernen. So etwas kann man einmal durchführen und dann auch wieder abhaken. Die Fähigkeiten, die durch interkulturelles Lernen gefördert werden sollen, werden letztlich aber durch lebenslanges Lernen in vielfältigen Beziehungen erworben. Und dabei spielt der Alltag in Tageseinrichtungen eine wichtige Rolle, für die Kinder wie auch für die beteiligten Erwachsenen.

Interkulturelles Lernen – ein durchgängiges Lernprinzip

In der Zwischenzeit gibt es eine Fülle von Definitionen des Begriffs „interkulturelles Lernen". Bei den verschiedenen möglichen Akzentuierungen haben alle Erklärungen einen gemeinsamen Kern: Sie verstehen sich als Antwort auf ein Zusammenleben von Menschen unterschiedlicher ethnischer Herkunft, das auf Dauer angelegt ist: auf die multikulturelle Gesellschaft. Durch interkulturelles Lernen sollen also Mehrheit wie Minderheiten auf ein möglichst gleichberechtigtes Zusammenleben in einer Gesellschaft vorbereitet werden.

Definition

„Interkulturelles Lernen heißt, Unvertrautem mit Neugierde zu begegnen, das Fremde als Bereicherung der eigenen Kultur und als selbstverständlichen Teil des Alltags wahrnehmen und erfahren." (BMW AG (Hrsg.) 1997, 1.1.2.1., S. 1)

Aus diesem ganz allgemeinen Ziel des interkulturellen Lernens läßt sich ein wichtiger Punkt ableiten:

Interkulturelles Lernen ist eine Pädagogik für alle, für die Mehrheit wie für Minderheiten.

Sie orientiert sich nicht mehr wie die Ausländerpädagogik an (vermeintlichen) besonderen Bedürfnissen von Kindern aus Migrantenfamilien, sie ist nicht einmal zwingend an die Anwesenheit von Kindern ethnischer Minderheiten gebunden. Es gibt sogar Positionen, die meinen, daß interkulturelle Erziehung sich primär an die Mehrheitsbevölkerung richten sollte (vgl. Nieke 1993). Dem ist jedoch entgegenzuhalten, daß nicht nur Deutsche zu Abgrenzung und Feindlichkeit gegenüber sogenannten Ausländern neigen. Ebenso gibt es natürlich auch unter Migranten Abschottung von Einflüssen, die das eigene Denken und Fühlen in Frage stellen könnten, bis hin zur Deutschfeindlichkeit. Dabei muß man selbstverständlich anerkennen, daß die Minderheiten primär wesentlich mehr lernen (müssen): Sie erwerben mehr oder weniger perfekt die deutsche Sprache, sie stellen sich ganz allgemein auf hiesige Verhältnisse ein, lernen, mit Verhaltensweisen und Gewohnheiten der Einheimischen umzugehen. Sicherlich ist aber richtig, daß interkulturelles Lernen – schon vom Begriff her – ein Lernen und Aufeinanderzugehen von beiden Seiten – oder genauer: von vielen Seiten – bedeutet und sich von daher an alle, die innerhalb einer Gesellschaft aufwachsen und leben, richtet.

Lernen und Aufeinanderzugehen

2.2.2 Zwischen Neugier und Ablehnung – Fremde und Fremdes in unserer Gesellschaft

Zuwanderer – seien es Arbeitsmigranten oder Flüchtlinge – werden von der Bevölkerungsmehrheit als fremd definiert. Auch nach jahrzehntelangem Leben in Deutschland werden die Nachkommen der als „Gastarbeiter" angeworbenen Menschen als „ausländische" Kinder bezeichnet, und sie werden fremd genannt, obwohl Deutschland ihre Heimat ist.

Merkmale für Fremdheit

Nach Nieke (1995) gibt es drei Auslöser für die Definition „fremd", wobei es reicht, wenn *ein* Merkmal erfüllt ist:
- wenn Zuwanderer deutlich erkennbar im Alltag nach anderen Werten als die Mehrheit leben. Dazu gehört dann besonders auch das Praktizieren einer anderen Religion als des Christentums. Das Kopftuch muslimischer Frauen hat in diesem Zusammenhang Signalcharakter;
- wenn Zuwanderer aufgrund ihrer Kleidung oder Hautfarbe anders aussehen;
- wenn Zuwanderer eine andere, unverständliche Sprache sprechen.

Verunsicherung durch Neues

Zu 1. und 2.: Auf die Wahrnehmung von Unbekanntem sind zwei grundsätzlich verschiedene Reaktionen zu beobachten. Beide sind Ergebnis von Verunsicherung durch Neues. Die eine kennen wir von Urlaubsreisen: Dann können fremde Menschen und unbekannte Verhaltensweisen reizvoll und exotisch wirken und neugierig machen, sie näher kennenzulernen. Dieses nähere Kennenlernen hat jedoch keine weiteren Konsequenzen für die eigene Person, denn es ist zeitlich begrenzt und bleibt damit unverbindlich. Neugier ist bei der Begegnung mit einem Fremden im eigenen Land eher selten. Hier sind das Fremde und die Fremden nicht mehr außergewöhnlich, sondern alltäglich. Ein Ausweichen wird schwierig, die Fremden „rücken einem buchstäblich auf die Pelle". So löst das, was als fremd wahrgenommen wird, Befremdung aus und macht Angst. Das ist weder unnormal noch moralisch verwerflich, denn das, was von der eigenen Norm, der eigenen Erwartung an normales Aussehen und Verhalten abweicht, verunsichert zunächst. Im Alltag einer hochorganisierten, komplexen Gesellschaft begegnen wir notwendigerweise täglich vielen Unbekannten und müssen uns darauf verlassen können, daß diese Unbekannten sich an berechenbare Verhaltensweisen halten und nicht plötzlich bedrohlich reagieren. Die Vertrauenswürdigkeit des jeweiligen Gegenübers überprüfen wir in Sekundenschnelle anhand des äußeren Erscheinungsbildes. Die große Mehrheit hält sich dabei an bestimmte Regeln für das eigene Aussehen. Eine Abweichung von dieser Norm (die natürlich eine gewisse Schwankungsbreite hat) erzeugt eine Bereitschaft zu Distanz, Abwehr und Mißtrauen, ohne daß tatsächliche Anzeichen für eine

Bedrohung da sind. Das kann für den Irokesenkamm eines Punks wie für den schwarzen Schnurrbart eines Türken oder auch das vielzitierte Kopftuch gelten.

Zu 3.: Erzieherinnen können bestätigen, wie unangenehm es sein kann, wenn Kinder oder Jugendliche in einer unverständlichen Sprache miteinander einen Streit ausfechten: Wie kann hier sprachlich eingegriffen und geschlichtet werden, wenn man selbst nicht einmal versteht, worum es geht? Die fremde Sprache kann so Unbehagen und sogar Angst auslösen.

Wenn sich diese äußeren Anzeichen von Unvertrautheit verbinden mit weiteren Zuschreibungen – der Schnurrbart mit der Angst um den eigenen Arbeitsplatz oder das Kopftuch mit islamischem Fundamentalismus –, dann wird die Befremdung durch die unvertraute Lebenswelt beängstigend.

Fremden sind andere Lebens- und Denkweisen selbstverständlich. Diese Selbstverständlichkeiten sind anders als die eigenen, ja, sie können schlicht falsch erscheinen, wenn sie den eigenen Selbstverständlichkeiten widersprechen. Das heißt letztendlich nichts anderes, als daß das Eigene, Vertraute, die eigene Lebenswelt in Frage gestellt wird.

Diese Mechanismen laufen innerhalb der einheimischen Gesellschaft ab – so tut beispielsweise der Punk seine Verachtung für bürgerliche Äußerlichkeiten kund und wirkt dadurch aggressiv. Ebenso oder vielleicht noch einmal verstärkt werden Befremdungsmechanismen ausgelöst durch Menschen, die neu in eine Gesellschaft zugewandert sind. So kann die Beobachtung, daß manche muslimische Frauen auf der Straße einen Schritt hinter ihrem Ehemann gehen, ein Erstaunen, aber sogar auch Erschrecken vor der Unterwerfung der Frau unter den Mann zur Folge haben (zumindest liegt diese Interpretation aus westlicher Sicht nahe).

Eine solche elementare Verunsicherung wird notwendigerweise abgewehrt – übrigens von beiden Seiten, der deutschen wie der zugewanderten Bevölkerung.

> *„Denn einmal aufgebaute Weltorientierungen geben Handlungssicherheit in den ständig zu bewältigenden Situationen des Alltags."*
> (Nieke 1995, S. 73)

Handlungssicherheit durch Weltorientierungen

Diese Handlungssicherheit möchte man sich natürlich erhalten. Dafür gibt es – gesamtgesellschaftlich gesehen – unterschiedliche Versuche:

- Fremde werden in gesonderte Wohngebiete abgedrängt – unterprivilegierte Stadtteile sind hierfür ein beredtes Beispiel – oder sie werden wie Flüchtlinge und Asylbewerber in großen Heimen möglichst außerhalb bevorzugter Wohngegenden zusammengefaßt. Auf diese Weise versucht man, sich Fremde aus den Augen zu schaffen und sie zu meiden, so daß eine Konfrontation mit dem Unbekannten seltener wird. So erklärt es sich, daß in bestimmten Kindertagesstätten oder Schulen überproportional viele nichtdeutsche Kinder sind und die deutschen Kinder eine zum Teil verschwindende Minderheit bilden.
- Fremde werden einfach wieder fortgeschickt. Man versucht, sie wieder loszuwerden. Beispiele für diese Strategie sind die Verweigerung der Aufenthaltserlaubnis bei Sozialhilfebedürftigkeit, die geringe Anerkennungsquote für Asylbewerber oder die Abschiebung von straffälligen Nichtdeutschen nach Verbüßung ihrer Strafe.

Realistische Wahrnehmung des Fremden

Natürlich löst Unvertrautes nicht automatisch Angst aus, sonst wäre das Interesse an Reisen in fremde Länder kaum denkbar. Anzustreben ist, daß immer mehr Menschen auch im eigenen Land das Fremde realistisch wahrnehmen:

– als bisher unbekannte Eigenheit von Menschen,
– als Weltsicht und Lebensgestaltung, die anders ist als die eigene.

Gleichzeitig verweist eine solche realistische Wahrnehmung das Bedrohliche, das von Fremdem ausgeht, in seine Schranken, so daß eine Auseinandersetzung auf der rationalen wie gefühlsmäßigen Ebene einsetzen kann.

Rahmenbedingungen der Politik

Diese Auseinandersetzung kann durch Erziehung und Weiterbildung, durch *interkulturelles Lernen*, grundlegend unterstützt werden, wobei dies über das einzelne positive Beispiel hinaus letztendlich aber nur gelingen kann, wenn die Politik Rahmenbedingungen schafft, die Nichtdeutschen beispielsweise gleiche bürgerliche Rechte einräumen wie Deutschen.

Zuwanderer lösen jedoch nicht nur Befremdung und eventuell Angst aus, sie werden auch als direkte Konkurrenten um knappe

Güter wie Arbeitsplätze und Wohnungen erlebt. Manchmal wird ihnen sogar unterstellt, sie würden mit den Einheimischen um Frauen konkurrieren. So befürchten z. B. deutsche männliche Jugendliche in einem Interview im Hinblick auf ausländische Gleichaltrige: „Die nehmen uns die Tussies weg." (Nieke 1995, S. 75) Das Deutungsmuster der Zuwanderer als Fremde und Konkurrenten ist überall auf der Welt anzutreffen (die große Gastfreundschaft in manchen Ländern bleibt davon unberührt, denn sie betrifft einzelne Reisende und hat auch bestimmte Hintergründe). In Deutschland äußert sich dieses Deutungsmuster als sogenannte Ausländerfeindlichkeit. Damit sind die gleichen Verhaltensweisen gemeint, die in Frankreich, den Niederlanden oder Großbritannien als Rassismus bezeichnet werden. Umgekehrt gibt es bei Migranten auch eine zum Teil ausgeprägte Deutschfeindlichkeit. Ob diese nur als Gegenreaktion auf erlebte Ablehnung zu interpretieren ist oder ob sie eigener Ausdruck der Befremdung ist, sei dahingestellt.

Ausländerfeindlichkeit

Auch hier zeigt sich ein Ansatzpunkt für interkulturelles Lernen: Kinder, die gelernt haben, Verschiedenheit als etwas Selbstverständliches zu begreifen, können auch als Erwachsene die Konkurrenz mit Zuwanderern, wenn sie denn tatsächlich vorhanden sein sollte, als normal erleben, so wie die Konkurrenz mit anderen Deutschen auch.

Ein etwas anderer Ansatz zur Erklärung von Fremdenfeindlichkeit geht von der Frage aus, warum so viele Einheimische nichts von den Menschen wissen wollen, mit denen sie eine Gesellschaft bilden, warum sie diese so hartnäckig als Fremde bezeichnen. Fremdes bleibt ja nur so lange fremd, wie man sich nicht damit vertraut gemacht hat. Warum also macht man sich nicht vertraut miteinander?

Freud'sche Theorie

Zur Erklärung wird auf Siegmund Freud zurückgegriffen. Nach seiner Theorie projizieren wir auf andere, auf Fremde Anteile der eigenen Persönlichkeit, die wir lieber vertuschen: schlechte Eigenschaften, Wünsche, die die eigene Person als faul, undiszipliniert usw. erscheinen lassen. Auf diese Weise muß man Mißliebiges nicht bei sich selbst wahrnehmen, sondern kann mit dem Zeigefinger auf andere deuten, z. B.: „Die Asylanten tun den ganzen Tag nichts und kriegen alles umsonst. So gut möchte ich es auch einmal haben!" Hier werden eigene Versorgungswünsche sichtbar, die aber als illegitim von der eigenen Person abgespalten werden. Durch Feindseligkeit halten wir die Distanz zu Zuwanderern aufrecht, wir machen sie eigentlich erst richtig zu Fremden, die sich dann als Übertragungsobjekte anbieten. Die Vorstellung von der eigenen Tüchtigkeit und dem eigenen Fleiß kann so aufrechterhalten und eine Auseinandersetzung mit eigenen negativen Persönlichkeitsanteilen vermieden werden.

Wenn wir uns mit Fremdem auseinandersetzen, haben wir die Chance, auch uns selbst bewußter und realistischer wahrzunehmen.

> *„Ohne das Fremde können wir nicht leben. (...) Wenn wir dem Fremden ausweichen, ihn fliehen oder bekämpfen, dann fliehen wir uns selbst.“* (Keil 1992, S. 35)

Aus dem Zusammenleben von Menschen mit unterschiedlichen Weltsichten und Traditionen kann nach dieser Sichtweise also auch ganz persönlicher Gewinn gezogen werden wie auch für die Gesellschaft als Ganzes.

Es wäre allerdings fatal, wollte man interkulturelles Lernen „auf diese eher psychologische Dimension mit dem Fremdheitserlebnis“ (Nieke in: Baur 1992) beschränken. Ebenso muß die Wahrnehmung für die soziale und politische Situation von Minderheiten sensibilisiert werden.

2.2.3 Interkulturelles Lernen braucht Religion

> „Wenn ich in einer Gruppe Kinder habe, die verschiedenen Religionen angehören, lasse ich religiöse Themen lieber weg.“

In dieser Äußerung einer angehenden Erzieherin wird sehr treffend formuliert, in welcher Situation sich Religion in der modernen Gesellschaft befindet: In öffentlichen Bereichen – und dazu gehören auch pädagogische Einrichtungen – wird Religion häufig ausgeklammert. Oder sie wird einem klar umgrenzten Bereich zugewiesen, wie dem Religionsunterricht in der Schule, den Kirchen als religiösen Institutionen, den Theologen als religiösen Spezialisten. Dies heißt nun nicht, daß Religion in der heutigen Gesellschaft keine Rolle mehr spielt. Aller-

Bedeutung von Religion

dings hat sich die Bedeutung der Religion im Zuge der Säkularisierung, also der Loslösung des einzelnen, des Staates und der gesellschaftlichen Gruppen aus den Bindungen an Kirche und Religion verändert: Religion hat sich aus dem öffentlichen in den privaten Bereich verlagert. Damit ist Religion auch nicht mehr einfach mit einer kirchlichen Institution identifizierbar. Dennoch hat Religion eine hohe Bedeutung: als Suche nach Sinn, Geborgenheit und Verläßlichkeit. Daß diese nicht an Traditionen und Institutionen gebundene Religiosität gesellschaftlich kaum wahrnehmbar ist, liegt daran, daß Religion in einem „radikalen Sinn zur Privatsache geworden ist" (Baacke 1994, S. 188f).

Die eingangs zitierte Äußerung zeigt eine sensible Wahrnehmung der Problematik, die genauso auch gilt, wenn keine anderen Religionen beteiligt sind. Denn es gibt kaum noch einen Konsens zu Fragen der Religion, auch nicht innerhalb christlich geprägter Gesellschaften. Es wäre ein Mißverständnis, wollte man eine solche Äußerung als Zeichen von religiösem Desinteresse deuten. Eher spiegelt sie die allgemeine Verunsicherung auf religiösem Gebiet und die Scheu, in die Privatsphäre der Familien einzudringen. Denn es ist offensichtlich:

> *„Religion unterliegt Biographisierungs- und Individualisierungsprozessen. Sie ist primär Sache des einzelnen und seiner Suchbewegungen, erst sekundär auch getragen und gesichert durch Institutionen."* (Baacke 1994, S. 193)

Die zunehmende Präsenz nichtchristlicher Religionen

Die multikulturelle Situation der Gesellschaft verändert auch die religiöse Landschaft. Neben Kirchen werden Moscheen gebaut, Imame und muslimische Vereine vertreten den Islam ähnlich wie Pfarrer und Pfarrerinnen das Christentum, Koranschulen existieren neben dem christlich-konfessionellen Religionsunterricht. Aus christlich geprägten Gesellschaften werden religiös gemischte Gesellschaften. Diese Entwicklung ist gerade auch in der Diskussion um die Beteiligung anderer Religionen am schulischen Religionsunterricht zu verfolgen. Das heißt dann für die Zukunft auch, daß die selbstverständliche Identifizierung von Christentum und europäischer Kultur so nicht mehr möglich sein wird (vgl. Hummel 1994, S. 175).

Gleichberechtigtes Nebeneinander der Religionen?

Es wäre nun anzunehmen, daß in einer Gesellschaft, in der Religion ganz dem individuellen und privaten Entscheidungsbereich zugehört, ideale Voraussetzungen für ein gleichberechtigtes Nebeneinander verschiedener Religionen gegeben sind. Daß dem nicht so ist, wird schon durch die Tatsache deutlich, daß zwar Kirchenglocken den Beginn und das Ende von gottesdienstlichen Veranstaltungen einläuten, die Forderung mancher Moscheevereine, die islamischen Gebetszeiten vom Muezzin ausrufen zu lassen, jedoch stets heftige Diskussionen und Proteste auslöst.

Religion zwischen Privatsache und öffentlicher Angelegenheit

Religion ist zwar Privatsache, wird aber dann zu einem Gegenstand des öffentlichen Interesses, wenn sie kulturelle Fremdheit auslöst. Solange sich Religiosität, sei es die christliche oder die anderer Religionen, einfügt in die Strukturen der modernen, säkularen Gesellschaft, ist vieles möglich. Am deutlichsten zeigt sich dies in der immer selbstverständlicheren Übernahme östlicher Meditationswege und Reinkarnationsvorstellungen. Ursprünglich Fremdes wird in Eigenes verwandelt. Dies ist möglich, weil Meditation und Reinkarnation Praktiken bzw. Vorstellungen sind, die sich nahtlos in die individuelle Heilssuche einbauen lassen und auch keine Institutionalisierung brauchen. Gleichzeitig stehen sie den Anforderungen der westlichen Leistungsgesellschaft nicht im Wege. Wie selbstverständlich Meditation in allen Variationen für uns geworden ist, zeigt das immer größer werdende Interesse für Stille-Übungen und die Beschäftigung mit Mandalas, gerade auch im Elementarbereich. Hier wird ursprünglich fremde Religiosität als etwas Positives und Bereicherndes erlebt und genutzt (vgl. Hummel 1994, S. 139).

Diejenigen religiösen Elemente jedoch, die sich der Verwestlichung widersetzen und sich in die moderne Gesellschaft nicht so einfach einfügen lassen, lösen nach wie vor Ängste und Widerstände aus (vgl. Hummel 1994, S. 137f). Dies ist immer dann der Fall, wenn religiöse Elemente an autoritäre Strukturen gebunden sind: z. B. bei traditionellen Familienstrukturen im Islam, aber auch in anderen religiösen Gemeinschaften, in denen der Mann gegenüber Frau und Kindern unbeschränkte Autorität geltend machen kann. Dies führt zu den inzwischen bekannten Schwierigkeiten, die Erzieherinnen erleben können, wenn sie mit traditionell erzogenen muslimischen Jungen zu tun haben. Hier treffen althergebrachte Rollenvorstellungen und modernes Emanzipationsverständnis aufeinander. Dasselbe gilt, wenn der Gruppe gegenüber dem Individuum größere Bedeutung beigemessen wird, also die Unterordnung unter Gruppeninteressen auch auf Kosten der individuellen Selbstbestimmung und Selbstverwirklichung eingefordert wird.

In solchen Situationen zeigt sich, daß Religion doch nicht vollständig dem privaten Bereich zugeordnet bleibt, sondern auch in der Öffentlichkeit vielschichtige Reaktionen auslöst. Dazu kommt, daß die moderne Trennung des Lebens in öffentliche und private Bereiche nicht einfach von den hier lebenden Minoritäten so akzeptiert und übernommen wird. Die multikulturelle und multireligiöse Situation einer Gesellschaft bedeutet immer auch ein Infragestellen der eigenen Strukturen und Welterklärung.

Interreligiöses Lernen

Fazit: Auch in einer säkularisierten Gesellschaft ist interkulturelles Lernen ohne interreligiöses Lernen nicht sinnvoll. Deshalb ist das Ausklammern religiöser Themen, wie die erwähnte Erzieherin vorschlägt, auch nur eine vordergründige Lösung des Konflikts. Zwar wird zunächst vermieden, zusätzliches Konfliktpotential einzubringen, aber es ist auf diese Weise auch nicht möglich, den Umgang mit unterschiedlichen Elementen der Selbst- und Weltinterpretation einzuüben. Dies ist wichtig, unabhängig davon, was die einzelnen Menschen mit Religion anfangen können. Religion ist die Tiefendimension der eigenen Kultur und damit auch heute noch ein gesellschaftlich wirksamer Faktor. Unser Menschenbild, unsere Vorstellungen von Gut und Böse, Anfang und Ende des Lebens sind geprägt vom jeweiligen religiösen Hintergrund. Das Ausklammern religiöser Themen vergrößert die Sprachlosigkeit, tabuisiert Religion, ohne sie damit aus der Welt zu schaffen. Das Ergebnis ist vergleichbar der Tabuisierung der Sexualität früherer Jahrzehnte.
Das allgemeine Ziel des interkulturellen Lernens, die Vorbereitung auf das Leben in einer multikulturellen Gesellschaft von Kindheit an, bezieht sich also zwingend auch auf die Beschäftigung mit der religiösen Vielfalt innerhalb dieser multikulturellen Gesellschaft. Kultur und Religion sind letztendlich nicht zu trennen. Jeder Kulturkreis ist durch und durch geprägt durch die zugrundeliegende Religion oder auch Religionen, selbst wenn die Religion im Alltag dieser Kulturen keine entscheidende Rolle mehr spielt.

Religion wird in den Medien oftmals ausschließlich unter dem Gesichtspunkt gesehen, Ursache für Kriege und blutige Auseinandersetzungen zu sein. Die Berichterstattung zu islamistischen Gewalttaten ist ein Beispiel dafür. Dem gilt es, Wissen über die „konfliktregulierende, die versöhnliche und handlungsorientierende Dimension von Religion(en)" (Schreiner 1997, S. 2) entgegenzusetzen und diese Weisheiten zu nutzen.

Wir möchten deshalb ganz bewußt und selbstverständlich religiöse Aspekte als einen „Hauptpfeiler der möglichen und notwendigen Verständigung innerhalb der Kulturen" (Jamal 1996, S. 103) mit einbeziehen. In unserer Beschreibung der Zielsetzungen interkulturellen Lernens verbinden wir deshalb interreligiöse Zielsetzungen mit den säkularen interkulturellen Zielen.

2.2.4 Ziele des interkulturellen Lernens

Aus der sehr allgemein gehaltenen Erklärung, was interkulturelles Lernen bedeutet, entwickeln wir nun konkrete Zielsetzungen für die Arbeit in Tageseinrichtungen. Diese erscheinen auf den ersten Blick sehr umfangreich. Wenn man interkulturell arbeiten möchte, ist es jedoch nicht notwendig, sämtliche Ziele gleichzeitig anzugehen. Anhand der Gruppensituation muß jeweils neu überlegt werden, auf welche Weise innerhalb der normalen pädagogischen Arbeit ein bestimmtes Ziel verfolgt werden kann.

Einen angemessenen Umgang mit der Befremdung entwickeln

Auch bei Kindern können wir unterschiedliche Reaktionen auf Unvertrautes beobachten. Je nach Vorerfahrung gehen die einen sehr unbefangen um mit allem, was neu und unbekannt für sie ist. Sie nehmen anderes Aussehen oder andere Eßgewohnheiten als ganz normal hin – schließlich entdecken sie sowieso fast jeden Tag neue, aufregende Dinge. Aber wir beobachten auch andere Reaktionen:

Die Erzieherin bemerkt, daß Rajeev, ein Junge aus Indien, keinen Anschluß in der Gruppe findet, obwohl er keinerlei Probleme mit der deutschen Sprache hat. Im Gespräch mit Annika, Tim und Karl findet sie heraus, daß Rajeev wegen seiner Haartracht abgelehnt wird: Er gehört der Religion der Sikhs an, bei denen Jungen ihre langen Haare oben auf dem Kopf wie eine Krone zusammenbinden, die mit einem bunten Band zusammengehalten wird. „So was machen doch nur Mädchen", meinen sie.

Emotionen aufgreifen

Solchen emotionalen Reaktionen ist nicht nur durch Informationen, also auf der kognitiven Ebene, zu begegnen. Mehr wird erreicht, wenn Informationen verbunden werden mit einer Lernform, die die Möglichkeit bietet, die emotionale Beteiligung der Kinder an dem, was sie befremdet, aufzugreifen. Auch ist wichtig, die Äußerungen der Kinder nicht mit dem moralischen Zeigefinger zu bewerten, weil damit nur die Abwehr verstärkt wird. Im Gegenteil muß darauf geachtet werden, daß Kinder Worte finden für das, was ihnen seltsam vorkommt und was sie irritiert. Zum einen verliert die Irritation dadurch schon einen Teil des Bedrohlichen, zum anderen erhält die Erzieherin dadurch Hinweise, an welcher Stelle sie pädagogisch ansetzen könnte. So könnte sie bei obigem Beispiel die Mutter von Rajeev in den Kindergarten einladen. Die Mutter könnte vormachen, wie Rajeevs Haare auf dem Kopf zusammengebunden werden und Fotos von Männern zeigen, die ihre Haare unter einem Turban verbergen. Auf diese Weise kann versucht werden, das Gefühl der Irritation oder Bedrohung, das durch die „merkwürdige Frisur" ausgelöst wurde, umzuwandeln in Neugier. Vielleicht bittet dann ein Mädchen darum, daß die Mutter ihr ebenfalls die Haare zu einer Krone bindet oder ein Junge probiert aus, wie bei ihm das Band aussieht.

Eine Grundlage für tolerante Verhaltensweisen erwerben

Im Zusammenhang mit der multikulturellen Situation unserer Gesellschaft hat sich der Begriff der Toleranz geradezu zu einem Zauberwort entwickelt. Die Erziehung zur Toleranz ist ein Leitziel interkulturellen Lernens überhaupt. Wir sprechen allerdings bewußt etwas vorsichtiger davon, daß eine Grundlage für Toleranz erworben werden soll, weil Toleranz eine sehr komplexe Haltung eines Menschen darstellt, die durch Erziehung angebahnt, nicht aber zuverlässig hergestellt werden kann. Zudem darf Toleranz nicht als eine Haltung (miß)verstanden werden, die kritiklos alles als möglich akzeptiert. Denn dann müßte jeder Widerspruch gegen eine geäußerte Meinung oder jede Nachfrage nach einer gezeigten Verhaltensweise schon als Zeichen von Intoleranz gewertet werden. Eine so verstandene Toleranz wäre aber eher ein Zeichen von Gleichgültigkeit als von echtem Interesse. Toleranz in der multikulturellen Gesellschaft ist sicher wesentlich mehr als das Akzeptieren unterschiedlicher Lebensformen im Privatbereich. Denn dies ist selbstverständliche Grundlage einer pluralistischen Gesellschaft, in der Meinungs- und Religionsfreiheit herrscht. Wie schwer Toleranz sein kann, zeigt sich dann, wenn unterschiedliche Wertüberzeugungen und Lebensvorstellungen in der öffentlichen Sphäre, zu der auch Tageseinrichtungen für Kinder zählen, aufeinandertreffen, denn dann kann man der Konfrontation nur noch schwer ausweichen. Hier muß eine Haltung der Toleranz angestrebt werden, die Eigenes wie Anderes ernstnimmt und die sich auf Konflikte einläßt mit dem Ziel, sie nicht hierarchisch, sondern partnerschaftlich zu lösen.

Partnerschaftliche Konfliktlösung

Der Leiter einer Kindertagesstätte streicht aus Rücksicht auf die muslimischen Kinder das Schweinefleisch vom Speiseplan. Es wird durch andere Fleischsorten ersetzt. Doch einige Eltern sind damit nicht einverstanden: Ihren Kindern werde so eine Eßkultur vermittelt, die religiös bestimmt sei. Sie argumentieren, daß das Gleichmacherei sei und nichts mit Rücksichtnahme zu tun habe. Sie setzen sich mit dem Leiter zusammen und erarbeiten andere Vorschläge, wie das Schweinefleischverbot im Islam umgesetzt werden kann. Zusätzlich muß nämlich auch berücksichtigt werden, daß einige Kinder Hindi sind und kein Rindfleisch essen dürfen. Ein Vorschlag ist, die verschiedenen Fleischsorten auf verschieden farbigen Tellern zu reichen. Ein Vater schlägt vor, ganz auf Fleisch zu verzichten und auf Vollwerternährung umzustellen.

Das Ergebnis der Konfliktlösung ist letztendlich nicht so wichtig. Zufriedenheit und das Gefühl, mit dem eigenen Anliegen ernstgenommen worden zu sein, wird durch die Art des Umgangs mit diesen Interessengegensätzen ausgelöst.

Erfahren, daß die eigene Lebensweise eine unter vielen ist

Dieses Ziel scheint auf den ersten Blick überflüssig zu sein, denn, so meint man, „bei uns kann doch jeder nach seiner Façon selig werden". Daß dem nicht so ist, zeigt sich spätestens dann, wenn es um „Ausländer" geht. Unsere pluralistische Gesellschaft ist zwar offen für viele gesellschaftliche Subkulturen. Gesamtgesellschaftlich gesehen ist aber die kulturelle Orientierung an Normen der Mittelschicht bestimmend. Das heißt, daß die Offenheit für unterschiedliche Lebensweisen nicht so weit reicht, daß sie auch andere kulturelle Sinn- und Wertverständnisse problemlos ermöglicht. Gerade bei zugewanderten Menschen fällt es vielen Deutschen sehr schwer zu akzeptieren, daß sie bestimmte Gewohnheiten haben und diese auch pflegen. Kleidungseigenheiten und die Muttersprache z. B. aber lassen sich nicht ohne weiteres ablegen, weil sie eng verbunden sind mit der eigenen Identität. Angehörige ethnischer Minderheiten sehen sich mit der Forderung konfrontiert, sich möglichst unauffällig „anzupassen", sich z. B. so zu kleiden wie die Mehrheit, um nicht abschätzigen Blicken oder Schlimmerem ausgesetzt zu sein, sich nicht in der Muttersprache zu unterhalten, um nicht als „Ausländer" erkennbar zu sein oder im Mietshaus nicht durch laute Geselligkeit oder Knoblauchgeruch aufzufallen.

Kindertagesstätten haben hier durch ihre spezifische Arbeitsweise ideale Möglichkeiten, auf das Ziel „erfahren, daß die eigene Lebensweise eine unter vielen ist" hinzuarbeiten. Verschiedene Lebensweisen können sich beispielsweise in der Einrichtung einer Tagesstätte widerspiegeln: Da begrüßt ein Willkommensplakat in mehreren Sprachen. In der Puppenecke gibt es Küchengegenstände aus unterschiedlichen Eßkulturen. In der Verkleidungskiste lassen sich Pumphosen, bunte Röcke, Tücher etc. finden. Es gibt Musikkassetten mit Musik aus verschiedenen Ländern. Dies und vieles mehr spiegelt die Vielfalt möglicher Lebensweisen ansatzweise unaufdringlich und selbstverständlich wider. Kinder werden so hautnah mit verschiedenen Lebensgewohnheiten bekannt, so daß diese Unterschiedlichkeit für sie etwas ganz Alltägliches wird.

Vielfalt möglicher Lebensweisen

Andere religiöse Traditionen wahrnehmen als etwas, das anderen wichtig ist

Dieses Ziel ist eng verbunden mit dem vorhergehenden, denn in der Lebensweise spiegeln sich Grundsätze und Weisheiten der jeweiligen Religion wider.

Zur Lebenswelt moderner Gesellschaften gehören verschiedene Religionen. So ist ein Basiswissen über andere Religionen und die sensible Berücksichtigung verschiedener religiöser Traditionen Kern jeder interkulturellen Arbeit.

Ein Offenlegen der eigenen religionspädagogischen Arbeit kann für andersgläubige Eltern (aber nicht nur für sie) sehr hilfreich sein, weil dies eine prinzipielle Offenheit der Einrichtung zeigt und deutlich macht: Wir sind zum Gespräch bereit!

Grundsätze interreligiöser Erziehung

Zu Grundsätzen interreligiöser Erziehung gehören (vgl. Hotz 1997):

- In jeder Religion wird der Glauben ganz unterschiedlich gelebt. Jede Familie entwickelt ihren eigenen Umgang mit religiösen Bräuchen. So wenig es „die" christliche Familie gibt, so wenig gibt es „die" muslimische, „die" jüdische, „die" hinduistische Familie.
- Glaubensvorstellungen sind grundlegend für die Identität eines Menschen. Sie müssen deshalb ernstgenommen werden. Es ist also notwendig, wahrzunehmen, was für andere wichtig ist. Eine Bemerkung zum Fasten in der Zeit des Ramadan kann so ein Zeichen des Ernstnehmens sein.
- Es sollte nicht erwartet werden, daß in einer kirchlichen Einrichtung andersgläubige Kinder selbstverständlich an Aktivitäten der Einrichtung innerhalb der Gemeinde (z. B. Erntedankgottesdienst, den der Kindergarten mitgestaltet) teilnehmen. Andererseits sollten sie natürlich eingeladen werden wie alle anderen auch.

Sensibilität entwickeln für Benachteiligungen

Kinder entwickeln ab einem bestimmten Alter einen ausgeprägten Gerechtigkeitssinn. Sie haben ein feines Gespür dafür, wenn sie selbst oder ein anderes Kind ungerecht behandelt werden und dringen darauf, daß für alle dieselben Regeln gelten. Aber auch, wenn sie es nicht ausdrücken können, empfinden sie sehr sensibel, wenn Erwachsene mit anderen unterschwellig oder auch deutlich abfällig umgehen und übernehmen diese Verhaltensweisen. So nehmen sie z. B. den abschätzigen Unterton wahr, wenn über „Ausländer" gesprochen wird und übernehmen diese Haltung, indem sie den Kontakt mit Kindern meiden, die sie als „Ausländer" identifiziert haben.

Was ist Rassismus?

In den letzten Jahren hat sich die Feindlichkeit gegenüber Zuwanderern zunehmend in Gewalttaten geäußert, die rassistisch motiviert waren. Unter Rassismus versteht man eine Haltung, die bestimmte ethnische Gruppen aufgrund ihrer körperlichen Merkmale, z. B. der Hautfarbe, als minderwertig ansieht. So kann es kommen, daß „ausländisch" aussehende Jugendliche an Diskotheken zurückgewiesen werden oder sich im Extremfall ihres Lebens nicht mehr sicher sein können, wenn sie die S-Bahn benutzen.

Es ist deshalb notwendig, der möglichen Entwicklung einer solchen Haltung sehr frühzeitig entgegenzuwirken, indem Kinder ein Gespür dafür entwickeln, wenn jemand wegen seines Äußeren benachteiligt wird.

Nora bittet darum, einen anderen Garderobenplatz zu bekommen. Sie möchte ihren Haken nicht neben Akeban, einem Jungen aus Sri Lanka, haben. Die Erzieherin ist erstaunt. Nora setzt hinzu: „Der hat so eine braune Haut."

Es wäre hier sicher nicht sinnvoll, wenn die Erzieherin Nora wegen ihrer Äußerung ein schlechtes Gewissen machen würde. Sie kann dies aber als Hinweis dafür nehmen, daß nicht nur bei Nora, sondern bei mehreren Kindern in der Gruppe ein Bedürfnis besteht, sich mit äußeren Verschiedenheiten zu beschäftigen. Je nach Alter ist es dann eventuell auch möglich, tatsächliche Benachteiligungen, die viele zugewanderte Menschen in Deutschland hinnehmen müssen, zur Sprache zu bringen.

Lernen, (Kultur-) Konflikte vernünftig zu bewältigen

Besonders schwierig wird das Zusammenleben von Kindern unterschiedlicher ethnischer Herkunft bzw. die Zusammenarbeit mit ihren Eltern, wenn es in einer Situation diametral unterschiedliche Handlungsorientierungen gibt.

Fatima darf nicht mit der Hortgruppe schwimmen gehen. Ihr Vater begründet das mit ihrer Religion. Die Erzieherin steht im Konflikt: Es ist ihr ein wichtiges Anliegen, die Werte von Fatimas Vater zu respektieren. Andererseits weiß sie, daß Fatima sehr gern schwimmen lernen möchte. Für Fatima ist zum einen das Gebot ihres Vaters selbstverständlich, zum anderen möchte sie aber nicht hinter den anderen Kindern ihrer Gruppe anstehen und ausgeschlossen sein. Sie weint, als sie mit der Erzieherin darüber spricht.

Eine Mutter kündigt der Erzieherin an, daß ihr Sohn Tufan nicht an der geplanten Weihnachtsfeier teilnehmen dürfe. Die Erzieherin weiß nun nicht, wie sie mit Tufan bei den Vorbereitungen umgehen kann, ohne die Mutter zu verärgern. Tufan möchte so gern ein Hirte sein und lernt mühelos alle Lieder. Sie findet es übertrieben, daß die Mutter überlegt, ihr Kind erst nach Weihnachten wieder in den Kindergarten zu schicken.

Vernünftige Konfliktlösung?

An solchen Konflikten wird deutlich, daß gehandelt und entschieden werden muß. Man kann nicht *nicht* handeln. Aber was wäre hier eine *vernünftige* Konfliktlösung? Was jeweils als vernünftig erscheint, hängt ja davon ab, welcher Konfliktpartei man angehört. So wird der Vater von Fatima oder die Mutter von Tufan etwas anderes für vernünftig halten als die Erzieherin. Ideale Lösungen gibt es in diesen Konflikten wohl kaum. Unabdingbar aber ist auf jeden Fall, daß die Erzieherin als erstes das Gespräch mit den Eltern sucht, um so die Beweggründe für die Verbote verstehen zu können. So erfährt sie vielleicht von Fatimas Vater, daß er es als unanständig, ja sündig empfindet, wenn sich Mädchen und Jungen weitgehend entkleidet gegenseitig sehen können. Denkbar wäre dann vielleicht, daß Fatima mit der Gruppe mitgeht, aber nicht mitschwimmt, sondern wenigstens vom Café aus zusieht und ihr Vater sie dabei begleitet. Freilich wird sie dabei nicht schwimmen lernen. Oder vielleicht macht die Erzieherin ein Schwimmbad ausfindig, das reine Frauenschwimmtage anbietet.

In Tufans Fall ist die Mutter vielleicht sehr froh, daß sie auf Nachfragen der Erzieherin hin ihre Besorgnis, ihr Kind könnte zu sehr von einer fremden Religion beeinflußt werden, endlich einmal äußern kann. Daraufhin könnte die Erzieherin die Mutter vielleicht einladen, bei den Proben für die Weihnachtsfeier dabeizusein, damit sie weiß, was die Kinder da eigentlich machen und so ihre Vorbehalte vor der fremden Religion ein Stück weit abbauen kann.

Vielleicht aber ist auch kein Aufeinanderzugehen möglich und das hieße in solchen Fällen, daß die Verbote der Eltern akzeptiert und ertragen werden müssen. Solche Situationen des Nichtverstehens und des schmerzlichen Erkennens von unüberbrückbaren Unterschieden wird es immer wieder geben. Sie können nur gemeinsam mit den Kindern ausgehalten werden. Dabei ist sicher wichtig, die Kinder nicht durch eine unbedachte Wertung des Verhaltens ihrer Eltern noch zusätzlich zu belasten.

Welche Grundsätze lassen sich daraus ableiten?

Jedes Kind hat das Recht und das Bedürfnis, als individuelle, eigene Persönlichkeit gesehen und behandelt zu werden. Dies ist Grundsatz jeder Pädagogik. Für die interkulturelle Pädagogik lassen sich daraus für die Zielsetzungen drei Prinzipien ableiten.

Prinzip der Akzeptanz und Wertschätzung

Akzeptanz und Wertschätzung

Dies meint eine akzeptierende und wertschätzende Grundhaltung der Erzieherin, mit der sie jedem Kind entgegenkommt, unabhängig davon, welche Nationalität es besitzt, welche Sprache es spricht oder welcher Religion es angehört. Dies setzt eine kritische Haltung der Erzieherin sich selbst gegenüber voraus, damit sie eigene Vorurteile, die sie in ihrem Verhalten zu Kindern beeinflussen könnten, aufspüren kann.

Prinzip der Repräsentanz

Repräsentanz

Damit ist gemeint, daß sich jedes Kind mit seinen unterschiedlichen und besonderen Erfahrungen in der Tageseinrichtung wiederfinden kann. Das kann z. B. praktisch heißen:

- daß die Puppenecke mit Puppen unterschiedlicher Hautfarbe und mit unterschiedlichem Aussehen (z. B. mit asiatischen Gesichtszügen) ausgestattet ist;
- daß in Bilderbüchern Menschen aller Hautfarben vertreten sind;
- daß Speisegebote oder -verbote beachtet werden;
- daß neben der Kirche auch der Moschee ein Besuch abgestattet wird;
- daß die verschiedenen Religionen Beachtung finden und muslimischen Eltern z. B. zum Zuckerfest gratuliert wird;
- daß die verschiedenen Sprachen der Kinder in Liedern, Versen, Zahlen, zweisprachigen Bilderbüchern Beachtung finden;
- daß es Kassetten mit Hörspielen oder Versen in verschiedenen Sprachen gibt;
- daß der Rollenspielbereich mit Kochgeschirr und Kleidungsstükken aus den Herkunftsfamilien ausgestattet ist;
- daß die Herkunftsfamilien in den Alltag der Einrichtung einbezogen werden und z. B. die Großmutter eines Kindes aus Kasachstan zum Geschichtenerzählen eingeladen wird.

Die Kinder merken auf diese Weise, daß sie in ihrem jeweiligen So-Sein einen Platz in der Einrichtung haben, daß das, was sie mitbringen, wichtig ist, daß sie anerkannt werden, so wie sie sind. Das ist Grundlage jeder gelingenden pädagogischen Arbeit.

Zum Prinzip der Repräsentanz gehört idealerweise auch, daß Erzieherinnen, die selbst einer ethnischen Minderheit angehören und damit über bikulturelle Kompetenzen verfügen, in der Einrichtung arbeiten.

Prinzip des Biografiebezugs

Biografiebezug

Dieses Prinzip bedeutet, daß die Erzieherin die individuelle Lebensgeschichte jedes einzelnen Kindes im Blick hat. Dahinter steht die Erfahrung, daß Kinder vielfach nur als Vertreter ihrer Herkunftskultur gesehen und Probleme und Schwierigkeiten kulturell gedeutet werden, während sie vielmehr Ergebnis von persönlichen Erfahrungen und Eigenheiten des jeweiligen Kindes sind.

So kann es passieren, daß ein Kind von vornherein, ohne daß man es näher kennengelernt hat, mit einem bestimmten Blick gesehen wird, z. B. so:

> „Davut kommt aus der Türkei. Seine Mutter trägt bestimmt ein Kopftuch, weil sie muslimisch ist. Sicher muß sie sich ihrem Mann unterordnen, weil die Familienstrukturen in der Türkei patriarchalisch sind. Wahrscheinlich weigert er sich, hauswirtschaftliche Arbeiten zu übernehmen, weil Männer das ja im islamischen Kulturkreis für unter ihrer Würde halten."

Dabei kann es sein, daß Davuts Familie zum alevitischen Islam gehört, die Mutter noch niemals ein Kopftuch getragen hat und Entscheidungen in der Familie partnerschaftlich getroffen werden. Davut versorgt außerdem regelmäßig seine jüngeren Geschwister.

Über die jeweilige Herkunftskultur kann eine Erzieherin bestenfalls Grundkenntnisse haben, und schon das ist häufig schwierig, weil in sozialpädagogischen Gruppen häufig Kinder aus vielen unterschiedlichen Nationalitäten zusammenkommen. Dazu kommt, daß es „die" türkische, italienische, griechische etc. Kultur nicht gibt (vgl. Kap. 2.1.4). Wenn die Erzieherin sich nun in einer akzeptierenden Haltung dem jeweiligen Kind zuwendet, dann ist es möglich, die kulturellen Erfahrungen des Kindes weitgehend unvoreingenommen in der jeweiligen familiären Ausprägung wahrzunehmen. Jedes „ausländische" Kind hat eine bestimmte Geschichte, die es prägt: Ist es in einem anderen Land geboren oder leben seine Eltern selbst schon in der zweiten oder dritten Generation hier? Ist es mit seiner Familie vor Krieg und Greueltaten geflüchtet und hat traumatische Erlebnisse gehabt? Inwieweit wird Religiosität in der Familie gelebt? In welcher sozialen Lage befindet sich die Familie? Usw.

So können mit Hilfe des Biografiebezugs platte Stereotypisierungen und Stigmatisierungen der Kinder als „Türken", „Griechen", „Bosnier" oder „Siebenbürger" vermieden werden.

2.2.5 Direkte und indirekte Thematisierung

Grundsätzlich gibt es zwei Möglichkeiten, interkulturelles Lernen in die Praxis umzusetzen.

Direkte Thematisierung

Die erste Möglichkeit wird *direkte Thematisierung* genannt. Das heißt, daß Unterschiede, Auffälligkeiten, kulturelle Besonderheiten oder z. B. Herkunftsländer etc. direkt zum Thema gemacht werden. Hierzu gibt es zahlreiche didaktische Vorschläge z. B. zu den Themen „Feste feiern", „Essen in verschiedenen Ländern", „Wo kommen wir her?" usw. Hierbei ist folgendes zu bedenken:

- Jüngere Kinder definieren sich in erster Linie über ihre Geschlechtszugehörigkeit. Erst mit zunehmendem Alter nehmen sie ethnische und kulturelle Differenzen wahr. So kann es z. B. sein, daß Zuwandererkinder mit der Frage, woher sie kommen, nichts anfangen können und (wahrheitsgemäß) antworten, sie kämen aus Frankfurt, Dortmund, Hamburg oder Passau, während die Erzieherin darauf besteht, sie kämen aus dem Libanon, Italien, Polen oder der Türkei.
- Die direkte Thematisierung von Unterschieden kann Kinder ungewollt in eine Außenseiterrolle drängen, wobei sie selbst nichts lieber wollen als einfach dazuzugehören und nicht mehr aufzufallen, als alle anderen Kinder auch.
- Die direkte Thematisierung von kulturellen Unterschieden kann Vorstellungsklischees wie „Bei den Türken ist das so" oder „Das ist marokkanisch oder spanisch" verstärken. Dadurch werden Kinder stigmatisiert und nicht mehr als individuelle Persönlichkeiten gesehen.

Die direkte Thematisierung kann aber auch durchaus sinnvoll sein. So kann es z. B. in einer Hortgruppe vorkommen, daß Niko Pirrunthan mit rassistischen Ausdrücken beschimpft oder Volkan wegen besonderer Kleidungs- oder Eßgewohnheiten gehänselt wird. Hier ist es nicht angebracht, darüber einfach wegzugehen. Im Gegenteil können solche Situationen zum Ausgangspunkt von verschiedenen Aktivitäten werden, die die Kinder sensibel machen für Benachteiligungen und rassistische Tendenzen.

Indirekte Thematisierung

Die zweite Umsetzungsmöglichkeit wird *indirekte Thematisierung* genannt. Die Beispiele, die unter dem Prinzip der Repräsentanz aufgezählt wurden, gehören alle zur indirekten Thematisierung. Ebenso entspricht das Prinzip der Repräsentanz selbst der indirekten Thematisierung. Hier wird kulturelle Differenz nicht ausdrücklich betont, sondern kommt selbstverständlich im Alltag, nebenbei, zum Ausdruck. Dieses Konzept geht von der Überlegung aus, daß die Kategorien „nationale Herkunft“ oder „ethnische Zugehörigkeit“ Zuordnungen von Erwachsenen sind und gesellschaftliche Diskussionen widerspiegeln, die Kinder nicht interessieren.

Darüber hinaus soll durch die indirekte Thematisierung vermieden werden, Kinder nur als Vertreter ihrer Herkunftskultur zu sehen und sie dadurch zu etwas „Besonderem“ zu machen. Denn dies wäre ein Fall „positiver“ Diskriminierung.

Interkulturelles Alltagslernen heißt also, daß Anderssein nicht in Projekten und Aktionen aufgegriffen wird, sondern sich in alltäglichen Gewohnheiten der Tageseinrichtung ausdrückt. Dafür muß überprüft werden, ob die Kinder sich sowohl allgemein in der Tagesstätte als auch in gezielten Angeboten und Aktivitäten mit ihren jeweiligen Besonderheiten wiederfinden können.

2.3 Wie entstehen die Bilder in unseren Köpfen?[2]

2.3.1 Woran erkennt man Vorurteile?

Während eines Elternabends in einem kirchlichen Kindergarten, der am Rande des Zentrums einer Großstadt liegt, beklagt sich ein Vater, Herr Weingärtner, daß der „Ausländeranteil“ im neuen Kindergartenjahr wieder sehr hoch sei. Herr Weingärtner fragt leicht gereizt, ob denn in jedem Kindergarten in der Umgebung dieser Anteil so hoch sei und man diese „Belastung“ nicht gerechter verteilen könnte. Bei einem Teil der Eltern entstehen zustimmendes Gemurmel und Seitengespräche. Daraufhin erzählt Frau Schmidberger, daß in der zuständigen Grundschule das gleiche Problem bestehe und sie deshalb ihre Tochter in einer Privatschule angemeldet habe.

---

[2] Titel vgl. Ulich, Michaela: Woher kommen die Bilder im Kopf? In: Kindergarten heute, Heft 4/1994.

„Sonst hat sie beim Lernen einfach von vornherein zu viele Nachteile", erklärt sie. Der Erzieherin wird die Diskussion zunehmend peinlich. Sie war so froh gewesen, daß fünf nichtdeutsche Eltern zum Elternabend gekommen waren, und nun das! Sie sieht, daß die Gesichter dieser Eltern irgendwie erstarren, Herr Göktürk hat sich schon verabschiedet. Sie spürt etwas hilflos das Bedürfnis einzugreifen, dagegen zu argumentieren. Aber sie fürchtet, daß sie mit Informationen wohl kaum einen Meinungsumschwung bewirken kann[3].

Merkmale von Vorurteilen

Hinter den Äußerungen der Eltern stehen offensichtlich Vorurteile. Diese sind durch folgende Merkmale gekennzeichnet:

- Sie sind falsch, voreilig und verallgemeinernd.
- Sie sind nicht an der Realität überprüft.
- Sie enthalten eine negative Bewertung.
- Durch neue Informationen sind sie kaum zu ändern (vgl. Güttler 1996).

Eine kurze und eingängige Erklärung, was ein Vorurteil bedeutet, lautet: „von anderen ohne ausreichende Begründung schlecht denken" (Allport 1971, S. 20).

Die Erzieherin hat also mit ihrer Befürchtung, durch gegenteilige Informationen bei den beiden Elternteilen sowieso nichts ausrichten zu können, vermutlich recht. Vorurteile sind eng verbunden mit Gefühlen wie Ablehnung, Verachtung, Mißbilligung oder Angst. Deshalb sind sie rationaler Argumentation schwer zugänglich. Dennoch ist es sehr wichtig, daß die Erzieherin Stellung bezieht und damit zumindest für alle anderen Beteiligten deutlich macht, daß mit diesen verletzenden Äußerungen eine Grenze überschritten wurde. Wer überlegt und kühl widerspricht, kann einen Stimmungsumschwung herbeiführen, weil Diskriminierende häufig mit dem stillen Einverständnis der Anwesenden rechnen.

[3] Nicht berücksichtigt wird in diesem Beispiel eine Situation wie z. B. in Berlin-Wedding, wo die Klassen zum Teil zu 80 % von Kindern nichtdeutscher Herkunft besucht werden und wo gleichzeitig das Problem der doppelseitigen Halbsprachigkeit besteht (vgl. Kap. 3.3.2). Dadurch entsteht tatsächlich eine sehr schwierige Unterrichtssituation. Deshalb versuchen dort auch Eltern aus ethnischen Minderheiten, ihre Kinder an Schulen in anderen Stadtteilen unterzubringen, um ihnen bessere Lernchancen zu ermöglichen.

Vorurteile und Stereotyp

Oft werden die Begriffe Vorurteil und Stereotyp gleichbedeutend benutzt. Hilfreich kann aber sein, wenn man die beiden Begriffe unterscheidet. Als Sterotyp wird dann ein verfestigtes Bild, eine Klischeevorstellung von Menschen und Gruppen bezeichnet. Mit dem Begriff Ausländer ist beispielsweise eine solche Klischeevorstellung verbunden, ebenso mit dem Wort „Türken“ oder „Frau am Steuer“. Jeder Mensch lernt im Laufe seiner Sozialisation diese Stereotype und kann sie auch wiedergeben, ohne dabei selbst Vorurteile zu haben. Ein Stereotyp ist dann gewissermaßen der Hintergrund, auf dem ein Vorurteil, eine unüberprüfte, negative Aussage, produziert wird. Es ist Teil dessen, was man als gesellschaftliches oder kulturelles „Wissen“ bezeichnet (z. B. Deutsche sind sparsam, Südländer sind feurig). Um keine Vorurteile zu übernehmen oder sie bewußt abzulegen, ist also ein Prozeß der Auseinandersetzung nötig (vgl. Mitulla 1997).

Wie wir am oben genannten Beispiel erkennen können, haben Vorurteile zwei Pole, einen negativen und einen positiven: Die beiden Elternteile grenzen sich ab von „den Ausländern“, die allein durch ihr Dasein eine „Belastung“ darstellen: Sie „erschweren“ deutschen Kindern das Lernen und damit das spätere Fortkommen in der Gesellschaft. Damit werden ihnen negative, minderwertige Eigenschaften zugeschrieben. Dagegen erscheinen die Deutschen, „wir“, in einem ganz anderen Licht: Deutsche Kinder werden (natürlich) gute Lernerfolge haben, wenn sie unter sich bleiben. Sind „die anderen“ schlecht, ist man selbst logischerweise gut. Die eigene Gruppe sichert das Vorankommen, garantiert Stabilität. Die einen, „die“ Ausländer, werden abgelehnt und schlecht gemacht – und die eigene Gruppe, „wir Deutsche“ dadurch aufgewertet. In jedem Vorurteil ist das entgegengesetzte positive Selbstbild enthalten. Natürlich stärkt es das Selbstbewußtsein, wenn man sich selbst besser als andere fühlen kann. Vorurteile können auch Ausdruck von Angst sein: allgemeine Angst vor dem Fremden, Angst, daß man selbst zu kurz kommen könnte. Ein Vorurteil hat dann die Funktion, diese Angst abzuwehren und sich dadurch wieder einigermaßen sicher zu fühlen.

Positives Selbstbild

2.3.2 Ausländerfeindlichkeit, Rassismus, Diskriminierung – auch in Tageseinrichtungen für Kinder?

Die Art von Vorurteilen, die im Beispiel beschrieben wurde, ist unter dem Namen Ausländerfeindlichkeit bekannt. Ausländerfeindlichkeit knüpft an tatsächlichen Merkmalen von Zuwanderern an: an ihrem Aussehen, ihrer Sprache, ihren Sitten. Der Begriff Ausländerfeindlichkeit ist allerdings unscharf: Es werden ja nicht *alle* Ausländer gleichermaßen verachtet, sondern nur ganz bestimmte, nämlich Arbeitsmigranten und Flüchtlinge. Engländer, Franzosen oder Schweden werden nicht abgelehnt wie Türken, Griechen oder Menschen aus Afrika, sie sind ja auch nicht mit der Bezeichnung (oder dem Schimpfwort?) Ausländer gemeint.

Rassistische Haltung

Im europäischen Ausland wird für diese Art von ethnischen Vorurteilen der Begriff Rassismus verwendet. Von einer rassistischen Haltung kann dann gesprochen werden, wenn

> *„Menschen anderen Aussehens oder mit anderen Sitten, Gebräuchen usw. als ‚Rassen' konstituiert werden;*
>
> *wenn aufgrund dessen eine negative (oder positive) Bewertung dieser Menschen erfolgt, und wenn dies*
>
> *aus der Position der Macht heraus erfolgt, wodurch solche Haltungen erst ihre negativen Folgen für solche Menschen erhalten, da ihnen erst durch Taten oder ungeahndete Diskriminierungen greifbare Nachteile erwachsen*" (Jäger 1994, S. 14).

Man kann den Begriff Rassismus also problemlos an die Stelle der Bezeichnung Ausländerfeindlichkeit setzen. Rassistische Meinungen besagen, daß kulturelle Unterschiede eine so trennende Kluft darstellen, daß sie das Zusammenleben in einer Gesellschaft praktisch unmöglich machen. Überdies werden diese Unterschiede mit einer meist negativen Wertung versehen. Diese Wertung wird zudem von Mitgliedern der dominierenden gesellschaftlichen Gruppe getroffen, so daß sie für die betroffenen Minderheiten bedrohlich werden.

Hinter den diskriminierenden, das heißt abwertenden und feindseligen Äußerungen der Eltern könnte man demnach nicht nur ein

Vorurteil, sondern eine rassistische Einstellung vermuten. Die Diskriminierung (Benachteiligung) von Menschen, die ethnischen Minderheiten angehören, ist somit die Handlungsseite einer rassistischen Haltung.

Die Benachteiligung kann sich politisch, ökonomisch und sozial auswirken. Dabei verhalten sich nicht nur einzelne diskriminierend. Diskriminierung kann auch in Gesetzen festgeschrieben, also gesellschaftlich verankert sein. So gibt es eine gesellschaftliche (und kulturelle) und eine individuelle Seite der Diskriminierung und des Rassismus. Man kann unterscheiden:

Institutioneller Rassismus

- Institutioneller Rassismus und entsprechend institutionelle Diskriminierung:
  – Das kann sich z. B. in diskriminierenden Gesetzen und Bestimmungen zeigen;
  – im Bereich der Politik – z. B. kein Wahlrecht für Migranten, die seit vielen Jahren ihren Lebensmittelpunkt in Deutschland haben;
  – in der Arbeitswelt – z. B. Verbot der Einstellung muslimischer Erzieherinnen in kirchlichen Tageseinrichtungen;
  – im Bereich der Erziehung – z. B. keine Schulpflicht für Kinder von Asylbewerbern.

Kultureller Rassismus

- Kultureller Rassismus und kulturelle Diskriminierung:
  Das kann bedeuten,
  – daß auf Feste und Feiertage von Migranten keine Rücksicht genommen wird;
  – daß gedankenlos problematische Kinderlieder gesungen werden („Zehn kleine Negerlein“);
  – daß ohne nachzudenken rassistisch interpretierbare Spiele gespielt werden („Wer hat Angst vorm schwarzen Mann“).

Individueller Rassismus

- Individueller Rassismus und individuelle Diskriminierung, z. B.:
  – Eltern oder Erzieherinnen halten nichtdeutsche Kinder für eine Belastung, einfach weil sie eine andere Nationalität haben;
  – Migrantenkinder werden aufgefordert, nur deutsch zu sprechen. Damit müssen sie einen Teil ihrer Persönlichkeit verleugnen;
  – damit sich keine sprachlichen Untergruppen bilden, werden gleichsprachige nichtdeutsche Kinder möglichst getrennt (vgl. Johann/Michely/Springer 1998).

Rassismus verbirgt sich auch hinter Äußerungen wie: „Ich habe nichts gegen die Ausländer, aber Tatsache ist doch, daß es einfach zu viele sind!“ Oder: „Ich lebe in guter Nachbarschaft zu ausländischen Familien, aber wir sollten die Augen nicht davor verschließen, daß es schlicht sehr viele kriminelle Ausländer gibt.“

2.3.3 Wie Vorurteile entstehen

Grundsätzlich scheint die Bildung von Vorurteilen durch die Art der menschlichen Wahrnehmung bedingt zu sein: Wir nehmen unsere soziale Umwelt, also z. B. einen fremden Menschen wahr, indem wir ihn blitzschnell taxieren, und versuchen, ihn mit früheren Erfahrungen zu vergleichen. Wir ordnen diesen Menschen also einer Kategorie zu. Damit erleichtern wir uns im Alltag eine schnelle Orientierung und bekommen Handlungssicherheit. Diese Art von Kategorisierung ist eine Verallgemeinerung, die für sich genommen noch kein Vorurteil darstellt, sondern ihm vorausgeht. Zum Vorurteil wird die Kategorisierung erst dann, wenn sie sich durch neue Informationen nicht verändern läßt.

Kategorien als Mittel der Orientierung

Der elfjährige Roman gerät auf dem Bolzplatz mit einer Gruppe von drei türkischen Jungs in Konflikt, als er mit seinem Fußball, mit dem alle gekickt haben, nach Hause gehen will. Sie nehmen ihm den Ball weg, weil sie weiterspielen wollen. Das läßt er sich nicht gefallen, und es entsteht eine Rangelei um den Ball, bei der er den kürzeren zieht. Als er einige Zeit später auf eine neue Schule kommt, überträgt er diese negative Erfahrung auf Ercan, der ihm in der Klasse als Nebensitzer zugeteilt wird und der sich sehr um ihn bemüht. Roman läßt Ercan jedoch abblitzen und fängt nach einiger Zeit sogar an, gegen ihn Stimmung zu machen.

Weiterverbreitung von Vorurteilen

Verbreitet werden Vorurteile in der Hauptsache nicht durch allgemeine Behauptungen – das wäre zu platt –, sondern durch Erzählungen, Anekdoten, Witze, Berichte. Vorurteile stützen sich damit auf individuelle Erfahrungen, das macht sie so schwer widerlegbar. Wenn man einmal ein Vorurteil übernommen oder aufgebaut hat – und man übernimmt es vor allem von Menschen, die einem wichtig sind –, steuert es die Aufmerksamkeit. Man nimmt wahr, was man kennt oder zu kennen meint. Dadurch haben Vorurteile die fatale Tendenz, immer wieder neu bestätigt zu werden (vgl. Stölting 1992).

Vorurteilstheorien

Keine Vorurteilstheorie allein kann das Phänomen Vorurteil vollständig deuten. Jede läßt Fragen offen, aber eröffnet doch eine eigene Sicht auf das Problem. Wir deuten hier zwei Erklärungsrichtungen an.

Soziokulturelle Erklärungsmöglichkeiten

Machtgefälle zwischen Gruppen

Hier wird der gesamte soziale Kontext, in dem sich vorurteilshafte Einstellungen entwickeln, untersucht. Zentral dabei ist das Machtgefälle zwischen den Gruppen, die diskriminieren bzw. diskriminiert werden. Die Macht besteht darin, daß die einen die anderen von der Teilhabe an gesellschaftlichem Einfluß und Gleichberechtigung ausschließen und sie damit in die Position von Außenseitern zwingen können. Tatsächlich bestehen in Deutschland bei vielen z. B. große Vorbehalte, Migranten durch den erleichterten Erwerb der deutschen Staatsbürgerschaft juristisch den deutschen Mitbürgern gleichzustellen. Um das Machtgefälle aufrechterhalten und vor sich selbst rechtfertigen zu können, braucht man die Überzeugung, daß die betreffenden Gruppen es nicht wert sind, die gleichen Rechte zu haben. Das könnte der Hintergrund sein, weshalb viele Menschen in Deutschland nach wie vor auf dem überkommenen Abstammungsrecht beharren (Staatsbürgerschaft des Kindes begründet sich durch die Staatsangehörigkeit der Eltern) und nicht das demokratische Territorialrecht befürworten (Staatsangehörigkeit wird durch den Geburtsort bestimmt).

Dazu kommt, daß diejenigen, die mit Vorurteilen belegt werden, wirtschaftlich oft eine gesellschaftlich niedrige Stellung einnehmen. Um diesen niedrigen Status auf Dauer rechtfertigen zu können, müssen die Betroffenen ebenfalls als minderwertig angesehen werden.

Die Bildung von herablassenden Gefühlen und Vorurteilen wird weiterhin begünstigt durch unterschiedliche Traditionen z. B. im religiösen Bereich oder durch schnellen sozialen Wandel: Immer wenn sich Angst und Unsicherheit vor der Zukunft ausbreiten, entstehen Sündenbocktheorien, die die mißliche Situation erklären sollen. So müssen in Deutschland „die Ausländer" als Sündenböcke für die hohe Arbeitslosigkeit herhalten. Auf diese Weise lenkt man von unangenehmen Einsichten ab (z. B. in das Wirtschaftssystem, das Arbeitslosigkeit produziert).

Psychodynamische Erklärungsmöglichkeiten

Frustrationstheorie

Hier ist als erstes die Frustrationstheorie zu nennen: Enttäuschungen führen zu feindlichen Impulsen, die sich – bei einem entsprechenden sozialen Klima – gegen Minderheiten entladen. Durch die Heftigkeit der Gefühle, die durch die Frustration hervorgerufen werden, ist der Mensch oder sind ganze Gruppen nicht mehr in der Lage, einen üblen Sachverhalt rational zu analysieren, sondern sie suchen konkrete Schuldige. So wird z. B. vermeintliche oder tatsächlich steigende Kriminalität pauschal „den Ausländern" angelastet, ohne das Problem differenziert zu beleuchten.

Theorie der Charakterstruktur

Als weitere Erklärungsmöglichkeit ist die Theorie von der Charakterstruktur des einzelnen Menschen anzuführen. Menschen mit starken Vorurteilen scheinen in ihrem Wesen besonders unsicher und ängstlich zu sein. Sie müssen sich offensiv abgrenzen, um sich sicher zu fühlen; sie brauchen Autorität und Entschiedenheit für ihr psychisches Gleichgewicht. Einzelne Personen und Gruppen, die ihnen nicht vertraut sind, die sich nach anderen Regeln als den eigenen verhalten, beunruhigen sie und werden deshalb abgelehnt. Nach dieser Theorie spielt die frühkindliche Erziehung eine besondere Rolle: Menschen mit einer starken Tendenz zu vorurteilshaften Einstellungen mußten in ihrer frühen Kindheit häufig eine sichere und liebevolle Beziehung zu konstanten Bezugspersonen entbehren (Allport 1971, S. 223f).

2.3.4 Religion und Vorurteil

Die großen Weltreligionen vertreten alle den Grundsatz der Brüderlichkeit (oder besser: Geschwisterlichkeit), widersprechen also von diesem Grundgedanken her der Bildung von Vorurteilen. Dem steht jedoch der Absolutsheitsgedanke gegenüber, die Überzeugung, daß nur durch die Befolgung der Grundsätze einer je bestimmten Religion wahres Heil erlangt werden kann. Die Geschichte, auch die jüngste, zeigt, zu welchen verheerenden Taten sich fanatische Religionsanhänger hinreißen lassen.

Ein Grund dafür, daß Religion und Vorurteile gegen Andersreligiöse eng verbunden sein können, liegt in der Tatsache, daß die jeweilige Religion eine Schlüsselstellung für das Zusammenleben und Funktionieren einer Gesellschaft einnimmt. Dies gilt selbst dann noch, wenn die Religion im öffentlichen Leben nur noch eine geringfügige Rolle spielt. So ist z. B. die westliche Welt auf das engste verknüpft mit den Gedanken des Christentums. Der arabische und türkische Kulturkreis sind undenkbar ohne den Islam. Die Verbindung von Religion und Kultur ist oft so stark, daß sie nicht mehr auseinanderzuhalten sind.

Natürlich darf man nicht folgern: Weil Religionen den Absolutheitsgedanken beinhalten, sind alle religiösen Menschen anfällig für Vorurteile. Denn in allen Weltreligionen gibt es neben dem Gedanken der Ab- und Ausgrenzung eben auch den der Solidarität und Geschwisterlichkeit (vgl. Kap. 2.6). Wenn jemand sich einer Religion anschließt, weil sie eine „mächtige und höhere Wir-Gruppe“ (Allport 1971, S. 452) ist, die Religion also braucht, um die eigene Persönlichkeit zu festigen, wird er die Ausgrenzung von Andersreligiösen zur eigenen Stärkung brauchen. Wem dagegen der Grundsatz der Solidarität mit den Ausgestoßenen wichtig ist, greift natürlich diese Tendenz in seiner Religion auf und vertieft sie.

Solidarität und Geschwisterlichkeit

2.3.5 Kinder erlernen Vorurteile

Kinder werden selbstverständlich nicht mit Vorurteilen geboren, sondern erwerben sie im Laufe ihrer Sozialisation. Primären Einfluß hat dabei die Atmosphäre und der Erziehungsstil im Elternhaus. Das Kind identifiziert sich mit seinen Eltern und übernimmt auf diese Weise auch Vorurteilshaltungen.

Die dreijährige Katja erlebt – ohne es thematisieren zu können –, daß ihre Mutter im Bus ihre Tasche fester hält, als sich ein dunkelhäutiger Mann neben sie setzt.

Die Handlung der Mutter vermittelt ohne Worte eine Überzeugung und latente Feindseligkeit. Katja lernt: An diesem Menschen ist irgend etwas nicht vertrauenswürdig. Man muß sich vorsehen vor solchen Leuten.

Kinder nehmen von Beginn der Sprachentwicklung an wahr, welche Gefühle mit bestimmten Wörtern verbunden sind. Aber erst später erfassen sie, was mit einem Wort tatsächlich gemeint ist.

Ramona, vier Jahre alt, hört, wie ihre Mutter im Gespräch mit einer Freundin über ihre Nachbarn, eine mehrköpfige eritreische Familie, klagt. „Diese Ausländer!“ sagt sie seufzend.

Ramona kann noch nicht begreifen, welche gesellschaftliche Gruppe mit dem Wort „Ausländer“ gemeint ist. Aber sie erfaßt mit feinem Gespür, daß das Wort Ausländer eine negative Bedeutung hat. Später, wenn sie lernt, gesellschaftliche Gruppen zu unterscheiden, wird sie vermutlich die negativen Gefühle, die sie mit dem Wort „Ausländer“ verbindet, auf die Gemeinten übertragen. Oft genügt eine beiläufige Bemerkung, die gar nicht „böse“ gemeint sein muß oder auch eine kleine Geste wie im Beispiel von Katja und ihrer Mutter, damit das Kind lernt, wie es sich einem Menschen gegenüber oder in einer bestimmten Situation zu verhalten hat.

Kinder nehmen also bereits im Vorschulalter nebenbei, ohne direkte Unterweisung, gesellschaftliches Wissen auf (so falsch es auch sein mag), z. B. über „Ausländer“ (Stereotype). Mit zunehmendem

Alter reproduzieren sie auch negative Schlagwörter, ohne sie immer richtig einordnen zu können:

Der sechsjährige David tobt mit seinem Bruder beim Zubettgehen ausgelassen herum. „Ausländer raus!" brüllt er aus voller Kehle und springt schwungvoll in sein Bett. Seine Mutter, die sich für das nahegelegene Flüchtlingsdorf engagiert, fragt ihn entgeistert, woher er denn diesen Spruch habe und ob er wisse, was das bedeute. „Nö", zuckt er die Achseln, „das rufen doch alle!"

David weiß offensichtlich noch nicht, welche gesellschaftliche Bedeutung die zwei Wörter haben, mit denen er sich selbst anfeuert. Er verbindet sie mit lustigen Erlebnissen, mit Spaß und Übermut. Sie haben für ihn eine Ausdrucksbedeutung, noch ohne jeden abwertenden Beigeschmack. Daß er sich ausgerechnet mit diesem Schlagwort anfeuert, spiegelt allerdings ein gesellschaftliches Klima wider, das als emotionale Barriere im Kontakt zu nichtdeutschen Kindern wirken kann, sobald David weiß, was „Ausländer raus!" bedeutet.

Auch wenn Vorschulkinder sich gegenseitig mit rassistischen Ausdrücken beschimpfen, sagt dies nicht, daß sie womöglich schon eine rassistische Einstellung erworben haben. Kinder spüren einfach die Macht dieser Wörter und wenden diese an, wohlwissend, daß sie damit ein Tabu verletzen.

Erziehungsstil der Eltern

Kindliche Vorurteilshaftigkeit wird offenbar auch durch den jeweiligen Erziehungsstil der Eltern begünstigt: Eltern, die eine unterdrückende, ablehnende Erziehung praktizieren, die großen Wert auf Gehorsam und Wohlverhalten legen und die spontane Impulse der Kinder nicht zulassen, schaffen damit Voraussetzungen für die Entwicklung von vorurteilsbehafteten Einstellungen (Allport 1971, S. 304). Denn wenn Eltern stets auf ihre Autorität pochen, dem Kind keinen Raum lassen, seinen eigenen Willen zu erfahren, lernt das Kind, daß für menschliche Beziehungen Macht und Autorität bestimmend sind und nicht Vertrauen und Toleranz. Es beginnt, seine eigenen Impulse schlecht zu finden: Es darf nicht laut sein, wenn ihm danach zumute ist, es darf nicht onanieren, es darf nicht böse sein. Um sich selbst nicht hassen zu müssen, projiziert das Kind dieses vermeintlich Böse in sich auf andere: auf die Nachbarsfrau, die aussieht wie eine Hexe, auf das Monster, das es im Traum verfolgt oder später im Erwachsenenalter auf gesellschaftliche Gruppen, die sich aufgrund irgendwelcher Merkmale dafür anbieten. Wenn Südländern der Hang zu Lautstärke, Schmutz oder Faulheit nachgesagt wird, kann dies heißen: Weil ich selbst meine Lust an Krach, Dreck und Nichtstun nicht ausleben darf, beschuldige ich andere, so zu leben, und muß so dieses Bedürfnis nicht bei mir selbst wahrnehmen.

Im Schulalter werden mit zunehmendem Alter Vorurteile gegenüber nichtdeutschen Kindern ausgeprägter. Die Kinder können nun sicher verschiedene Ethnien unterscheiden und bewerten diese: Deutschen Kindern sind deutsche Kinder am sympathischsten, mit ausländischen Kindern möchten sie weniger gern befreundet sein, am unteren Ende der Sympathieskala stehen Kinder türkischer Herkunft (vgl. Mitulla 1997, S. 162).

Gesellschaftliches Bild von Ausländern

Nichtdeutsche Kinder stehen aber auch dann oft am Rande der Klassengemeinschaft, wenn die deutschen Kinder keine Vorurteile äußern und Diskriminierungen entschieden ablehnen. Dies könnte damit zu tun haben, daß Grundschulkinder das negative gesellschaftliche Bild von Ausländern (Stereotyp) aufnehmen und dieses ungewollt ihre Wahrnehmung beeinflußt (vgl. Mitulla 1997, S. 137–156):

> Verena, 9 Jahre, sitzt in der Schule neben Songül. Die beiden besuchen sich ab und zu nachmittags gegenseitig und spielen dann miteinander. Manchmal bekommt Verena von Songüls Mutter ein Fladenbrot geschenkt, das sie mit nach Hause nehmen darf. Sie ist gern in der Familie von Songül. Als Verena im Deutschunterricht ein Bild beschreiben soll, auf dem ein offensichtlich türkisches Kind abgebildet ist, verbindet sie mit ihm ein negatives Verhalten.

Im persönlichen Umgang spielt für Verena Songüls Nationalität keine Rolle, sie ist frei von Vorurteilen. Bei der Bildbeschreibung zeigt sich, daß Verena gesellschaftliche Stereotype über Ausländer bereits verinnerlicht hat und davon in ihrer Wahrnehmung vorbelastet ist.

Allerdings ist es nicht so, daß Kinder gesellschaftlichen Klischeevorstellungen hilflos ausgeliefert sind. Sie setzen sich mit vielfachen Einflüssen auseinander und entwickeln so im Laufe der Zeit auch eigene Bilder.

Manchmal wird die Acht-Monats-Angst von Säuglingen als Beleg dafür angeführt, daß der Mensch eine angeborene Furcht vor Fremden hat, daß Vorurteile also etwas Natürliches seien. Dem widerspricht jedoch allein schon die Tatsache, daß das Kind diese Angst überwindet, sobald es einen Menschen näher kennenlernt. Menschen mit Vorurteilen verschließen sich jedoch neuen Erfahrungen, durch die sie ihre Meinung ändern müßten.

2.3.6 Was tun gegen Vorurteile?

Die Erfahrung von Diskriminierung, Zurücksetzung bis hin zu fremdenfeindlicher Gewalt kann gerade bei Kindern und Jugendlichen (neben verheerenden psychischen Folgen) auch Grund sein für demokratie- und integrationsfeindliche Einstellungen (vgl. Heitmeyer 1997, S. 163). So muß es geradezu als besondere Leistung von Familien angesehen werden, wenn Jugendliche trotz demütigender Erfahrungen sich gegenüber der hiesigen Gesellschaft nicht verschließen, sondern selbstbewußt in ihr ihren Platz suchen.

Vorurteilsbekämpfung auf verschiedenen Ebenen

Bei der Vorurteilsbekämpfung kann und muß auf unterschiedlichen Ebenen angesetzt werden, z. B. durch Information, durch Erziehung zur Normenflexibilität, Toleranz und Kritikfähigkeit, durch die Ermöglichung neuer Erfahrungen über soziale Kontakte und ähnliches (vgl. Axhausen/Feil 1984). Dabei muß man sich natürlich bewußt sein, daß es bei Vorschulkindern nicht vorrangig darum geht, verfestigte Vorurteile abbauen zu wollen – die Kinder sind ja erst dabei, sich gesellschaftliches Wissen und damit auch Stereotype und Vorurteile anzueignen. Schulkinder, die sich mit zunehmendem Alter die Vorurteile der Erwachsenen zu eigen machen, sind auch noch offen für neue Erfahrungen, die ihre Bilder und Vorstellungen verändern. Die Tageseinrichtung kann also durchaus ein Gegengewicht darstellen zu eventuellen vorurteilsbehafteten Einstellungen des Elternhauses oder zu anderen gesellschaftlichen Einflüssen, ohne dabei die eigenen Möglichkeiten zu überschätzen.

Eine Erziehung, die sich gegen rassistische Vorurteile richtet, wendet sich natürlich an Kinder der einheimischen wie der zugewanderten Bevölkerung. Nicht nur deutsche Kinder, auch Kinder ethnischer Minderheiten können Vorurteile haben und sich diskriminierend verhalten. Allerdings werden antideutsche Ressentiments selten offen geäußert. Zudem ist bei Kindern aus Zuwandererfamilien wichtig, daß sie die Rolle des Opfers von Diskriminierung und Vorurteilen nicht in ihr Selbstbild übernehmen, sondern den Mut entwickeln, über erlebte Benachteiligungen zu sprechen und sich dagegen zu wehren.

Erziehung zu Toleranz

Grundsätzlich ist eine Erziehung zur Toleranz, eine Erziehung, die flexibel mit Regeln und Normen umgeht, geeignet, der Anfälligkeit für Vorurteile entgegenzuwirken. Natürlich muß für jede Einrichtung und in jeder Situation überlegt werden, was dies sinnvollerweise im Alltag bedeuten kann (vgl. Kap. 3.1.3):

- Beim gemeinsamen Tischgebet können die Kinder die Hände falten, die Handflächen flach aneinanderlegen, die Hände erheben, die Hände in den Schoß legen usw.
- Die Kinder lernen, daß Bedürfnisse unterschiedlich sind: Mirko braucht beim Mittagsschlaf eine Windel, Nina steckt sich den Schnuller in den Mund, Sukithan kommt ohne seinen Bären nicht zur Ruhe, Melanie muß sich nicht hinlegen, weil sie sowieso nicht müde ist.

Freiraum für eigene Entscheidungen

Ebenso grundlegend ist, daß Kinder in einer Atmosphäre leben, in der sie bestätigt und akzeptiert werden. Es ist notwendig, daß ihnen Freiraum für eigene Entscheidungen eingeräumt wird, damit sie Selbstvertrauen und Ich-Stärke entwickeln können:

- Im Kindergarten werden Puzzles und Wasserfarben in ein unteres Regal geräumt, damit die Kinder nicht mehr fragen müssen, wenn sie sich damit beschäftigen wollen.
- Die Kinder dürfen während der Freispielzeit unbeaufsichtigt im Garten spielen.
- Beim gemeinsamen Mittagessen bedienen sich die Kinder selbst.

Wer sich seines eigenen Wertes sicher ist, hat es weniger nötig, andere schlecht zu machen, auf sie herabzuschauen und zu diffamieren. Wer selbstbewußt ist, kann sich auch eher gegen Anfeindungen zur Wehr setzen. Weiterhin ist wichtig, daß Erwachsene kritisiert,

Anordnungen hinterfragt werden dürfen, so daß Kinder spüren, daß sie das Zusammenleben mitgestalten können und das Gegebene nicht fraglos hinnehmen müssen.

Im Hort findet ein Mal pro Monat der sogenannte Hortrat statt. Hier treffen sich alle 25 Kinder, um zu klären, was in der kommenden Zeit auf dem Programm stehen soll. Dabei wird auch das nächste große Projekt besprochen: Die Mädchen und Jungen bekommen je einen Bauwagen, damit sie sich auch mal in geschlechtsgetrennte Gruppen zurückziehen können. Es ist noch offen, wie sie ausgestaltet werden. Gemeinsam werden Ideen dafür gesammelt.

In einer Schulklasse wird zunehmend Mißfallen an dem Klassenraum laut. Die Lehrerin überlegt mit den Kindern, wie man ihn verschönern könnte.

Die Methode der direkten Thematisierung (vgl. Kap. 2.2.5) kann so interpretiert werden, daß durch Aufklärung und Information der Entwicklung von Vorurteilen entgegengewirkt wird. Anders geht die indirekte Thematisierung vor. Diese Überlegungen basieren auf der Hoffnung, daß Kinder sozusagen nebenbei ein positives Bild von anderen Lebensweisen erwerben und so neugierig auf Fremdes werden, anstatt es ängstlich abzuwehren. Schließlich ist das gesamte Konzept des interkulturellen Lernens darauf ausgerichtet, die Kinder zu einer kritischen Einstellung gegenüber Vorurteilen zu befähigen.

„Du Neger" ist zur Zeit ein beliebter Ausdruck der 5–6jährigen der Roten Gruppe. Im Stuhlkreis spricht die Erzieherin ihre Beobachtung an und fragt nach, was die Kinder denn damit meinen. Sachlich stellt sie fest, daß die Hautfarbe nichts mit irgendeinem Ärger zwischen den Kindern zu tun hat (direkte Thematisierung). Kurze Zeit später liegt in der Leseecke ein Bilderbuch, in dem ein dunkelhäutiges Kind die Heldenrolle spielt (indirekte Thematisierung).

Bei Jugendlichen und Erwachsenen wird die Chance, Vorurteile aufzubrechen, geringer, weil sie häufig Teil der Persönlichkeitsstruktur geworden sind. Durch soziale Kontakte allein, z. B. auf einem multikulturellen Sommerfest oder auf einem „Nationalitätenelternabend“, also durch einfaches Kennenlernen, können Vorurteile sicher nur in seltenen Fällen verändert werden. Man braucht ein konkretes Ziel, ein gemeinsames Vorhaben, ein gemeinsames Interesse, um sich mit offenen Augen wahrnehmen und aufeinander zugehen zu können. „Minderheiten gewinnen nichts durch eine künstlich herbeigeführte gegenseitige Bewunderung“ (Allport 1971, S. 283). Wenn es also z. B. gelingt, deutsche und nichtdeutsche Eltern zu motivieren zu

Gemeinsames Vorhaben

- einem gemeinsamen Engagement für verlängerte Öffnungszeiten;
- für den gemeinsamen Einbau einer zweiten Ebene;
- für die Erarbeitung eines Feste-Plans (vgl. Kap. 3.6) usw.,

dann haben sie die Chance, neue Erfahrungen mit Menschen zu machen, zu denen sie bisher näheren Kontakt vermieden haben. Damit besteht die Möglichkeit, Vorurteile und Stereotype ein Stück weit abzubauen. Dies gilt im übrigen auch für Menschen aus rivalisierenden Ländern, z. B. aus Griechenland und der Türkei, aus (Rest-)Jugoslawien und Kroatien usw. Wenn eine positive Basis zwischen den Eltern besteht, ist es auch möglich, tatsächlich auftretende Probleme sachlich zu besprechen, ohne daß sich die eine oder andere Gruppe grundsätzlich und in ihrer Gesamtheit negativ beurteilt sieht.

Gesetzliche Maßnahmen

Bisher wurden Beitragsmöglichkeiten von Pädagoginnen und Pädagogen zur Überwindung von Vorurteilen und Rassenhaß beschrieben. Vorurteile und vor allem Diskriminierungen können und müssen aber auch durch gesetzliche Maßnahmen eingedämmt werden. Toleranz kann natürlich nicht von oben herab verordnet werden, aber durch Gesetze wird Rechtsbewußtsein geschaffen und öffentlich klargemacht, daß Diskriminierungen und Vorurteile gesellschaftlich geächtet werden. Bis heute fehlt allerdings ein Anti-Diskriminierungsgesetz, das die UN-Kommission zur Beseitigung der Rassendiskriminierung schon 1993 von Deutschland gefordert hat. Letztendlich kann es aber nicht um einfache Toleranz gehen, das heißt wörtlich: um das Ertragen, sondern um die volle Anerkennung und Achtung der Menschen, die aus welchen Gründen auch immer nach Deutschland gekommen sind.

Diskriminierungsverbot

In Großbritannien z. B. gibt es ein gesetzlich verankertes Diskriminierungsverbot. Für die Umsetzung des Verbots ist eine besondere Kommission zuständig, deren Mitglieder vom Innenminister ernannt werden. Daneben gibt es spezielle Fördermaßnahmen der Kommunen, z. B. Programme, die den Anteil von Minderheitenangehörigen bei den kommunalen Bediensteten erhöhen sollen. Immerhin wurde als positive Veränderung festgehalten, daß es seit Einsetzung der Kommission einen Wandel in der öffentlichen Meinung und Politik gegeben habe (vgl. Baringhorst/Schönwälder 1992). Dennoch ist auch Großbritannien noch weit entfernt von einer durchgängigen Gleichbehandlung und Gleichberechtigung von ethnischen Minderheiten.

In den Niederlanden gibt es ein Netz von Antidiskriminierungsbüros, die von Bürgerinitiativen betrieben werden. Sie dienen als Anlaufstellen für Opfer von rassistischer Diskriminierung, die dort Unterstützung und Beratung erhalten. Außerdem machen sie Öffentlichkeitsarbeit (vgl. Triesscheiyn 1994).

Schließlich sind auch die Minderheiten selbst aufgefordert, sich politisch zu organisieren und ihre Rechte einzufordern, um damit ebenfalls einen Beitrag dazu zu leisten, daß Diskriminierung und Vorurteile zurückgedrängt werden können, so wie es z. B. türkische und kurdische Gemeinden bereits tun.

2.4 Aspekte der Identitätsentwicklung nichtdeutscher Kinder – Aufwachsen in der multikulturellen Gesellschaft

> „Ist doch klar, daß Derya in der Gruppe so viele Probleme hat. Zu Hause muß sie brave Tochter sein, die auf Anweisungen ihres älteren Bruders hören und auf ihre kleine Schwester aufpassen muß. Und hier, in der Hortgruppe, kann sie endlich mal anders. Da läßt sie die Sau raus.“

> „Mit Taner komme ich überhaupt nicht zurecht. Wenn wir in der Gruppe Regeln besprechen, z. B. daß alle ihren Frühstücksplatz sauber hinterlassen, hört er zwar zu, aber er hält sich nie daran. Wenn

ich ihn dann auffordere, sein Geschirr abzutragen, sagt er zu seiner Schwester, die auch in der Gruppe ist: „Mach du mal!“ Wenn ich auf meiner Aufforderung bestehe, dreht er sich um und geht oder sagt mir auch ins Gesicht, daß das Frauenarbeit sei und ich ihm gar nichts zu sagen habe. Er respektiert mich überhaupt nicht.“

Kulturkonflikttheorie

Fragt man Erzieherinnen, die von solchen oder ähnlichen Erfahrungen berichten, nach möglichen Gründen für das Verhalten der Kinder, so werden Einflüsse der verschiedenen Kulturen, in denen die Kinder aufwachsen, genannt. Diese Erklärung entspricht der sogenannten *Kulturkonflikttheorie*, die die wissenschaftliche Diskussion in den 70er und 80er Jahren beherrschte (vgl. z. B. Schrader/Nikles/Griese 1979) und bis heute so nachwirkt, daß ausländische Kinder oft von vornherein als problematisch und als mögliche Belastung für die Einrichtung angesehen werden. Die Kulturkonflikttheorie besagt, daß es in den Kindern und Jugendlichen durch die unterschiedlichen Wertvorstellungen der Familienerziehung und der deutschen Öffentlichkeit zwangsläufig zu Konflikten komme. Sie wüßten nicht mehr, welche Normen und Werte eigentlich für sie Geltung hätten. Dadurch entständen Identitätsprobleme und „schwieriges“ Verhalten der Kinder bis hin zu kriminellem Verhalten im Jugendlichenalter.

Natürlich kann es z. B. in Grundschulklassen mit hohem Anteil an nichtdeutschen Kindern zu besonderen Schwierigkeiten kommen. Die Ursachen solcher oft gravierender Probleme sind jedoch vielschichtig und können nicht nur mit einem Hinweis auf die nichtdeutsche Nationalität erklärt werden. Hier müssen vielmehr soziale, gesellschaftliche und persönliche Hintergründe in die Ursachenerklärung einbezogen werden.

Inzwischen wurden die Probleme (und Chancen!) der Identitätsentwicklung von Zuwandererkindern differenzierter untersucht. Darauf wollen wir im folgenden eingehen und Gemeinsamkeiten und Unterschiede der Identitätsentwicklung von nichtdeutschen und deutschen Kindern und Jugendlichen deutlich machen.

2.4.1 Was ist das eigentlich – Identität?

In der Psychologie und Soziologie gibt es zwei grundsätzlich unterschiedliche Möglichkeiten, den Begriff der Identität zu verstehen.

Psychologische Erklärung

Die *psychologische* Erklärung des Identitätsbegriffs geht auf den Entwicklungspsychologen Erik H. Erikson (1976) zurück. Identität ist seinem Verständnis nach in erster Linie eine psychische Leistung: Der Mensch muß lernen, das Bild von sich selbst und das Bild, das andere sich von ihm machen, in Einklang zu bringen; er muß Normen und Werte verschiedener Bezugsgruppen, mit denen jede/r zu tun hat, in sich aufnehmen; die eigene biografische Vergangenheit, Gegenwart und Zukunft müssen aufeinander abgestimmt werden. Identität ist nach Erikson im „Kern der Persönlichkeit" lokalisiert. Dieser „Kern" ist das, was unveränderlich ist im Menschen. Wir werden verunsichert, wenn wir bei einem Menschen bemerken, daß er sich innerlich stark verändert hat und nicht mehr „derselbe" ist. Starke Brüche in der eigenen Lebensgeschichte beunruhigen auch uns selbst, und wir bemühen uns, so einen Bruch in einer Weise in das Selbstbild zu integrieren, daß er erklärbar wird. So versucht man, mit sich selbst „identisch" zu bleiben.

Wendet man nun ausschließlich diesen Identitätsbegriff auf die Entwicklung von Kindern und Jugendlichen an, so ist der Schluß möglich, daß nur dann keine auffallenden Identitätsprobleme zu erwarten sind, wenn die Heranwachsenden sich in unterschiedlichen sozialen Zusammenhängen möglichst immer als dieselben darstellen, sich mehr oder weniger in den gleichen Rollen zeigen können. Ist dies nicht möglich, so folgert die Kulturkonflikttheorie, kommt es zu Problemen wie in den Beispielen zu Beginn angedeutet.

Die Erklärung für Deryas kaum zu zügelndes Verhalten liegt dann darin, daß sie mit der Freiheit des Miteinanders im Hort deshalb nicht umgehen kann, weil sie zu Hause in ihrer persönlichen Entwicklung stark eingeschränkt wird. Tatsächlich aber könnte Derya mit allen Mitteln nach Zuwendung suchen, weil ihre Eltern sich seit einiger Zeit viel streiten und eine Trennung bevorsteht.

Die Weigerung Taners kann mit der Kulturkonflikttheorie so erklärt werden, daß hier überkommene und moderne Rollenvorstellungen aufeinanderprallen. Das scheint in diesem Fall tatsächlich sehr einleuchtend. Gerade im Bereich der Geschlechtsidentität, die das Kind im Kindergartenalter entwickelt, wird eine Verunsicherung sehr schlecht ertragen. Ein kleiner Junge muß sich und anderen beweisen, daß er „ein starker Mann“ ist oder zumindest wird. So ist es auch verständlich, daß Taner sich gegen die Zumutung „weiblicher“ Arbeiten wehrt (was aber noch lange nicht heißt, daß die Erzieherin dies dann auch hinnehmen müßte!). Vielleicht lohnt es sich aber trotzdem, auch in so einem Fall noch einmal genauer hinzusehen und auch noch anderen möglichen Ursachen für Taners Verhalten nachzuspüren: Wehrt er sich grundsätzlich gegen hauswirtschaftliche Arbeiten oder nur gegen das unbeliebte Aufräumen und Saubermachen? Läßt er sich nur von seiner Gruppenerzieherin nichts sagen und kommt er mit anderen Erzieherinnen in der Einrichtung gut aus oder wehrt er sich allgemein gegen weibliche Autoritätspersonen? Ob also ein Identitätskonflikt aufgrund kultureller Unterschiede oder andere Probleme vorliegen, läßt sich nicht einfach entscheiden.

Für uns alle ist es aber eine Alltagserfahrung, daß wir uns ganz unterschiedlich verhalten, sehr verschiedene Rollen einnehmen können, ohne daß es deswegen zu dem Gefühl kommt, nicht mehr man selber zu sein. Ja, es ist sogar völlig normal, daß wir uns in unterschiedlichen Kontexten und Situationen unter Umständen als ganz verschiedene Persönlichkeiten darstellen, und uns deshalb durchaus nicht als gespalten empfinden:

Frau Rauh gilt im Kollegenkreis als sehr durchsetzungsfähig. Wenn sie mit ihren zwei Freundinnen zusammen ist, muß sie sich schon mal anhören, daß sie eine „Trantüte“ sei, die nie eigene Ideen habe. Unter ihren Geschwistern (sie ist das zweite von drei Kindern) gilt sie als „Querulantin“. Mit ihrem Freund führt sie eine gleichberechtigte, partnerschaftliche Beziehung. Sie selber ist sich darüber im klaren, welche unterschiedlichen Rollen sie in ihren verschiedenen sozialen Zusammenhängen einnimmt. „Ich muß mich ja nicht überall gleich geben“, meint sie.

Soziologische Erklärung

Diese Alltagserfahrung wird mit dem *soziologischen* Identitätsbegriff von Lothar Krappmann erklärbar. Krappmann (1982) geht davon aus, daß das Individuum seine Identität ständig neu herstellen muß, indem es mit anderen in Kontakt tritt. Zu diesem Zweck zeigt man sich in seiner Meinung, seinen Erwartungen, Ansprüchen und Hoffnungen. Der oder die andere reagiert darauf und stellt sich selbst damit dar. Auf diese Weise erkennt man sich gegenseitig an und erhält dadurch Identität. Natürlich zeigt das Individuum, daß es sich in verschiedenen sozialen Zusammenhängen bewegt, es also auch beeinflußt ist von anderen Verhaltenserwartungen als in der gerade aktuellen Situation und daß dies auch wichtig ist. Das bedeutet: Identität ist nicht als etwas Endgültiges und irgendwann Fertiges zu verstehen, das man einmal im Laufe der Entwicklung erwirbt und dann für alle Zeit hat. Identität ist eben nichts Statisches und Festgefügtes, ebensowenig wie Kultur. Sie entwickelt sich mit den Lebensbedingungen und sozialen Bezügen weiter und verändert sich dadurch.

Der Mensch setzt sich so in einem regelrechten Balanceakt mit mehreren Ansprüchen auseinander und wägt diese gegeneinander ab:
- die unterschiedlichen Erwartungen des jeweiligen Gegenübers an ihn selbst;
- die eigenen Wünsche und Bedürfnisse, die in der Situation erfüllt werden sollen
- und die Notwendigkeit, Kontinuität in der eigenen Person zu zeigen, also in gewisser Weise gleich und wiedererkennbar zu sein.

Balancierende Identität

Krappmann spricht in diesem Zusammenhang von der *balancierenden Identität.* Dieser Begriff eignet sich nun gut, um die Identitätsarbeit von Kindern und Jugendlichen aus Migranten-, Aussiedler- oder Flüchtlingsfamilien oder auch Probleme, die sich dabei ergeben, zu beschreiben.

Die Kinder und Jugendlichen balancieren zwischen den Erwartungen der Familie, sich an ihre Normen und Regeln zu halten, und den Ansprüchen der pädagogischen Einrichtung. Dabei versuchen sie auch, eigene Vorstellungen von dem, was sie möchten und was ihnen wichtig ist, auszudrücken und auszuleben.

Reinhard ist das vierte und jüngste Kind einer rußlanddeutschen Familie. Er ist knapp 5 Jahre alt. Die Erzieherin bemerkte, daß seine Großmutter, die ihn täglich in den Kindergarten bringt, Reinhard regelmäßig mit den Worten verabschiedet: „Sei hübsch brav, fromm und fleißig!" Anfangs spielte er nur mit Dingen, die ihm die Erzieherin gab. Vorzugsweise spielte er sitzend für sich am Tisch. Die Erzieherin beobachtete nun, daß Reinhard mit der Zeit die freien Spiele der anderen Kinder in der Kuschel-, Bau- oder Rollenspielecke interessiert, aber fast auch ein wenig ängstlich verfolgte. Nach einigen Wochen stellte er sich in die Nähe der Rollenspielecke. Als er das erste Mal wahrnahm, daß die Erzieherin zu ihm hersah und ihm zunickte, setzte er sich schnell wieder an seinen angestammten Platz. Dabei wirkte er ein bißchen beschämt. Wieder einige Wochen später saß Reinhard nur noch selten am Tisch – meistens, um ein Legespiel zu machen, das er am nächsten Tag stolz seiner Großmutter zeigte. Ansonsten verbrachte er viel Zeit mit Rollenspielen oder in der Bauecke. Er hatte Kontakt zu den anderen Kindern gefunden.

Dieses Beispiel könnten wir nun folgendermaßen interpretieren: Reinhard ist es zunächst völlig selbstverständlich, daß er den Erwartungen seiner Großmutter an sein Verhalten entspricht. Er möchte nicht auffallen oder laut werden. Gerade durch dieses Verhalten fällt er jedoch der Erzieherin auf. Mit der Zeit realisiert er, daß die „ungeordneten" Spiele der anderen Kinder keine negativen Sanktionen nach sich ziehen, ja, daß die Erzieherinnen manchmal sogar mitspielen. Er nähert sich diesen Spielbereichen zunächst räumlich an und schließlich wagt er sich ans eigene Ausprobieren. Da er aber weiß, daß seine Großmutter von „solchen Tobereien und nichtsnutzigen Dingen" nichts hält, zeigt er ihr jeden Tag ein Produkt. So balanciert Reinhard die unterschiedlichen Erwartungen an ihn und seine eigenen Wünsche miteinander aus. Er zeigt der Großmutter (und auch sich selbst), daß er „ein gutes Kind" ist, und versucht gleichzeitig, Anschluß an die Gruppe zu bekommen und von ihr anerkannt zu werden. Deshalb spielt und tobt er mit den anderen Kindern und hat dabei auch Spaß.

Natürlich verläuft dieser Prozeß des Ausbalancierens der Identität nicht immer so reibungslos wie in diesem Beispiel. Erzieherinnen berichten in diesem Zusammenhang auch von Problemen wie Einnässen, aggressivem Verhalten oder Kontaktverweigerung.

Beispielsweise werden bei Jugendlichen italienischer Herkunft Symptome wie Lern- und Leistungsstörungen, Depressivität und ähnliches beschrieben und Verbindungen mit Problemen hergestellt, die durch die Migration entstanden sind, z. B. Trennung von der Familie, Isolation, Sprachprobleme, Diskriminierung etc., und diese Beobachtungen lassen sich vermutlich auf andere Jugendliche in ähnlicher Lebenslage übertragen:

Marta, 15 Jahre, ist einzige Tochter italienischer Eltern. Da die Familie möglichst bald nach Italien zurückkehren wollte und deshalb beide Eltern ganztags berufstätig waren, kam Marta im Alter von 8 Wochen zu einer Tagesmutter. Diese war mit ihrer Aufgabe jedoch vollständig überfordert und überließ das Mädchen sich selbst. So kam es, daß Marta erst mit 4 Jahren richtig sprechen lernte. Bei ihrer Einschulung war sie insgesamt in ihrer Entwicklung so weit zurückgeblieben, daß sie in die Förderschule für Lernbehinderte eingewiesen wurde. Daraufhin schickten die Eltern Marta zu einer Tante nach Italien, wo sie die Regelschule besuchen konnte. In der Folgezeit weinte Marta viel aus Heimweh nach ihren Eltern, sie näßte ein, wurde apathisch und sprach schließlich weder in der Schule noch mit ihrer Tante. Schließlich holten die Eltern sie wieder zu sich nach Deutschland. Hier erhielt sie Hilfe in einem heilpädagogischen Hort, so daß sich ihr sehr geringes Selbstvertrauen stabilisierte. Trotz allgemeiner Verbesserung ihres Gesamtzustandes traut Marta sich kaum Eigeninitiative zu, wirkt sehr ängstlich und überaus bedacht auf Zuwendung (vgl. Portera 1995).

Die Grundlagen der Identität werden in frühester Kindheit gelegt

Noch bevor das Kind überhaupt sprechen lernt, erfährt es durch die Art und Weise, wie seine Eltern mit ihm umgehen, kulturelle Muster hinsichtlich Verhalten, Bewertung von Dingen und Wahrnehmung. Die jeweilige Muttersprache spielt hier eine ganz wichtige Rolle (vgl. Kap. 3.4). Schon die unterschiedlichen Arten, Säuglinge zu pflegen (z. B. Versorgen nach Zeitplan oder nach Bedarf, im Bett schreien lassen oder trösten usw.) spiegeln sich im Laufe der Zeit im Bewußtsein des Kindes wider. Das Kind verinnerlicht die Verhaltensweisen seiner Bezugspersonen auf seine Wünsche hin und baut dadurch ein Bild von sich selbst auf. Die Reaktionen der Erwachsenen auf kindliche Wünsche zeigen dem Kind offensichtlich oder unterschwellig, was erlaubt ist und was nicht. So sind letztlich auch Wünsche und Bedürfnisse kulturell erzeugt.

Solche frühen Erlebnisse prägen sich in die Persönlichkeitsstruktur ein und beeinflussen das Verhalten. Wichtig für die Identitätsentwicklung im Vorschulalter ist ferner die Ausbildung von ersten Ansätzen moralischen Urteilsvermögens. Im Rollenspiel nehmen Kinder unterschiedliche soziale Rollen ein und erproben so spielerisch die eigene Integration in die Gesellschaft.

Die frühe Kindheit darf andererseits aber hinsichtlich ihrer Bedeutung für die Identitätsentwicklung auch nicht überschätzt werden (vgl. Erdheim zit. in Auernheimer 1988, S. 72). Auch größere Kinder, Jugendliche und Erwachsene haben enorme Fähigkeiten, sich Elemente anderer Kulturen anzueignen und in ihre Persönlichkeit zu integrieren.

2.4.2 Wie Kinder in Tageseinrichtungen mit unterschiedlichen Normen umgehen können

Werte und Normen der Familienkultur

Das Kind internalisiert im Laufe seiner Sozialisation zuerst Werte und Normen seiner Familienkultur. Diese ist natürlich geprägt von der gesamtgesellschaftlichen Kultur, die sie umgibt, kann sich aber auch beträchtlich von ihr unterscheiden, z. B. bei Minderheiten. Später setzt sich das Kind mit den Normen und Anforderungen von Tageseinrichtung, Schule und Ausbildung auseinander. Unterschiedliche kulturelle Inhalte liefern so das „Rohmaterial“ für die Identität. Es registriert z. B., daß im Kindergarten vor dem Essen ein Lied gesungen wird, während die Familie zu Hause das Essen ohne ein gemeinsames Ritual beginnt. Oder ein türkisches Kind bemerkt, daß seine deutsche Freundin ihren älteren Bruder bei seinem Vornamen nennt, während es selbst seinen älteren Bruder mit der Bezeichnung „agabey“ (älterer Bruder) anspricht.

Das größer werdende Kind macht nun die Erfahrung, daß es unterschiedliche Werte und Normen für ähnliche Situationen gibt. Diese Erfahrungen kennen natürlich alle Kinder, unabhängig davon, ob sie zur Mehrheitsbevölkerung oder zu ethnischen Minderheiten gehören, denn familiäre Gewohnheiten decken sich nie genau mit gesellschaftlichen Verhaltenserwartungen.

Auch gegensätzliche Normen und Probleme bei der Entscheidung für dieses oder jenes Verhalten führen nun nicht automatisch zu dem Gefühl, gar nicht mehr zu wissen, woran man sich halten muß, also zu einem Kulturkonflikt. Eine Strategie, die Kinder hierbei entwickeln, ist z. B., daß sie erkennen, daß Werte und Normen nur eine begrenzte räumliche Gültigkeit haben. So sagt z. B. ein Vierjähriger lausbübisch am Familientisch: „Im Kindergarten haben wir die Regel, daß man rausgehen muß, wenn man gerülpst hat. Aber hier darf ich trotzdem weiteressen." Oder ein muslimisches Kind faltet im Kindergarten während des Tischgebets die Hände, während es zu Hause mit seinen Eltern auf islamische Weise betet. Solche räumlichen Trennungen werden z. B. auch im Verhalten mancher türkischer Mädchen deutlich, die, wenn sie morgens von zu Hause in die Schule gehen, ein Kopftuch tragen, es abnehmen, sobald sie außer Sichtweite sind, und es auf dem Heimweg wieder umbinden. Dieses Verhalten hat keine Spaltung der Persönlichkeit zur Folge. So kann im Gegenteil das Erlebnis unterschiedlicher Verhaltensvorschriften unter günstigen sozialen Bedingungen die Persönlichkeitsentwicklung sogar herausfordern, weil es zur Reflexion des Erlebten und zur Stellungnahme anregt (vgl. Auernheimer 1988, S. 124).

Beachtung der Herkunftskultur

Die Herkunftskultur eines Kindes sollte dennoch oder gerade deswegen in pädagogischen Einrichtungen die größtmögliche Beachtung finden. Durch Nichtbeachtung oder sogar Abwertung dessen, was das Leben eines Kindes in entscheidender Weise beeinflußt, wird das Verhältnis zur Welt empfindlich gestört. Das Kind reagiert mit „schwierigem" Verhalten. Dies gilt für einheimisch deutsche wie nichtdeutsche Kinder gleichermaßen.

Ein Ansatzpunkt, schwieriges Verhalten von „ausländischen" Kindern zu erklären, könnte also folgendermaßen aussehen: In den meisten Tageseinrichtungen finden nichtdeutsche Kinder in Einrichtungsgegenständen, Beschäftigungsmaterial, Liedern, Spielen, Büchern, Bildern etc. nur die Mehrheitskultur wieder. Diese ist ihnen – je nach Alter und Lebensweise der Eltern – zwar nicht grundsätzlich fremd; da sie aber wenig oder nichts wiederfinden, was die eigene Kultur (die natürlich nicht einfach gleichzusetzen ist mit der Kultur des jeweiligen Herkunftslandes) widerspiegelt und repräsentiert, fühlen sie sich nicht anerkannt und wertgeschätzt. Darauf reagieren manche, indem sie verstärkt auf sich aufmerksam machen. Problematisches, störendes Verhalten können wir also auch auf diese Weise übersetzen: Interessiere dich für mich! Nimm mich an, so wie ich bin! Zeig mir, daß das, was für mich wichtig ist, auch für dich Bedeutung hat!

Elemente der Migrantenkulturen integrieren

Wichtig ist deshalb, Elemente der unterschiedlichen Migrantenkulturen in vielfältiger Weise in den Alltag von pädagogischen Einrichtungen zu integrieren. Die Kinder werden so in Teilen ihrer bisher hauptsächlich familiär geprägten Identität gestützt und anerkannt. Aus diesem Gefühl der Wertschätzung heraus können sie sich leichter auch auf bisher Unbekanntes einlassen und es in sich aufnehmen: Sie erweitern dadurch ihre Identität und können unterschiedliche Ansprüche und Verhaltenserwartungen ertragen und ausbalancieren. Sie entwickeln also eine Identität, die weder vollständig in der Kultur der jeweiligen Minderheit verhaftet, noch vollständig von kulturellen Elementen der deutschen Aufnahmegesellschaft geprägt ist: eine bikulturelle oder multikulturelle Identität mit enormen Fähigkeiten wie Zweisprachigkeit, Ambiguitätstoleranz (Fähigkeit, die Spannung, die durch widersprüchliche Erwartungen erzeugt wird, zu ertragen, vgl. Kap. 3.1) und vielfältigen Rollenkompetenzen.

Diese Fähigkeiten werden bei deutschen Kindern durch eine interkulturell arbeitende Einrichtung natürlich ebenso gefördert, und das ist auch unbedingt notwendig und angestrebt. Gerade auch sie müssen eine „erweiterte" Identität entwickeln, so daß sie mit den Erfordernissen und Lebensbedingungen einer multikulturellen Gesellschaft kreativ und konstruktiv umgehen können und sich mit Neugier und ohne Angst auf Fremdes einlassen können.

2.4.3 Besondere Bedingungen für die Identitätsentwicklung von Kindern nichtdeutscher Herkunft

Stichwortartig soll im folgenden auf die besonderen Bedingungen eingegangen werden, die das Leben von Migranten-, Aussiedler- und Flüchtlingskindern entscheidend beeinflussen und sich natürlich auch in ihrer Identität niederschlagen. Diese Aufzählung kann zum Ausgangspunkt für das Kennenlernen und Verstehen eines Kindes werden. Unverständliches oder „schwieriges" Verhalten kann damit vielleicht aus einem anderen Blickwinkel gesehen werden und individuelles Reagieren leichter machen.

Kinder aus ethnischen Minderheiten

Besondere Bedingungen

- Die meisten Kinder ethnischer Minderheiten, die zur Zeit Tageseinrichtungen besuchen, gehören zur sogenannten Zweiten und Dritten Generation. Das heißt, sie sind in der Regel in Deutschland geboren und kennen das Herkunftsland ihrer Eltern oder Großeltern nur noch von Urlaubsreisen. Sie sind in Deutschland verwurzelt, ihnen ist der öffentliche Alltag in Deutschland vertraut.
- Abhängig von der Zahl der Kontakte ihrer Familie zu Deutschen, ist für die Kinder die deutsche Sprache beim Eintritt in eine Tageseinrichtung fremd oder bekannt. Es gibt Kinder, die keinerlei Sprachprobleme haben, andere müssen Deutsch als Zweitsprache erwerben (siehe Kap. 3.3).
- Sie erleben, vermittelt über ihre Eltern, daß sie als Migranten Menschen zweiter Klasse sind. Unter Diskriminierung haben besonders türkische Familien zu leiden, die, je nach dem, auch rein äußerlich, etwa durch islamische Kleidung, als solche zu erkennen sind. Eventuell haben die Kinder ausländerfeindliche, rassistische Beschimpfungen schon selber erlebt.
- Migrantenfamilien, vor allem türkische Familien, sind besonders von Arbeitslosigkeit und den daraus resultierenden Folgen wie sozialem Abstieg etc. betroffen.
- In der Regel ist der Familienzusammenhalt in Migrantenfamilien recht hoch. Die Belange der Gesamtfamilie haben, zumindest aus Sicht der Eltern, einen höheren Stellenwert als individuelle Interessen eines einzelnen Familienmitgliedes. Damit kann auch die Betonung von Erziehungszielen wie Respekt oder Gehorsam zusammenhängen (vgl. Kap. 2.5 Familie ist nicht gleich Familie).
- Zuweilen ist das Familienklima von einer Verherrlichung der Verhältnisse im Herkunftsland geprägt. Es existiert ein mehr oder weniger starker Rückkehrwunsch, der aber statistisch gesehen von der Mehrzahl der Familien nicht realisiert wird. Für die Kinder könnte dies dennoch ein Unsicherheitsfaktor sein. Es ist aber

anzunehmen, daß die Rückkehrorientierung bei der Dritten Generation schon recht schwach ist, denn ihre Lebensperspektive liegt natürlich in Deutschland.

- In türkischen Migrantenfamilien gibt es eine zum Teil ausgeprägte Hierarchie unter den Kindern nach Alter und Geschlecht. So sprechen jüngere Kinder ihre älteren Geschwister in der Regel nicht mit Namen, sondern mit „abla" (ältere Schwester) oder „agabey" (älterer Bruder) an. Die älteren Kinder haben eine Fürsorgepflicht gegenüber den jüngeren. Es kommt vor, daß ein jüngerer Bruder als Beschützer der älteren Schwester auftritt. Dennoch können diese Familien nicht pauschal als patriarchal bestimmt abgewertet werden, weil z. B. Entscheidungen in den meisten türkischen Familien partnerschaftlich gefällt werden (vgl. Nauck 1985).

Bisher wurde *eine* mögliche Realität dargestellt, die aufgrund der Schichtzugehörigkeit sicher einen Großteil der Migrantenfamilien betreffen kann. Es ist aber wichtig, sich klarzumachen, daß es wirtschaftlich und sozial auch sehr erfolgreiche Migranten gibt:

- Da ist der griechische Restaurantbesitzer Kantzakis, der mehrere Ausbildungsplätze anbietet. Seine Kinder streben höhere Schulabschlüsse an.
- Oder Familie Üklimek. Der Vater ist Sozialarbeiter bei der Stadt, die Mutter Erzieherin. Sie freuen sich, daß sie bald ein eigenes Reihenhäuschen am Stadtrand beziehen können. Die Tochter geht auf das Gymnasium, der Sohn auf die Realschule.

Aussiedlerkinder

Besondere Bedingungen

- Diese Kinder müssen – oft gegen ihren Willen – aus ihrer gewohnten Heimat fortgehen.
- Sie lassen alles Bekannte und Gewohnte, ihre Freunde und ihren vertrauten Alltag zurück.
- Sie sind in der Regel stärker als ihre Eltern positiv in die Kultur ihrer Herkunftsländer integriert.
- Sie erleben die Enttäuschung ihrer Eltern, die ihre traditionellen Werte wie z. B. Ordnungsliebe, Fleiß, Sauberkeit, Schule und Er-

ziehung in der deutschen Aufnahmegesellschaft nicht im erhofften Maße wiederfinden, die verunsichert sind und sich selbst in einer Identitätskrise befinden.

- Die Eltern haben nicht die Ruhe, sich ihren Kindern mit der Gelassenheit zuzuwenden, die sie in der neuen Situation brauchen würden. Sie sind selbst überfordert.
- Kinder und Eltern haben oft große Sprachprobleme.
- Die Familien, vor allem die Eltern und Großeltern, fühlen sich als Deutsche, bekommen auch selbstverständlich die deutsche Staatsbürgerschaft. Sie bemühen sich sehr um Anpassung. Ihre Motivation zur Ausreise war häufig, „als Deutsche unter Deutschen" leben zu wollen. Nun erleben sie, daß sie zum Teil als „Aussiedler" beschimpft und eben nicht als Deutsche willkommen geheißen werden.

Flüchtlingskinder

Besondere Bedingungen

- Die Kinder mußten – oft Hals über Kopf und auf abenteuerlichen Wegen – mit ihren Familien ihre Heimat verlassen und verloren dabei ihr Hab und Gut.
- Menschenunwürdige Lebensbedingungen, Verfolgung, Angst vor Greueltaten, schlicht: der Wille zu überleben veranlaßten die Familien zur Flucht.
- Im Gegensatz zu Migranten und Aussiedlern ist die Perspektive für viele Flüchtlinge in Deutschland eher kurzfristig. Ihre Hoffnung richtet sich meist darauf, möglichst bald wieder in ihre Heimat zurückkehren zu können. Dennoch müssen sie sich oft auf einen jahrelangen Aufenthalt in Deutschland einrichten, weil die Verhältnisse zu Hause auf lange Zeit lebensbedrohend bleiben. Für Kinder entsteht daraus die Unsicherheit, ob es sich überhaupt lohnt, sich auf die hiesige Lebenssituation einzulassen.
- Die Kinder können in der Regel kein Deutsch, wenn sie in die Tageseinrichtungen kommen. Die Eltern können sie kaum beim Einleben unterstützen, weil sie ebenfalls mit Sprachproblemen zu kämpfen haben.
- Die Erwachsenen sind – zumindest in der ersten Zeit – mit einem Arbeitsverbot belegt.

- Die Familien leben in äußerst beengten Wohnverhältnissen, auch wenn sie nicht in einer Sammelunterkunft wohnen müssen.
- Je nach Bundesland werden immer wieder neue abschreckende Maßnahmen für Flüchtlinge umgesetzt, z. B. die Regelung, nur in bestimmten Läden einkaufen zu dürfen oder die Bestimmung, daß ihnen die – gegenüber anderen Sozialhilfeempfängern ohnehin gekürzte Sozialhilfe – bis auf ein geringes Taschengeld in Naturalien ausgezahlt wird, oder der Erlaß, in Sammelunterkünften wohnen zu müssen.
  Den Kindern ist so jegliche Möglichkeit verwehrt, in einigermaßen „normalen", menschenwürdigen Verhältnissen aufwachsen zu können. Sie werden konfrontiert mit Problemen, die entstehen, wenn zu viele Menschen ohne die Möglichkeit zu Privatheit auf zu engem Raum zusammenleben.
- Die Erwachsenen haben unter den gegebenen Umständen kaum die Fähigkeit, ihre Kinder hilfreich zu unterstützen, weil sie selbst überfordert sind und mit einer Identitätskrise zu kämpfen haben.

2.4.4 Identitätsentwicklung im Jugendalter

In der Pubertät und Adoleszenz erreicht die Auseinandersetzung um die eigene Identität einen Höhepunkt. Kinder und Jugendliche ethnischer Minderheiten erfassen nun ganz bewußt die Unterschiede zwischen den verschiedenen kulturellen Systemen, an denen sie teilhaben. Jugendliche erwerben neben ihrer individuellen Identität („Wer bin ich?") bewußt auch kollektive Identitäten („Wozu gehöre ich?"). Diese verschiedenen Identitätsanteile müssen ausbalanciert werden, um eine eigenständige Persönlichkeit zu entwickeln (vgl. Heitmeyer 1997, S. 57).

Individuelle Identität

Unter der individuellen Identität versteht man das Gefühl, einzigartig und unverwechselbar zu sein. Wenn wir diesen Begriff verwenden, sollten wir uns bewußt sein, daß die individuelle Identität besonders in modernen Industriegesellschaften eine große Rolle spielt und in anderen, agrarisch geprägten Gesellschaften nicht dieselbe überragende Bedeutung hat. Das kann dann unter Umständen heißen, daß Jugendliche, die ethnischen Minderheiten entstammen, manche Einschränkungen, die ihnen ihre Eltern im Vergleich zu deutschen Jugendlichen auferlegen, zwar wahrnehmen, aber dennoch nicht als Bedrohung ihrer Persönlichkeit empfinden müssen. Jugendliche berichten aber auch vom Gefühl krasser Benachteiligung durch die Eltern. Dies deutet darauf hin, daß der Stellenwert der individuellen Gestaltungsmöglichkeit ihres Lebens sich an die deutschen Verhältnisse angleicht.

„Wir-Identitäten"

Besonders wichtig werden jetzt bewußte Identifikationen mit unterschiedlichen Gruppen, z. B. Familie und Verwandtschaft, Geschlecht, Freundeskreise, soziales Milieu, Religion, Berufsgruppe etc. So entstehen kollektive oder „Wir-Identitäten". Dabei bauen die bewußten Identifikationen im Jugendalter natürlich auch auf denen auf, die bereits im Kindesalter erworben worden sind. Das heißt: Was früher wichtig war, wird nicht völlig über Bord geworfen, sondern beeinflußt die Jugendlichen weiterhin.

In einer multikulturellen Gesellschaft wird für Jugendliche die (eigene) Zuordnung zu einer ethnischen Gruppe besonders bedeutsam. Je nach dem, ob sie zur anerkannten Mehrheit oder zu einer mehr oder weniger angesehenen oder sogar diskriminierten Minderheit gehören, haben Jugendliche Chancen auf eine bessere oder schlechtere gesellschaftliche Position. Diese Zuordnung ist zu einem großen Teil von außen veranlaßt durch den Blick, den die einheimisch Deutschen auf „die Ausländer" richten. Das heißt, wenn die deutsche Gesellschaft Migranten bewußt als Einwanderer und Neudeutsche akzeptieren könnte, könnten sich auch die Jugendlichen leichter als Deutsche empfinden.

Die Jugendlichen entwickeln also eigenständig Lebensperspektiven, ein Selbstbild und eine Vorstellung von ihrer Stellung in der Gesellschaft. Neben einer Vielzahl von Gemeinsamkeiten bei den Sozialisationsbedingungen von deutschen und nichtdeutschen Jugendlichen müssen wir beachten, daß Jugendliche aus ethnischen Minderheiten unterschiedliche und zum Teil auch erschwerende Sozialisationsbedingungen gegenüber deutschen Jugendlichen haben, die sich auf ihre Identität auswirken:

Sozialisationsbedingungen

- Als Ausländer haben sie einen unsicheren Rechtsstatus, das heißt, sie haben keine Sicherheit, ob sie sich in Deutschland eine Lebensperspektive aufbauen können. Dies gilt besonders für türkische Jugendliche, da die Türkei nicht der EU angehört.

- Sie wachsen mit zwei (oder auch mehr) Sprachen auf (vgl. Kap. 3.3). Das ist erst einmal kein Nachteil. Es kommt aber vor, daß sie in keiner Sprache die volle Sprachkompetenz erwerben. Für die Dritte Generation von Migranten dürfte dieses Problem jedoch nur noch selten gewichtig sein.
- Sie erleben, daß ihren Eltern kulturelle und soziale Bindungen an das Herkunftsland wichtig sind. Sie selbst aber lernen die Herkunftskultur nicht mehr direkt kennen (außer aus der Urlauberperspektive), sondern verändert als sogenannte Migrantenkultur (vgl. Kap. 2.1). Ihnen ist ebenso die Kultur des Aufnahmelandes durch Kindergarten, Schule und Ausbildung vertraut.
- Sie machen die Erfahrung, daß sie als Ausländer nicht wirklich dazugehören und anerkannt werden. Oft müssen sie in der Angst leben, als Ausländer angepöbelt zu werden. Dies bedeutet, daß Migrantenjugendliche sich in Deutschland unerwünscht fühlen, je mehr Diskriminierung und Gewalt sie erfahren. Bei der Berufswahl haben sie weniger Chancen auf eine Lehrstelle oder einen Ausbildungsplatz. Sie realisieren, daß sie als Menschen zweiter Klasse behandelt werden.

Aufwachsen in zwei Kulturen

Hieraus wird deutlich: Nicht ein Kulturkonflikt ist das zentrale Problem bei der Identitätsentwicklung von Kindern nichtdeutscher Herkunft, weder im Jugend-, noch im Kindesalter. Wir können nicht von allgemeinen Normkonflikten ausgehen, obwohl es sie natürlich auch gibt, z. B. an lebensgeschichtlich wichtigen Übergängen wie Pubertät oder Heirat. Das Aufwachsen in zwei Kulturen ist insbesondere für die Nachkommen der ersten Arbeitsmigranten zur Normalität geworden. Dadurch können also weder mißlungene Sozialisation noch auffälliges oder kriminelles Verhalten begründet werden (vgl. Heitmeyer 1997, S. 69). Wichtig ist vielmehr, inwiefern die konkreten Lebensbedingungen realistische Lebensentwürfe ermöglichen. Erschwerend für die Identitätsentwicklung wirkt die „kulturelle Entfremdung“ (Auernheimer 1988). Die Jugendlichen stellen möglicherweise fest, daß traditionelle Deutungs- und Handlungsmuster, die in ihren Familien vorherrschend sind, in der deutschen Gesellschaft keinen Sinn mehr machen. Auf diese Weise werden sie ihrer Herkunftsfamilie persönlich entfremdet. Gleichzeitig machen sie die schmerzliche Erfahrung, daß sie als „Ausländer“ behandelt, also auch von der Aufnahmegesellschaft nicht anerkannt werden. Dies kann in der Tat Orientierungsprobleme verursachen und das Ausbalancieren der eigenen Identität erheblich erschweren.

2.5 Familie ist nicht gleich Familie

2.5.1 Was ist Familialismus?

Familie Güler stammt ursprünglich aus der Türkei. Mutter und Vater leben seit 20 Jahren in Deutschland, Sohn Erol (19) und Tochter Belgin (17) sind hier geboren. Erol hat vor kurzem Abitur gemacht. Nach längeren Diskussionen in der Familie schrieb sich Erol an der Universität für Deutsch und Englisch ein. „Wenn wir in die Türkei zurückgehen, kann er in Istanbul ein Dolmetscherbüro aufmachen“, sagt der Vater. Belgin hat den Realschulabschluß erworben. Sie ist nach längerem Hin und Her darauf eingegangen, sich an einer Krankenpflegeschule zu bewerben. Viel lieber würde sie weiter die Schule besuchen und Bibliothekarin werden. Die Eltern und auch ihr Bruder sehen dafür allerdings keine Chancen in der Türkei.

Familie Gutmann ist vor drei Jahren aus Kasachstan nach Deutschland gekommen: Die Großeltern Herr und Frau Gutmann, der Sohn Egon mit seiner Frau Reinhild und ihr Sohn Waldemar, vier Jahre alt. Sie wohnen alle in derselben Stadt, jedoch in verschiedenen Stadtteilen. „Wir sind auseinandergerissen“, klagt Frau Gutmann. Egon Gutmann fand schnell eine Anstellung bei einer großen Autofirma. Schwiegertochter Reinhild, die in Kasachstan Abitur gemacht hatte, absolviert an einer privaten Fachschule eine Ausbildung zur Kauffrau. Deshalb kümmern sich die Großeltern um ihren Enkel. Jeden Morgen kommen sie um 6.30 Uhr, um die Betreuung von Waldemar zu übernehmen. Sie bringen ihn in den Kindergarten, holen ihn von dort wieder ab und halten den Haushalt in Ordnung. Nach einigen Monaten können sie im selben Haus wie die junge Familie eine Wohnung beziehen. „Gott sei Dank sind wir wieder beieinander“, sagt Frau Gutmann senior. „Ohne Familie sind wir doch allein. Wir müssen zusammenhalten.“

Zusammenhalt der Familien

Der starke Zusammenhalt der Familien, auch der erweiterten Familie, fällt bei vielen Migranten auf. Dieser Zusammenhalt geht oft so weit, daß individuelle Lebensperspektiven der einzelnen Familienmitglieder dem Wohl der gesamten Familie untergeordnet werden. Das wird besonders im Beispiel von Familie Güler deutlich: Nicht die persönlichen Neigungen der Kinder stehen im Vordergrund, sondern das Interesse und die Entwicklung der Gesamtfamilie. Dies wird *Familialismus* genannt. Der Zusammenhalt erschöpft sich dabei nicht in einer gegenseitigen emotionalen Abhängigkeit, sondern zeigt sich auch in wechselseitigen Hilfeleistungen und materieller Unterstützung. Der oder die einzelne sieht die eigene Zukunft eng verknüpft mit der Familie. In ungebrochen traditionell orientierten Familien ist damit jedoch kein Verzicht verbunden. Die Unterordnung wird deshalb nicht als Einschränkung empfunden. Denn wo individuelle Planungen außerhalb der Denkgewohnheiten liegen, kann man natürlich auch nicht auf Individualität verzichten.

In erster Linie sind natürlich bäuerliche Gesellschaften auf die Unterordnung der einzelnen unter die Solidargemeinschaft angewiesen. Aber auch, wenn eine öffentliche soziale Absicherung fehlt, ist verwandtschaftliche Unterstützung eine schlichte Überlebensnotwendigkeit. Besondere Werte stützen diese gesellschaftliche Organisation. Diese Werte sollen exemplarisch anhand der ländlichen türkischen Gesellschaft aufgezeigt werden. Sie sind ähnlich vor allem in den Mittelmeerländern zu finden (vgl. Die Ausländerbeauftragte 1997, S. 22). Manches, sonst eher unverständliches Verhalten von Migrantenfamilien kann mit diesem Hintergrundwissen vielleicht besser verstanden werden, z. B.: Wenn Eltern etwa ihre 12jährige Tochter nicht mit auf eine Klassenfahrt gehen lassen wollen. Oder wenn bei einem Ausflug der Mädchengruppe eine Nachbarschaftseinrichtung ein 14jähriges Mädchen die Erlaubnis zur Teilnahme von ihren Eltern nur bekommt, wenn ihr neunjähriger Bruder auch mitgehen darf. Wenn man versteht, warum sich jemand in einer bestimmten Weise verhält, kann die Auseinandersetzung damit konstruktiver verlaufen.

2.5.2 Zentrale Werte in vielen Migrantenfamilien

Das Ehrkonzept

In einer Gesellschaft, in der die einzelne Person sich in erster Linie als Mitglied einer Familie sieht und nicht als eigenständiges, unabhängiges Individuum, hat das Verhalten des einzelnen große Bedeutung für die gesamte Familie: Erwirbt z. B. ein männliches Familienmitglied großes Ansehen, hat die ganze Familie daran teil. Zeigt jemand ein fragwürdiges Verhalten, leidet der Ruf der Gesamtgruppe.

Innerer Bereich: Familie – äußerer Bereich: Öffentlichkeit

Dabei wird klar zwischen zwei Bereichen, dem privaten, „inneren" Bereich und dem öffentlichen, „äußeren" Bereich unterschieden. Der innere Bereich wird durch die Familie repräsentiert. Wird die Grenze zwischen beiden Bereichen durch bestimmte Verhaltensweisen verletzt, wird die Ehre der Familie angegriffen. Die Männer der Familie sind dafür zuständig, die Ehre zu verteidigen und wiederherzustellen. Die Unterscheidung zwischen „innen" und „außen" betrifft auch das Verhältnis zwischen Mann und Frau. Die Frau wird dem inneren Bereich, dem Haus, zugeordnet, der Mann repräsentiert die Öffentlichkeit und regelt im Idealfall alles, was damit zu tun hat (vgl. Die Ausländerbeauftragte 1997, S. 17). Wenn man die Wohnung einer Familie aus der Türkei betritt, läßt man die Schuhe an der Haustür stehen. Dies ist nicht einfach eine hygienische Maßnahme, sondern symbolisiert, daß man die Grenze zwischen diesen zwei Lebensbereichen überschreitet und sie respektiert.

Der Zuordnung von Männern und Frauen zu unterschiedlichen Lebensbereichen entspricht, daß die Verhaltensanforderungen an eine ehrenhafte Frau sich unterscheiden von den Erwartungen an einen ehrenhaften Mann. Dabei ist die Ehre des Mannes untrennbar verbunden mit der Ehre der Frau.

Die Ehre einer Frau besteht im Erhalt ihrer Jungfräulichkeit vor ihrer Hochzeit und im strengen Verbot außerehelicher Beziehungen.

Sobald die Ehre eines Mädchens oder einer Frau öffentlich angezweifelt wird, ist auch die Ehre des Vaters, Bruders oder Ehemanns angegriffen. Er hat allerdings die Möglichkeit – im Gegensatz zur ehrlos gewordenen Frau –, seine verletzte Ehre und damit die Familienehre durch verschiedene Reaktionen wiederherzustellen: z. B. durch die rasche Verheiratung des betroffenen Mädchens mit ihrem Liebhaber oder die Verstoßung der untreu gewordenen Ehefrau. Auch die öffentliche Androhung von Vergeltung kann zur Wiederherstellung der männlichen Ehre genügen. Im Extremfall kann es zur Tötung der ehrlos gewordenen Frau und auch ihres Liebhabers kommen. Dies wird als Verbrechen staatlich verfolgt (allerdings nicht unbedingt in islamistischen Staaten wie dem Iran). In der Türkei werden Ehrkonflikte zunehmend nicht mehr selbst bereinigt, sondern von Gerichten entschieden (vgl. Die Ausländerbeauftragte 1997, S. 44).

Der Wert der Achtung

Respekt vor Älteren

Während das Konzept der Ehre den Umgang zwischen Frauen und Männern regelt, ist der Wert der Achtung wichtig für die Beziehungen zwischen den Generationen. Achtung bedeutet für die jeweils jüngere Person, daß der oder die Ältere nicht mit Namen genannt wird, sondern mit einer Bezeichnung, die Respekt ausdrückt: „ağabey“ (älterer Bruder), „abla“ (ältere Schwester). Nichtverwandte werden mit „teyze“ (Tante) oder „amca“ (Onkel) angesprochen. Achtung wird auch durch bestimmte Verhaltensweisen gezeigt: Der Sohn darf z. B. nicht im Beisein des Vaters rauchen. Tut er es dennoch, so gilt sein Verhalten als achtungslos, dem betreffenden Vater wird mangelnde Autorität nachgesagt. Das Verhalten zu einem älteren männlichen Familienmitglied ist dabei deutlich formeller als das Verhalten zu einer älteren Frau (Schwester, Mutter, Tante, Großmutter). Dies spiegelt die unterschiedliche Stellung von Männern und Frauen innerhalb der Familie und der Öffentlichkeit wider.

Verantwortung gegenüber Jüngeren

Während die Jüngeren den Älteren Respekt zeigen müssen, sind die Älteren zu liebevollem Verhalten verpflichtet. Eltern und ältere Geschwister sind verantwortlich für die jüngeren Familienmitglieder. Verhalten sich Jüngere ohne Achtung, verlieren sie ihren Anspruch auf Fürsorge und Liebe (vgl. Die Ausländerbeauftragte 1997, S. 22f).

Nach diesen Ausführungen können die Verhaltensweisen der Familien bezüglich der beiden Mädchen im oben beschriebenen Beispiel besser verstanden werden. Die 12jährige darf nicht mit auf die Klassenfahrt, weil die Eltern befürchten, daß ihre Tochter dort unkontrolliert in zweideutige Situationen mit männlichen Personen geraten könnte. Dabei ist unerheblich, ob dies tatsächlich passiert. Dies würde ihre Ehre in Zweifel ziehen und damit auch die Ehre der gesamten Familie beeinträchtigen. Daß die 14jährige von ihrem wesentlich jüngeren Bruder begleitet wird, ist ebenso auf einen Ehrkonflikt zurückzuführen. Für die Familie ist der Ausflug der Mädchengruppe nicht kontrollierbar. In dieser Situation bewegen sich die Mädchen in der Öffentlichkeit und damit in dem Lebensbereich, der traditionell den Männern zugeordnet wird. Wenn dabei jedoch ein männliches Familienmitglied anwesend ist, sei es auch deutlich jünger als das Mädchen, ist Schutz vor Gerüchten und Zweideutigkeiten gewährleistet.

Aus diesen Erklärungen kann allerdings nicht abgeleitet werden, daß damit z. B. Einschränkungen für Mädchen gerechtfertigt seien und in jedem Fall akzeptiert werden müßten. Das Wissen um Hintergründe kann es erleichtern, einen eigenen Standpunkt zu finden und sich darüber mit den Betroffenen auseinanderzusetzen. Manchmal muß man dabei ertragen, daß im Einzelfall keine gemeinsame Lösung des Problems möglich ist.

2.5.3 Werte verändern sich

Oft ist es aus wirtschaftlichen Gründen nicht mehr möglich, die strenge Trennung der Lebensbereiche und die geschlechtsspezifische Arbeitsteilung aufrechtzuerhalten, etwa wenn der Ehemann in der Stadt einer Lohnarbeit nachgeht und die Ehefrau die (Rest-)Landwirtschaft besorgt. Die Arbeitsmigration in die Städte und ins Ausland hat das Sozialgefüge in den Dörfern verändert. Frauen übernahmen notgedrungen auch die Verantwortung für die Außenkontakte der Familie oder die Männer blieben allein zurück, falls die Frauen zuerst eine Arbeitserlaubnis im Ausland bekamen, und reisten ihnen später erst nach. Auch bleibt die Dorfgemeinschaft nicht unberührt von der Lebensweise der städtischen Mittelschichten, die sich am westeuropäischen Lebensstil orientieren. Die soziale Kontrolle durch die Dorföffentlichkeit über ehrenhaftes und achtungsvolles Verhalten verliert dadurch an Einfluß. Ist die Ehre ursprünglich eine öffentliche Angelegenheit, so wird sie durch ökonomische und soziale Veränderungen mehr und mehr zu einer Privatsache (vgl. Die Ausländerbeauftragte 1997, S. 43). Das Individuum erhält im Verhältnis zur Gemeinschaft einen neuen Stellenwert. Werte können sich natürlich auch durch die Migration ins Ausland verändern: Die Menschen müssen sich mit einer anderen Lebensweise auseinandersetzen, und diese Auseinandersetzung hinterläßt deutliche Spuren (vgl. Schiffauer 1991).

Familien von Minderheiten in Deutschland

So unterschiedlich die Familien schon im Herkunftsland leben, so verschieden sind sie auch im Migrationsland. Die Verbundenheit mit der Familie aber ist in allen sozialen Schichten gleichermaßen bedeutsam. Und unabhängig davon, ob eine Familie eher traditionell orientiert ist oder einen eher partnerschaftlichen, egalitären Umgang pflegt, ist der Familienzusammenhalt zu sehen. Die familiäre Solidarität garantiert auch in schwierigen Situationen wie der Migration Unterstützung und hilft die gesellschaftliche Isolation und Diskriminierung psychisch zu ertragen. Die engen emotionalen Beziehungen wirken Ohnmachtsgefühlen und Desorientierung entgegen, die durch die Migration verursacht werden können (vgl. Kagıtçıbası 1991, S. 42). Manche Familien werden aber durch die notwendige Anpassung an die neue Lebenssituation überfordert und ziehen sich deshalb verstärkt in sich selbst zurück. Dabei ist es möglich, daß durch Abkapselung tradierte Normen und Werte absolut gesetzt werden, erstarren und sich nicht weiterentwickeln. So werden bisweilen Verhaltensweisen gepflegt, die im Heimatland in dieser Weise gar nicht gelebt werden (vgl. Lanfranchi 1993, S. 95f), z. B.:

Enge emotionale Beziehungen

Erstarrung tradierter Normen und Werte

- Die Grenze zwischen den zwei Lebensbereichen „innen“ und „außen“ wird schärfer gezogen.

- Die Ehre von Frauen und Mädchen wird unnachgiebiger überwacht als üblich, weil die deutsche Gesellschaft von vornherein als bedrohlich erscheint.

Es kann aber auch sein, daß die Familien sich öffnen gegenüber fremden Einflüssen und davon übernehmen, was ihnen für sich passend erscheint (vgl. Merkens 1997, S. 10). Da diese Familien nicht auffallen, werden sie weniger wahrgenommen als diejenigen, die sich am westlichen Lebensstil reiben und sich von ihm auch äußerlich absetzen.

Erziehungsziele

Mit der starken Familienorientierung hängen auch besondere Erziehungsziele zusammen. In der Erziehung wird besonderer Wert auf Gehorsam, Respekt und Loyalität gelegt (vgl. Kagıtçıbası 1991, S. 41). Grundprinzip ist auch die Einübung in eindeutige Geschlechtsrollen. Diese Werte fördern den Familienzusammenhalt, so wie er beschrieben wurde. Allerdings können diese Erziehungsziele kollidieren mit den Erziehungszielen von Tageseinrichtungen, die auf die Entwicklung des Kindes zu einer eigenverantwortlichen, selbständigen und unabhängigen Persönlichkeit ausgerichtet sind (vgl. Kinder- und Jugendhilfegesetz § 22). Festzuhalten ist aber, daß nur in einem relativ kleinen Teil der Familien streng traditionelle Werte gelebt werden und daß die Erziehungsvorstellungen von liberalen bis zu rigiden Einstellungen variieren. Dabei wird jedoch in zentralen Bereichen wie dem Ehrbegriff in der Regel am überkommenen Wertgefüge festgehalten. Alle Erziehungsstile wirken auf „die Ausbildung einer starken familialen Orientierung der Kinder" hin (Zentrum für Türkeistudien (Hrsg.) 1991, S. 147f). Das emotionale Verhältnis von türkischen Jugendlichen zu ihren Eltern wird denn auch im Vergleich zu deutschen Altersgenossen als wesentlich besser beschrieben (Heitmeyer 1997, S. 71).

Traditioneller Familialismus versus Individualisierung

Der traditionelle Familialismus kann nun in dem Moment in Konflikt mit der Individualisierung in westlichen Gesellschaften geraten, in dem die Jugendlichen eigene, von der Familie unabhängige Perspektiven für sich entwickeln. Die Familienerziehung vermittelt ihnen Familiensinn und Solidarität zwischen den Generationen. So wird z. B. von jedem erwerbstätigen Familienmitglied erwartet, den Großteil des eigenen Verdienstes zum gemeinsamen Haushalt beizusteuern. Dabei kann die gesamte Familienökonomie auf gemeinsame

Projekte ausgerichtet sein, z. B. einen Hausbau im Herkunftsland oder auch in Deutschland. Dies hat direkte Auswirkungen auf die Lebensplanung der Jugendlichen und jungen Erwachsenen, da sie sich weniger leicht selbständig machen und eine eigene Wohnung suchen können. Schule und Alltagsleben vermitteln den Kindern und Jugendlichen, daß Autonomie, Eigenständigkeit und Unabhängigkeit wichtig sind und fördern dies. So können Eltern voller Unverständnis gegenüber Unabhängigkeitsbestrebungen ihrer Kinder sein und Jugendliche möglicherweise am auferlegten Mangel an Selbstbestimmung leiden (vgl. Auernheimer 1988, S. 158).

Eine ausgeprägte Orientierung auf die Familie bedeutet aber nicht, daß die Familien so verhaftet sind in überkommenen Wertvorstellungen, daß sie sich nicht auf die Anforderungen der westlichen Leistungsgesellschaft einstellen können. Eher ist das Gegenteil der Fall. Zeichen von Modernität in diesen Familien sind z. B.:

Zeichen von Modernität

- Mit der Migration, die aus welchem Grund auch immer unternommen wurde, zeigen sie eine besondere Bereitschaft und Flexibilität, sich auf neue Lebensbedingungen einzulassen.
- Für Frauen aus der Türkei und Aussiedlerinnen ist die Vereinbarkeit von Familie und Beruf selbstverständlicher als für (west)-deutsche Frauen. Türkische Frauen planen dabei deutlich mehr als deutsche Frauen ihre Männer in Haushalt und Kinderbetreuung mit ein (vgl. Gümen/Herwartz-Emden 1994, S. 72).
- Migrantenfamilien sind in der Regel sehr an der schulischen Karriere ihrer Kinder interessiert und haben hohe Bildungsideale (vgl. Flitner/Herwartz-Emden 1990).

2.5.4 Besonderes in Aussiedlerfamilien

Auch in Aussiedlerfamilien kann man einen starken Zusammenhalt der Familie feststellen. Traditionell umfaßt die Familie eine größere Personenzahl, zum Teil bedingt durch Kinderreichtum, zum Teil auch dadurch, daß die Großeltern oder auch andere Verwandte mitleben. Sie sind patriarchalisch organisiert. Der hohe Stellenwert, den die Familie für das einzelne Mitglied hat, kann aber auch einfach ein „Nebenprodukt“ der Aussiedlung sein. Die Familien kommen aus

Patriarchalische Struktur

einem Land, in dem sie seit Generationen lebten. Sie werden mit völlig anderen sozialen, ökonomischen und kulturellen Bedingungen konfrontiert, als sie es gewohnt waren und vielleicht auch erwartet haben. So erleben sie einen entscheidenden Bruch mit ihren bisherigen Lebensumständen. Die Familie ist in dieser verunsichernden Situation das einzige, was konstant bleibt. Da liegt es nahe, Geborgenheit und Halt in der Familie zu suchen und sich ganz auf die Familie zu konzentrieren. Das kann aber nur eine Übergangserscheinung sein. Die Kinder und Jugendlichen, die oft gar nicht ausreisen wollten oder zumindest an der Entscheidung nicht beteiligt waren, finden sich trotz großer Anfangsprobleme oft schneller in der neuen Gesellschaft zurecht als die Eltern und Großeltern, die an ihren Vorstellungen und Normen festhalten. Arbeitslosigkeit nimmt den Männern häufig ihre traditionelle Rolle als Ernährer der Familie (vgl. Sozialpädagogisches Institut NRW (Hrsg.) 1994). Sie können nicht mehr alleine für die Außenkontakte der Familie zuständig sein, da sie oft Probleme mit der deutschen Sprache haben. Die Kinder sind ihnen in so einem Fall schnell überlegen, weil sie müheloser die deutsche Sprache erlernen. Aussiedlerfamilien bringen in der Regel eine hohe Anpassungsbereitschaft mit. Es bleibt also abzuwarten, ob sie sich ein eigenes „Familienprofil“ erhalten oder, entsprechend ihrer Schichtzugehörigkeit, gängige Wertorientierungen übernehmen.

2.6 Religionen begegnen sich

Eine beispielhafte Situation: Ein kirchlicher Trägerverband bietet angesichts der zunehmenden Zahl von muslimischen Kindern in den Tageseinrichtungen eine Fortbildung mit folgendem Thema an: „Kann eine christliche Erzieherin muslimische Kinder erziehen?“ Wegen mangelnder Anmeldungen muß diese Veranstaltung jedoch ausfallen. Gleichzeitig ist die Fortbildung zum Thema „Feste feiern in multireligiösen Kindergruppen“ überfüllt.

Warum trifft das zweite Thema offensichtlich die Bedürfnisse der Erzieherinnen, das erste dagegen nicht, obwohl es doch eigentlich um ganz ähnliche Fragestellungen geht?

Religiosität im Wandel

Aus verschiedenen Untersuchungen zur Religiosität von Jugendlichen und jungen Erwachsenen lassen sich zumindest Vermutungen ableiten:

- Die eigene Religiosität wird immer weniger bestimmt über eine christliche Konfession oder überhaupt einen spezifisch christlichen Inhalt.
- An die Stelle einer konfessionellen Identität tritt im religiösen Bewußtsein ein allgemeiner Glaube an Gott oder eine übernatürliche Macht. Die einzelnen Bräuche, Gewohnheiten und Riten gelten als äußere Form, die letztlich nicht entscheidend ist. Dieses Verständnis formuliert ein Berufsschüler folgendermaßen: „Alle Völker und Kulturen haben etwas wie unseren Gott. Die verschiedenen Bezeichnungen spielen dabei keine Rolle. Der Sinn dieser Religionen bleibt eigentlich immer derselbe" (vgl. Nipkow 1991, S. 311).
- Alle Religionen haben im Prinzip dieselbe Funktion: Sie geben Halt und spenden Trost: „Ich glaube, jeder Mensch sieht den ‚Gott' anders, das beweisen ja schon die vielen verschiedenen Religionen. Aber im Grunde ist es immer dasselbe, was dabei im Vordergrund steht, nämlich ein Gott, an den man glauben, an dem man sich festhalten und dem man vertrauen kann, eine Stütze und Hilfe fürs Leben." (Berufsschüler, vgl. a.a.O., S. 312)

Es ist auffällig, daß hier die Konfessionen und Religionen nicht zuerst in ihrer Unterschiedlichkeit wahrgenommen werden, sondern eher als verschiedene Ausprägungen der eigentlich gleichen Religiosität. Auf diesem Hintergrund ist es logisch, daß Themen, die eine bestimmte religiöse Identität ansprechen, dem Selbstverständnis vieler Menschen nicht entsprechen. Wenn es in allen Religionen letztlich um dasselbe geht, ist die Frage der ersten Fortbildung, ob eine christliche Erzieherin muslimische Kinder erziehen kann, überflüssig. Warum sollte sie es auch nicht können?

Geht es in allen Religionen um dasselbe?

In dieser für Westeuropa typischen Religiosität stecken gleichzeitig Chancen und Probleme. Diese Haltung beinhaltet einerseits die Bereitschaft, Gemeinsames zu sehen, verschiedene Ausprägungen und Anschauungen der jeweils eigenen Religiosität zu akzeptieren und auf dieser Basis miteinander zu arbeiten. Im Zentrum steht dann vor allem ethisches Gedankengut, also Grundwerte menschlichen Zusammenlebens, weil hier auch die verschiedenen religiösen Bekenntnisprofile weniger ins Gewicht fallen (vgl. Nipkow 1991, S. 313). Andererseits besteht damit auch die Gefahr der Vereinnahmung, wenn übersehen wird, wie sehr diese Haltung selbst bereits auf dem Boden einer christlichen Kultur entstanden ist. Andere, fremde Formen von Religion und religiöser Praxis werden mit dem gutgemeinten Satz „Wir meinen letztlich alle dasselbe" den eigenen Vorstellungen oft allzu leicht ein- und nicht selten auch untergeordnet. Dem religiösen Selbstverständnis von Angehörigen anderer Religionen wird man damit häufig nicht gerecht. Und auch nicht denen, die eine bewußt christliche Identität pflegen.

Ein seit vielen Jahren in Deutschland lebender Hindu aus Sri Lanka, sehr engagiert im interreligiösen Dialog vor Ort betont: „Wir freuen uns, wenn sich die Leute hier für uns interessieren und wir sind am Austausch interessiert, aber wir können und wollen nicht auf unsere religiösen Traditionen verzichten."

Zwei Tendenzen religiösen Bewußtseins

Damit stehen sich zwei Haltungen gegenüber, die nicht ohne weiteres zusammenpassen: Menschen mit ausgeprägtem religiösen Bewußtsein, für die auch die äußere Form ihrer Religion wichtig ist, die eine religiöse Identität entwickelt haben, die mit einer bestimmten Religion bzw. Konfession eng verbunden ist. Diese Menschen befinden sich in der Minderheit. Für die Mehrheit hat die Religion eine immer geringere Bedeutung. Sie existiert noch als Relikt aus vergangenen Zeiten, auf das in bestimmten Übergangssituationen wie Geburt, Hochzeit und Tod zurückgegriffen wird. Viele halten Religion für etwas, das zur Kindheit gehört, wie der Glaube an den Nikolaus, das Christkind oder den Osterhasen, was im Erwachsenenalter aber überwunden sein sollte. Konfliktfälle in Tageseinrichtungen entzünden sich auch daran, daß Eltern und Erzieherinnen aufeinandertreffen, die solch unterschiedliche Haltungen und Perspektiven einnehmen. Mit am deutlichsten zeigen sie sich bei der Frage, welche (religiösen) Feste wie gefeiert werden können und sollen (vgl. Kap. 3.5).

Reflektierter Umgang mit Religionen

Angesichts dieser Situation ist es sinnvoll, für religionspädagogisch tätige Personen, und dazu gehören Erzieherinnen genauso wie Religionslehrer, einen reflektierten Umgang mit den Gemeinsamkeiten und Unterschieden der Religionen zu fordern. Dazu gehören:

- Kenntnisse über die Geschichte der Begegnung von Religionen;
- Modelle für den Dialog zwischen Religionen;
- Klärung der Voraussetzungen für die Begegnung.

2.6.1 Die Begegnung der Religionen hat eine Geschichte

Diese Geschichte ist geprägt sowohl von gegenseitiger Beeinflussung und Bereicherung als auch von mehr oder weniger gewalttätigen Tendenzen der Abgrenzung voneinander. Sie kennt sowohl das funktionierende friedliche Zusammenleben von Menschen verschiedener Religionszugehörigkeiten als auch die z. T. bis heute andauernden Konflikte zwischen Bevölkerungsgruppen unterschiedlicher Religion. Man denke nur an Palästina oder den Balkan, wo Christen und Muslime aufeinander treffen. Solche Konflikte gibt es aber auch zwischen Sikhs und Hindus in Indien, hinduistischen Tamilen und buddhistischen Singhalesen in Sri Lanka, zwischen Katholiken und Protestanten in Nordirland. Es geht meist nicht nur um religiöse Unterschiede, sondern immer auch um Politik und ethnische bzw. nationale Zugehörigkeit.

Eine befriedigende Begegnung von Religionen ist in der Gegenwart nur möglich, wenn die vergangene Geschichte nicht ausgeblendet wird. Kenntnisse der positiven und der leidvollen Seiten der Beziehung sind wichtig, auch um tiefsitzende Ängste und Vorbehalte zu verstehen.

Besonders deutlich werden diese beiden Seiten der Geschichte im Verhältnis des Christentums zu Judentum und Islam, weil es im doppelten Sinn Berührungspunkte gab und gibt:

Religiöse Berührungspunkte

Die *religiösen Berührungspunkte* kreisen um die Frage, welche Offenbarung nun denn eigentlich die richtige und letztendlich gültige sei, gerade weil die Verwandtschaft zwischen diesen drei Religionen so groß ist. Sie sind im selben geographischen Raum entstanden: Das Judentum im 1. Jahrtausend v. Chr., das Christentum im 1. Jahrhundert n. Chr. und der Islam im 7. Jahrhundert n. Chr. Im Zentrum steht der Glaube an den *einen* Gott, der personal vorgestellt wird – als Schöpfer, als Vater, als Erbarmer usw. (im Unterschied zu den häufig unpersönlichen Vorstellungen asiatischer Religionen – das nirvana, das brahman). Alle drei Religionen besitzen Heilige Schriften, die jeweils normative Bedeutung haben und auch inhaltliche Gemeinsamkeiten und Abhängigkeiten aufweisen: Die christliche Bibel enthält neben dem Neuen Testament die jüdischen Schriften als Altes Testament, der islamische Koran hat viele jüdisch-christliche Elemente aufgenommen und neu interpretiert (vgl. Tworuschka 1988, S. 225f. Zu Gemeinsamkeiten in der christlichen und islamischen Überlieferung vgl. Kap 3.6.2).

Gesellschaftliche und politische Berührungspunkte

Auch die *gesellschaftlichen und politischen Berührungspunkte* sind vielfältig: Für das Judentum gilt, daß es über Jahrhunderte aus der Geschichte und Kultur Europas nicht wegzudenken ist, und daß das christliche Abendland in wirtschaftlicher und wissenschaftlicher Hinsicht von der Arbeit der in vielen europäischen Ländern lebenden Juden enorm profitierte. Ganz ähnliches gilt für den Islam, dessen Einfluß als Träger einer hochentwickelten Wissenschaft und Kultur bis heute spürbar ist, auch wenn dies so kaum mehr erkannt wird. Man denke nur an die arabischen Zahlen.

Gleichzeitig ist diese Geschichte geprägt von menschenverachtenden Übergriffen und Grausamkeiten. Diese Erfahrungen wirken bis heute nach, und es wäre naiv und ungerechtfertigt, wollte man bei heutigen Ansätzen der Begegnung darüber einfach hinwegsehen. Die Beziehung zwischen Christentum und Judentum wird immer die Erinnerung an den Holocaust miteinbeziehen müssen. Und auch der Dialog mit Muslimen wird nicht über Erinnerungen an kriegerische Auseinandersetzungen und die Erfahrung der Kolonialisierung muslimischer Länder durch westeuropäische (christliche) Länder im 19. und 20. Jahrhundert hinweggehen können. Dazu kommt, daß auf beiden Seiten, christlicher wie islamischer, alte Ängste durch aktuelle Ereignisse wieder wachgerufen werden: Terroranschläge islamistischer Gruppen verstärken die Angst vor der „Weltmacht Islam" in der westlichen Welt, gewalttätige Übergriffe auf Ausländerinnen und Ausländer lösen auf muslimischer Seite Angst um die eigene Sicherheit aus.

In neuerer Zeit wurde und wird auf verschiedenen Ebenen versucht, die gemeinsame Geschichte aufzuarbeiten, Kontakte untereinander aufzunehmen, auch zwischen Religionen, die sich nicht so unmittelbar

Dialog zwischen den Religionen

berühren wie die drei Buchreligionen Judentum, Christentum und Islam. Getragen sind diese Bemühungen von der Erkenntnis, daß der Dialog zwischen den Religionen überlebenswichtig ist:

- Solange religiöse Konflikte nicht friedlich gelöst werden können, wird es auch im politischen Bereich keinen Frieden geben.
- Die Religionen enthalten grundlegende Weisheiten zur Gestaltung des Lebens, auf die nicht verzichtet werden kann, wenn es um Gerechtigkeit, Frieden und Bewahrung der Schöpfung geht.
- Die zunehmende Globalisierung unseres Lebens – einerseits die Erreichbarkeit jeder Weltgegend für uns, andererseits die Anwesenheit vieler Menschen mit anderen Lebensweisen im unmittelbar eigenen Umfeld – macht ein Ausweichen vor dem anderen nicht mehr möglich. Sie zwingt zur Wahrnehmung des anderen und Fremden.

2.6.2 Modelle für einen Dialog zwischen den Religionen

Einige Beispiele des Dialogs sollen im folgenden kurz vorgestellt werden. Denn gerade in der praktischen Arbeit ist es wichtig zu wissen, was sowohl innerhalb der Kirchen als auch in unabhängigen gesellschaftlichen Gruppen diskutiert wird und welche Annäherungen bereits gemacht wurden.

Dialogmodelle innerhalb der christlichen Kirchen

- Vom Ökumenischen Rat der Kirchen (ÖRK) wurden 1979 „Leitlinien zum Dialog mit Menschen verschiedener Religionen und Ideologien" verabschiedet (vgl. Haussmann 1993, S. 104). Gefordert wird vor allem die Bereitschaft, aufeinander zu hören, voneinander zu lernen und Gemeinschaft zu praktizieren. Besonders wichtig – so die Leitlinien – sei der Dialog da, wo ein Zusammenleben im Alltag unmittelbar praktiziert wird. Genau dies ist der Fall in zahlreichen sozialpädagogischen Einrichtungen. Gleich die erste dieser Leitlinien läßt sich in besonderer Weise auf die Situation in Kindertagesstätten beziehen, vor allem auf solche in kirchlicher Trägerschaft (vgl. ausführlicher Kap. 3.6):

Leitlinie

„Die Kirchen sollen sich bemühen, den christlichen Gemeinden praktische Möglichkeiten des Dialogs mit ihren Nächsten, die andere religiöse und ideologische Überzeugungen haben, zu eröffnen." (A.a.O. S. 104)

Eine Kindertagesstätte bietet häufig schon durch die Zusammensetzung der Kindergruppe eine solche praktische Möglichkeit an. Die religiöse Verschiedenheit kann im Sinn der Leitlinien vom Träger und von den Erzieherinnen als Chance für Begegnungen und nicht zuerst als Problem, das die Arbeit erschwert, gesehen werden. Hier ist dann vor allem die Zusammenarbeit mit den Eltern wichtig: Wie können Eltern angesprochen und beteiligt werden, welchen Raum hat diese Arbeit in der Kirchengemeinde …?

- In der römisch-katholischen Kirche gibt es seit dem II. Vatikanischen Konzil (1962–65) ein theologisches Konzept für den Dialog mit anderen Religionen, das getragen ist von der Achtung des in diesen Religionen zum Ausdruck kommenden Glaubens. In diesen Kontext gehört auch die von Papst Johannes Paul II. ausgesprochene Einladung an die verschiedenen Religionen zum Gebet für den Frieden am 27. Oktober 1986 nach Assisi. Der amerikanische katholische Religionstheologe L. Swidler hat aus diesem Konzept Grundregeln für den interreligiösen Dialog entwickelt. Eine davon sei hier herausgegriffen:

„Im interreligiösen Dialog sollten wir nicht unsere Ideale mit der Praxis unserer Partner vergleichen, sondern unsere Ideale mit den Idealen unserer Partner, unsere Praxis mit der Praxis unserer Partner." (Swidler 1992, S. 28)

Eine solche Regel ist wichtig in der Zusammenarbeit mit Eltern und in der Kooperation mit Angehörigen verschiedener Religionsgemeinschaften. So wäre es beispielsweise unangemessen, in Diskussionen um die Stellung der Frau für den Islam auf die politische Situation im Iran oder in Afghanistan hinzuweisen, in der Frauen unterdrückt werden, für das Christentum aber auf die biblische Aussage zu verweisen:

> *„Hier ist nicht Jude noch Grieche, hier ist nicht Knecht noch Freier, hier ist nicht Mann noch Frau; denn ihr seid allzumal einer in Christus Jesus.“* (Brief an die Galater 3, 28)

Nimmt man diese Bibelstelle als Beleg dafür, daß vor Gott Männer und Frauen gleich sind, so könnte man entsprechend für den Islam aus dem Koran zitieren:

> *„Die gläubigen Männer und Frauen sind untereinander Freunde. Sie gebieten, was recht ist, verbieten, was verwerflich ist, verrichten das Gebet, leisten die Pflichtabgabe und gehorchen Gott und seinem Gesandten. Ihrer wird sich Gott dereinst erbarmen.“* (Sure 9, 71)

Von Kirchen unabhängige Dialogmodelle

Interreligiöse Begegnung

- Die „Weltkonferenz der Religionen für den Frieden“ („World Conference on Religion and Peace“ WCRP) wurde 1970 in Kyoto, Japan, gegründet. In ihr haben sich Vertreter aller großen Religionen der Erde zusammengefunden, um sich gemeinsam für Frieden einzusetzen. Der WCRP ist eine von Kirchen und sonstigen Institutionen unabhängige Organisation. Im Zentrum der Arbeit steht die Entwicklung gemeinsamer Handlungsstrategien angesichts des Unfriedens in der Welt. Das kann dann folgendermaßen aussehen: WCRP-Ortsgruppen organisieren die interreligiöse Begegnung. Beim Kennenlernen geht es nicht nur um intellektuellen Austausch, sondern auch um die Erfahrung der Anteilnahme an Gottesdiensten oder Andachten beim Besuch verschiedener religiöser Zentren. Damit werden die Voraussetzungen geschaffen, auch auf sozio-politischer Ebene zusammenzuarbeiten und füreinander einzutreten. Dies kann sich in gemeinsamen Erklärungen zu aktuellen Themen äußern, ebenso wie in der Unterstützung bei Projekten wie dem Bau einer Moschee, der Anlage islamischer Friedhöfe oder der gemeinsamen Suche nach einem Raum für hinduistische Gottesdienste. Diese Ortsgruppen sind auch eine gute Adresse, um Kontakte zu knüpfen zu den lokalen Organisationen verschiedener religiöser Gruppierungen. Will man also in Kindertagesstätten mit Kindern verschiedener Religionszugehörigkeit religiöses Leben praktizieren, so gibt es dafür im Bereich solcher lokaler Begegnungen durchaus Vorbilder.

- Das Projekt Weltethos geht zurück auf eine Idee des katholischen Theologen Hans Küng. Er ist davon überzeugt, daß die Menschheit angesichts der aktuellen Probleme nur dann eine Chance zum Leben in Frieden untereinander und mit der Natur hat, wenn es einige verbindende und verbindliche Normen und Werte, Ideale und Ziele gibt, nach denen innerhalb der Weltgesellschaft gelebt, gehandelt und entschieden wird. Die Idee des Weltethos will die Menschen auf vier sogenannte „unverrückbare Weisungen" festlegen. Diese Weisungen fordern:

Idee des Weltethos

– eine Kultur der Gewaltlosigkeit und der Ehrfurcht vor allem Leben;
– eine Kultur der Solidarität und eine gerechte Wirtschaftsordnung;
– eine Kultur der Toleranz und ein Leben in Wahrhaftigkeit;
– eine Kultur der Gleichberechtigung und die Partnerschaft von Mann und Frau.

Verabschiedet wurde dies vom Parlament der Weltreligionen, das sich 1993 in Chicago traf. Die Weltreligionen haben bei der Umsetzung dieser Weisungen eine besondere Aufgabe. Ihre Sache ist es, die Menschen für diese Normen und Werte zu motivieren. Neben interreligiösem Dialog auf der Ebene von wissenschaftlichem Austausch und religiösen Konferenzen geht es vor allem um den alltäglichen Dialog der Menschen verschiedener Religionen über ganz praktische Fragen des Zusammenlebens. Erprobt wurde dieses Modell zum Beispiel bei einem Jugendcamp, das 1997 in Tirol stattfand. Dort lebten Jugendliche der drei Weltreligionen Judentum, Christentum und Islam miteinander, und es zeigte sich, daß das Zusammenleben gar nicht so einfach war. Da ging es dann um Fragen, ob sich die Ernährung an der Gruppe mit den strengsten Speisevorschriften orientiert, in dem Fall an der koscheren Küche der Juden, oder ob nicht jede/r so lebt, wie er will. Genaue Vorschriften des Judentums und Islam einerseits und des Christentums andererseits, in dem Regeln und Gebote eine sehr viel geringere Rolle spielen, trafen aufeinander, und damit stellte sich auch die Frage, wer sich denn wem anpaßt und wer auf wen Rücksicht nimmt (vgl. Provo 3/1997).

Diese Beispiele zeigen, daß der Bedarf an Verständigung und Begegnung gesehen und auf ganz unterschiedlichen Ebenen umgesetzt wird. Zunehmend wichtiger wird die Erkenntnis, daß eine distanzierte Beschäftigung mit fremden Religionen, deren grundlegenden Lehraussagen und den zentralen Daten ihrer Geschichte nicht ausreicht. Es geht um authentische Begegnungen, die einen dauerhaften und sich stabilisierenden Austausch zwischen Menschen verschiedener Religionen ermöglichen sollen. Dieser Prozeß muß in Kindergarten und Grundschule beginnen. Dabei bestimmen die Kinder ihren Lernprozeß selbst, die Erwachsenen, Erzieherinnen und Lehrerinnen sollten ihn moderieren und Vertiefung ermöglichen (vgl. Rickers, F. 1997, S. 26).

Selbstbestimmter Lernprozeß

Was mit diesem selbstbestimmten Lernprozeß gemeint ist, verdeutlicht ein Beispiel aus einer evangelischen Grundschule, die von Kindern aus 40 verschiedenen Herkunftsländern besucht wird. Es ist ähnlich auch bei älteren Kindergartenkindern vorstellbar:

„Freudestrahlend lädt Kiliandra ihre Mitschüler und Mitschülerinnen der zweiten Klasse in der Frühstückspause ein, das griechische Osterbrot mit ihr zu teilen. Sie hat es eine Woche nach dem deutschen Osterfest mit Hilfe ihrer Mutter gebacken, von ihrem griechisch-orthodoxen Geistlichen im Festgottesdienst der St. Michaelsgemeinde segnen lassen und schneidet es nun vor aller Augen in der Klasse in 24 Scheiben. Viele Kinder erinnern sich während des Frühstücks an den Erntedankfest-Gottesdienst ihrer Annaschule, in welchem fast 400 Kinder von einem großen Brot aßen und diese symbolische Mahlzeit ganz offensichtlich ein Gefühl von Zusammengehörigkeit hinterließ“ (Rickers, M. 1992, S. 25).

Interreligiöses Lernen setzt also an den religiösen Erfahrungen der Kinder selbst an. Was diesen Prozeß voranbringt und was ihn auch behindert, soll im folgenden überlegt werden.

2.6.3 Voraussetzungen interreligöser Begegnung in Tageseinrichtungen

Zu den Voraussetzungen gehört:

- das Wahrnehmen der religiösen Vielfalt als Aufgabe und Chance (vgl. Doedens 1996, S. 4):
  Diese Vielfalt kann sich aktuell in der Zusammensetzung der Wohnbevölkerung eines Stadtteils und damit auch in Tageseinrichtungen zeigen, manchmal lassen sich aber auch Spuren zurückverfolgen in der Geschichte einer Region (z. B. Hinweise auf die jüdische Bevölkerung eines Ortes). Sich dieser Herausforderung positiv zu stellen und sie nicht als lästiges Übel oder lieber totzuschweigende Geschichte zu verstehen, ebnet den Weg für Begegnung;

- das Wahrnehmen der Vielfalt innerhalb von Religionsgemeinschaften:
  Einzelne Personen oder Gruppen können nicht einfach als Repräsentanten *des* Christentums, Islam oder Hinduismus betrachtet werden. Vielmehr geht es darum, ein Nebeneinander verschiedener Traditionen und Überzeugungen, die zum Teil auch miteinander konkurrieren, wahrzunehmen und zu akzeptieren. Es gibt keine homogenen Religionsgemeinschaften.

  > In einer evangelischen Tageseinrichtung, die von sehr vielen türkischen Kindern besucht wird, entbrennt zwischen mehreren türkischen Kindern ein heftiger Streit darüber, ob man nun Schweinefleisch essen darf oder nicht. Beide Positionen werden vertreten, verbunden mit Beschimpfungen der jeweils anderen. Es stellt sich heraus, daß zu dieser Frage bei alevitischen und sunnitischen Muslimen unterschiedliche Meinungen vertreten werden: Aleviten dürfen Schweinefleisch essen (vgl. auch Spuler-Stegemann 1998, S. 52);

- das Bewußtwerden der eigenen religiösen Identität:

  > „Erzählen Sie denn Geschichten aus der Bibel?“ fragt eine Mutter beim Aufnahmegespräch. „Ja schon, an Weihnachten zum Beispiel, aber da müssen die Kinder nicht zuhören, wenn sie nicht wollen“, antwortet die Erzieherin.

Man könnte meinen, die Erzieherin höre in der Frage der Mutter die Befürchtung, ihr Kind könnte mit diesen Geschichten belästigt werden. Warum sollte sie sonst „ja – aber" sagen? Vielleicht hat sie sich schon häufiger mit solchen Befürchtungen auseinandersetzen müssen. Zunächst sollte man nur auf das Informationsbedürfnis der Mutter eingehen, wie in diesem Kindergarten mit der religiösen Erziehung umgegangen wird. Über eventuell unterschiedliche Erwartungen könnte ja dann noch ein Gespräch stattfinden. Das geht aber nur, wenn eine Position vertreten und nicht sofort relativiert oder zurückgenommen wird. Denn man „will und kann keinen Dialog mit jemandem führen, der unkenntlich ist" (Steffensky 1997, S. 4). Eine Erzieherin faßt die Auswirkungen eines solchen Verhaltens so zusammen: „Das Weihnachtsfest wurde zu einem reinen Geschenke- und Märchenfest ... Unsere eigene Unsicherheit in religiösen Fragen trug eher zu Konflikten bei." (Hirchert/Winkelmann 1997, S. 287) Wenn man schon im Vorfeld versucht, alle Konflikte zu vermeiden oder abzumildern, werden vorhandene Grenzen und Konflikte nur verwischt und damit tabuisiert, aber nicht wirklich überwunden, bzw. gelöst. Zum Dialog gehören Partner, die verschieden und deren Grenzen erkennbar sind (vgl. Steffensky, a.a.O.). Denn nur wenn Grenzen offengelegt werden, sind sie kalkulierbar und eventuell auch überwindbar;

- die Vielfalt der religiösen Wahrheit auszuhalten:

> Das Team eines evangelischen Kindergartens beschließt, unter Mitarbeit des zuständigen Fachberaters eine interkulturelle Konzeption für die Einrichtung zu erarbeiten, die von 32 Kindern aus 11 verschiedenen Herkunftsländern besucht wird. 18 Kinder gehören zum Islam (8 aus der sunnitischen, 1 aus der schiitischen und 2 Kinder aus der alevitischen Tradition), 9 Kinder haben eine christliche Religionszugehörigkeit (evangelisch, katholisch, orthodox). Über viele Vorgehensweisen sind sich die Erzieherinnen einig, bei der Frage der religiösen Erziehung kommt es jedoch zu erheblichen Differenzen: Die Mehrheit im Team hat das Ziel, den Kindern zu vermitteln, daß sie mit ihren unterschiedlichen religiösen Traditionen hier willkommen und geachtet sind, und will mit ihnen zusammen aus-

probieren, wie es ist, wenn verschiedene Religionen aufeinandertreffen. Eine Kollegin wehrt sich gegen das Hereinnehmen nichtchristlicher Elemente in den Alltag der Tageseinrichtung. Bei Überlegungen, mit den Kindern auch einmal das Zuckerfest zu feiern, ist für sie eine Grenze überschritten. Sie betont, dies mit ihrem Gewissen nicht vereinbaren zu können, da nur die christliche Religion die wahre sei und die Moslems an einen anderen Gott glaubten. Für sie bedeutet ihre Arbeit mit den Kindern, auch den muslimischen, vor allem eine Gelegenheit, ihnen die christliche Botschaft weiterzugeben. Sie befürchtet, daß die christliche Religion in der interkulturellen Konzeption eine unter vielen werde. Nach zahlreichen Gesprächen auf verschiedenen Ebenen entschließt sie sich, den Arbeitsplatz zu wechseln.

Woran liegt es, daß für die einen die interkulturelle Konzeption sinnvolle und gute Ansätze für religionspädagogische Arbeit bietet, für andere dagegen die religiöse Erziehung gerade dadurch erschwert oder gar unmöglich gemacht wird? Ein entscheidender Punkt ist sicher die Einstellung zu anderen Religionen. Gerade wenn verschiedene Religionen oder religiöse Ansichten aufeinandertreffen, stellt sich die Frage nach der Wahrheit: Welches ist die wahre Religion, welche Vorstellung von Gott ist richtig und vor allem, welche Religion setzt die entscheidenden Maßstäbe? Innerhalb des Christentums beispielsweise gab und gibt es unterschiedliche Antworten auf die Frage, wie man sich zu dem Glauben und der Lehre von Menschen aus anderen Religionen stellen soll:

Einstellung zu anderen Religionen

„Exklusive" Position

Einige vertreten die „exklusive" (ausschließende) Position und sagen: Wahrheit und Erlösung sind nur im Christentum zu finden, das Christentum ist der einzige Weg zu Gott. Sie stützen sich dabei auf Bibelstellen, die die Einzigartigkeit Jesu betonen. Jesus sagt:

> *„Ich bin der Weg und die Wahrheit und das Leben; niemand kommt zum Vater außer durch mich."* (Johannes 14,6)

Petrus sagt über Jesus:

> *„In keinem anderen ist das Heil zu finden. Denn es ist uns Menschen kein anderer Name unter dem Himmel gegeben, durch den wir gerettet werden sollen."* (Apostelgeschichte 4,12)

„Inklusive" Position

Eine andere Position vertritt dagegen die Ansicht, daß die Menschen anderer Religionen in Gottes Heilsplan mit eingeschlossen sind. Man nennt dies die „inklusive" (einschließende) Position. Von christlicher Seite werden folgende Bibelstellen angeführt. Paulus erklärt den Menschen in Athen, von welchem Gott er predigt:

> *„Als ich umherging und mir eure Heiligtümer ansah, fand ich auch einen Altar mit der Aufschrift: EINEM UNBEKANNTEN GOTT. Was ihr verehrt, ohne es zu kennen, das verkünde ich euch. (...) [Die Menschen] sollten Gott suchen, ob sie ihn ertasten und finden könnten; denn keinem von uns ist er fern. Denn in ihm leben wir, bewegen wir uns und sind wir, wie auch einige von euren Dichtern gesagt haben: Wir sind von seiner Art."* (Apostelgeschichte 17,23–28)

Von Jesus heißt es:

> *„Er ist das Ebenbild des unsichtbaren Gottes, der Erstgeborene der ganzen Schöpfung. Denn in ihm wurde alles erschaffen im Himmel und auf Erden, das Sichtbare und das Unsichtbare, Throne und Herrschaften, Mächte und Gewalten; alles ist durch ihn und auf ihn hin geschaffen. Er ist vor aller Schöpfung, in ihm hat alles Bestand."* (Kolosser 1,15–17)

„Pluralistische" Position

Eine dritte Möglichkeit ist die „pluralistische" (vielfältige) Position, die davon ausgeht, daß Gott auf vielerlei Weise erfahren werden kann, und daß die Religionen verschiedene Wege zu Gott zeigen. Was die Wahrheitsfrage betrifft, so wird grundsätzlich davon ausgegangen, daß jede Religion „wahr" sein kann. Diese pluralistische Position ist nicht zu verwechseln mit der Auffassung, letztlich sei alles dasselbe und damit auch austauschbar. Für jeden gläubigen Menschen wird seine eigene Religion der Inbegriff von Wahrheit sein, allerdings ohne daß damit die anderen Religionen als falsch oder nur vorläufig qualifiziert werden.

Tatsächlich kommen diese verschiedenen Positionen nur selten in Reinform vor. Beim Umgang mit anderen Religionen treten diese Positionen als verschiedene Erfahrungsweisen (vgl. Ziebertz 1996 b, S. 9) in Erscheinung:

Unterschiedliche Erfahrungsweisen

- Die exklusive Position, die sich von anderen Religionen abgrenzt und für die eigene Religion einen Absolutheitsanspruch erhebt, würde als ausschließliche Umgangsweise sicherlich interkulturelles und interreligiöses Lernen verhindern. Es kann aber Situationen geben, die es sinnvoll erscheinen lassen, Abgrenzungen vorzunehmen, z. B. gegenüber fundamentalistischen Haltungen in den Religionen.
- Die inklusive Position sucht nach Gemeinsamkeiten. Die anderen Religionen werden positiv als Beiträge zur Wahrheit verstanden und können die eigene religiöse Tradition bereichern. Die eigene Religion bildet dabei die Norm und den Raum, in dem alle anderen Religionen letztlich aufgehoben sind. Der Absolutheitsanspruch für die eigene Religion besteht nicht in der Abgrenzung, sondern in der Vereinnahmung von anderen Religionen. Diese Position ermöglicht beispielsweise ein Aufnehmen von Meditationspraktiken aus indischen Religionen in die christliche Spiritualität. Dabei besteht jedoch immer auch die Gefahr, das Fremde lediglich für die Wiederbelebung der eigenen Religion zu benutzen, ohne es in seiner Gesamtheit ernstzunehmen.
- Die pluralistische Position erfaßt die verschiedenen Religionen als sich ergänzende Sinnstrukturen, die sich jedoch weder einander über- oder unterordnen, noch auf eine allen gemeinsame Überstruktur zurückführen lassen. Dabei können sowohl Gemeinsamkeiten wahrgenommen als auch Gegensätze, Unterschiede und Befremdendes stehengelassen werden. Dahinter steckt der Gedanke und die Erfahrung, daß man manchmal das Fremde auch fremd sein lassen muß, um sich selber und dem anderen gerecht zu werden. Diese Position ermöglicht eine offene Begegnung und schafft die Voraussetzungen für einen Dialog. Ein solcher Dialog ist jedoch nicht einfach, denn allzu oft treffen buchstäblich verschiedene Welten aufeinander, im Erziehungsstil, in der Autorität von älteren Familienmitgliedern, im Rollenverständnis von Mann und Frau.

Immer wieder wird dann auch die Frage laut, nach welchen Kriterien sinnvolle und akzeptable Haltungen anderer Menschen in religiösen und kulturellen Angelegenheiten von solchen unterschieden

Grenzen von Toleranz

werden können, die in unserer Gesellschaft und damit auch in Tagesstätten nicht geduldet werden dürfen. Es geht dabei auch um die Grenzen von Toleranz. Die gängigste und vielleicht auch die einzig mögliche Antwort für uns ist die Orientierung an den Grund- und Menschenrechten. Alles, was gegen die Menschenrechte und die Menschenwürde verstößt, kann nicht mehr toleriert werden. Religionen werden häufig danach beurteilt, ob sie Menschen an ihrer individuellen Entfaltung hindern oder nicht, ob sie zur Freiheit und Mündigkeit einzelner Menschen und Gruppen beitragen oder nicht. Wie ist nach solchen Maßstäben nun beispielsweise die auch bei modernen gebildeten Hindus wichtige Tradition zu bewerten, daß der zukünftige Ehepartner von den Eltern nach sehr differenzierten Kriterien, z. B. auch astrologischen Berechnungen, ausgewählt wird? Ist das ein Beitrag zur Individualität oder liegt hier die Mißachtung möglicher Gefühle vor? Werden hier Menschenrechte mißachtet?

Bei der Suche nach den Beurteilungsmaßstäben darf nicht aus dem Blick geraten, daß die Formulierung der Menschenrechte und der ihnen zugrundeliegende hohe Stellenwert der Individualität ja selbst einer christlich-aufgeklärten Position entspringt, also beileibe nicht auf neutralem Boden entstanden ist (was auch gar nicht möglich wäre). Zumindest die Frage muß immer wieder gestellt werden – und von Menschen mit anderem kulturellen und religiösen Hintergrund wird dies auch angemahnt –, ob man mit unserer westlich-individualistischen Sicht anderen Sinnwelten gerecht werden kann.

Ambiguitätstoleranz

> Zweierlei ist also entscheidend für interreligiöse und interkulturelle Begegnung: Eine eigene Position finden und vertreten und gleichzeitig die Vielfalt des anderen wahrnehmen und als berechtigt akzeptieren. Gefordert ist hier, sowohl von Erzieherinnen als auch von Kindern, die Fähigkeit der Ambiguitätstoleranz, also Zweideutigkeiten, ja Vieldeutigkeiten unterschiedlicher Lebens- und Sinnwelten ertragen zu können. Ohne diese Kompetenz wird Fremdes und Ungewohntes entweder abgewertet und damit abgewehrt oder als Eigenes vereinnahmt.

3 Themen

3.1 Situationsansatz und interkulturelles Lernen

Gerade Schulen und Tageseinrichtungen für Kinder eignen sich besonders gut, um interkulturelles Lernen umzusetzen. Da Tageseinrichtungen nicht unter dem Druck stehen, einen Lehrplan erfüllen zu müssen, bestehen gute Möglichkeiten, über erfahrungsbezogenes Lernen mit Kindern und Eltern das Leben in einer multikulturellen Gesellschaft erlebbar zu machen – mit all seinen Chancen und Problemen.

„Als wir letzten Sommer unser Sommerfest zu einem multinationalen Fest machen wollten, waren wir sehr enttäuscht, weil unsere ausländischen Familien daran wenig Interesse zeigten", erzählt eine Erzieherin und fährt fort: „Vielleicht sollten wir aber mehr im Alltag darauf achten, wo und wie wir da miteinander umgehen."

Im Zentrum steht also die Frage, wie sich interkulturelles Lernen im Alltag einer Tageseinrichtung umsetzen läßt. Darauf wollen wir im folgenden Kapitel ausführlich eingehen. Wir greifen auf zwei konzeptionelle Entwürfe zurück, die miteinander zusammenhängen:

Situationsansatz

den Situationsansatz (vgl. Zimmer 1998, Oertel 1983) und das Konzept der Öffnung (vgl. Rolle/Kesberg 1991). Beide prägen immer stärker die Arbeit in Tageseinrichtungen. Sie haben sich weitgehend etabliert, wenn auch ihre Umsetzung sehr unterschiedlich gehandhabt wird. Der Situationsansatz wurde in den letzten Jahren aktualisiert und so veränderten gesellschaftlichen Verhältnissen angepaßt (vgl. Zimmer 1998). Eine Weiterentwicklung hat der Situationsansatz durch die Arbeiten von Armin Krenz zum „Situationsorientierten Ansatz im Kindergarten" (1992) erfahren. Krenz selbst geht mit seinen Überlegungen einen interessanten eigenen Weg, der

Situationsorientierter Ansatz

sich vom Situationsansatz in der Zwischenzeit in wesentlichen Punkten unterscheidet (vgl. Krenz/Raue 1997, S. 43ff). Trotzdem weisen beide Ansätze Gemeinsamkeiten auf, die gerade für das interkulturelle Lernen von Bedeutung sind, beispielsweise die „Einbeziehung des Gemeinwesens in die tägliche Arbeit" (Krenz/Raue 1997, S. 63f). In beiden Ansätzen – sowohl dem Situationsansatz als auch dem situationsorientierten Ansatz – gibt es Raum, sich mit interkulturellem Lernen auseinanderzusetzen und dieses mit Kindern zu thematisieren. Da es aus unserer Sicht sinnvoll erscheint, sich auf einen dieser Ansätze zu beschränken, beziehen wir uns im folgenden auf den Situationsansatz, wohl wissend, daß auch auf dem anderen Weg interkulturelles Lernen sinnvoll umgesetzt werden kann.

Indem wir die wesentlichen Grundzüge des Situationsansatzes vorstellen, zeigen wir gleichzeitig die Verbindung zum interkulturellen Lernen auf. Und schließlich versuchen wir zu konkretisieren, wie interkulturelles Lernen sich in der Konzeption einer Tageseinrichtung niederschlagen kann.

3.1.1 Der Situationsansatz

Der Erziehungswissenschaftler Jürgen Zimmer beschreibt die Zielsetzung so:

Zielsetzung

> *„Als der Situationsansatz Konturen gewann, wurde die pädagogische Arbeit unter das Ziel gestellt, Kinder verschiedener Herkunft und mit unterschiedlicher Lerngeschichte zu befähigen, in Situationen ihres gegenwärtigen und künftigen Lebens möglichst autonom, solidarisch und kompetent zu handeln."* (Zimmer 1998, S. 14)

Solidarität, Autonomie und Kompetenz

Dies bedeutet, daß Kinder, die in einer multikulturellen Gesellschaft aufwachsen, mit den Situationen, denen sie dadurch ausgesetzt sind, umgehen lernen sollen (kompetent). Sie erwerben diese Kompetenzen miteinander (solidarisch) und mit dem Ziel, in ihrem weiteren Leben diese und andere Situationen zunehmend ohne Erwachsene zu gestalten (autonom). Die Ziele – Autonomie, Solidarität, Kompetenz – sind als Leitkategorien für die tägliche Arbeit zu verstehen. Was

Solidarität, Autonomie und Kompetenz im Alltag heißt, muß von den Erzieherinnen übersetzt und somit konkretisiert werden. Entscheidend ist, daß dabei an der aktuellen Lebenssituation der Kinder angesetzt und nicht von außen – also durch fremde Erwachsene – festgelegt wird, womit sich die Kinder beschäftigen sollen. Im Mittelpunkt steht die Frage, was Kinder brauchen, um ihr gegenwärtiges und zukünftiges Leben kompetent und zunehmend selbständig zu bewältigen. Die Tageseinrichtung dient als ein bewußt gestalteter Raum, in dem den Kindern die Möglichkeit angeboten wird, entsprechende Erfahrungen zu machen. Das ganze Lernen der Kinder sollte sich deutlich vom schulischen Lernen unterscheiden, indem nicht abstrakt, sondern anhand konkreter Erfahrungen gelernt wird. Diese Überlegungen bauen auf Erkenntnissen aus der Lern- und Motivationspsychologie auf. Sie weisen darauf hin, daß der Mensch viel effektiver anhand konkreter Erfahrungen lernt. Wichtig ist auch, den eigenen Lerngang selbst mitbestimmen zu können. Eine solche Beteiligung an der eigenen Lerngeschichte wirkt sich entscheidend auf seine Motivation aus (vgl. Deci/Ryan 1993).

Ganzheitlicher Ansatz

Die Kinder sollen also Kompetenzen erwerben, die sich auf sie selbst, auf die Mitmenschen und auf den Umgang mit Dingen beziehen. Man spricht hier vom Kompetenzgefüge, das Ich-, Sozial- und Sachkompetenz umfaßt. Wichtig dabei ist, daß diese Kompetenzen *miteinander* erworben werden. Es handelt sich hier also um einen ganzheitlichen Ansatz. Nicht das isolierte Training einzelner Kompetenzen ist gefragt, sondern die Verknüpfung verschiedener Lernebenen in ganz alltäglichen und nicht in künstlichen Situationen.

Die Kinder freuten sich, als die Erzieherin einer Kindergartengruppe mitteilte, daß sie zukünftig regelmäßig miteinander kochen würden. Am ersten Kochtag stellten die Kinder Maultaschen her. Die Erzieherin hatte das Rezept von Peters Mutter bekommen, die auch gleich anbot, an diesem Tag mitzuhelfen. Erfreut nahm die Erzieherin das Angebot der Mutter an. Peter, der bisher noch wenig Kontakt in der Gruppe gefunden hatte, stand nicht nur deshalb an diesem Tag im Mittelpunkt. Seine Erfahrungen beim Herstellen der Maultaschen konnte er gut einbringen. Die anderen Kinder ließen sich gerne von ihm helfen.

Die Kinder einer Kindergartengruppe lernen also beispielsweise nicht nur, wie man Börek, Pizza oder Maultaschen macht, sondern sie erleben, daß dies auch eine Anerkennung der Kinder bedeutet, die sich das Essen für alle gewünscht haben. Und die Kinder, die bereits öfter zuhause mitgekocht oder -gebacken haben, stellen fest, daß sie selbst über wichtige Kompetenzen verfügen und diese an andere Kinder weitergeben können. Peter konnte den Kindern sagen, was sie für die Maultaschen brauchen und einkaufen müssen und wie man sie formt.

Als Annas Teig immer wieder riß, erklärte ihr Peter: „Das ist mir auch ganz oft passiert, aber jetzt kann ich es!"

Lernen durch Handeln

Dies zeigt: Kinder lernen am besten im Handeln und im Miteinander. Sie erfahren dabei, daß sie teilen und Rücksicht nehmen müssen. Sie erleben, daß es wichtig sein kann, ihre Interessen klar und deutlich zu vertreten. Sie entdecken ihre eigenen Fähigkeiten und die der anderen Kinder.

Dieser ganzheitliche Ansatz verfolgt auch die Absicht, die Tageseinrichtung nicht wie eine Insel zu betrachten, die mit der Außenwelt nichts zu tun hat. Seine besondere Intention ist es, die verschiedenen Lebensbereiche der Kinder (Familie, Tageseinrichtung, Schule) miteinander zu verbinden und füreinander zu öffnen. Dabei tritt die Tageseinrichtung als Ausgangspunkt in Erscheinung. Sie öffnet sich zu den anderen Lebensbereichen hin, und die Kinder erhalten die Möglichkeit, sich miteinander diese Lebensbereiche zu erschließen.

Die wesentlichen Schritte des Situationsansatzes

Folgende Schritte sind zu berücksichtigen, wenn der Situationsansatz umgesetzt werden soll:

1. Vergegenwärtigung der Lebensbereiche der Kinder und ihres Umfeldes;
2. Sammlung von Situationen;
3. Analyse der Situation und ihrer Zusammenhänge;
4. Auswahl von Situationen;
5. die Planung eines Projektes gemeinsam mit Kindern und Eltern;

6. die gemeinsame Durchführung des Projektes;
7. Auswertung des Projektes.

Vergegenwärtigung der Lebensbereiche

Bei der *Vergegenwärtigung der Lebensbereiche der Kinder und ihres Umfeldes* tauchen Fragen auf nach der Lebenssituation der Familie, den Geschwistern und Eltern. Wie sind die Erziehungsvorstellungen der Eltern? Welche Interessen und Fähigkeiten bringen Eltern und Kinder mit? Oder es wird überlegt, wie sich das direkte Umfeld der Kinder darstellt (Hochhaussiedlung, kleine Wohnung, Verkehr, Spielplätze, Wald, Wiesen, soziale Einrichtungen). Fragen, die mit interkulturellem Lernen zu tun haben, könnten sein: Welche Feste und Gebräuche, welche Religionsgemeinschaften gibt es im Umfeld der Kinder? Leben Menschen mit unterschiedlichem kulturellen Hintergrund zusammen? In welcher Weise machen sich die verschiedenen religiösen Bräuche und kulturellen Unterschiede im Alltag bemerkbar? Gibt es Einrichtungen (wie z. B. Geschäfte, Moscheen, Treffpunkte, etc.), in denen die Menschen ihre Kultur leben und zeigen können? Wie gehen Mehrheit und Minderheit, „Einheimische" und Migranten miteinander um? Wie zeigt sich die multikulturelle Situation des Stadtteils in der Tageseinrichtung?

Je genauer und differenzierter das Bild ist, das die Erzieherinnen vom Leben der Kinder und ihrer Familien sowie deren sozialem Umfeld haben, desto leichter wird die Situationsanalyse und die Auswahl der Situationen. Denn im zweiten Schritt sollen solche *Situationen gesammelt* werden, die für die Kinder von wesentlicher Bedeutung sind. „Bedeutsame Situationen haben dabei selbstverständlich einen Lebensbezug und sind nicht künstlich" (Krenz 1992, S. 89) in die Tageseinrichtung eingebaut. Der Lebensbezug läßt sich aber erst dann herstellen, wenn eine Vorstellung von der Lebenswirklichkeit der Kinder vorliegt. Außerdem muß man berücksichtigen, daß Kinder und Erwachsene unterschiedliche Schwerpunkte setzen können. Auch müssen die Situationen in ihren Zusammenhängen erfaßt werden.

Sammlung von Situationen

Die Erzieherin stellte nach vier Wochen im neuen Kindergartenjahr nicht nur fest, daß die zwei griechischen Mädchen Elena und Anna sich immer in die Puppenecke zurückziehen, sondern beobachtet auch, daß beide noch keinen Anschluß an andere Kinder bekommen haben. Und sie entdeckt, daß in der Kindergartengruppe zur Zeit bei vielen Kindern die Tendenz besteht, in Zweier-Grüppchen zu spielen. Die Kolleginnen nehmen ähnliches wahr. Sie vereinbaren, ihre Beobachtungen in der nächsten Teamsitzung ausführlicher zu besprechen.

Analyse der Situationen

Nun gilt es, die *Situationen zu analysieren.* Die Erzieherinnen versuchen dabei, die Situationen noch genauer zu verstehen. Hier können verschiedene Fragen hilfreich sein, zum Beispiel nach den Gefühlen, die in dieser Situation vorherrschen, nach der Häufigkeit, in der die Situation auftritt, oder nach den Gründen, die zu dieser Situation geführt haben.

Elena und Anna scheinen sich in der Puppenecke sehr wohl zu fühlen. Sie kichern viel, sind in das Spiel vertieft und nutzen die unterschiedlichen Möglichkeiten, die dieser Spielbereich ihnen bietet. Die Erzieherinnen gewinnen den Eindruck, daß den beiden Mädchen nichts fehlt, im Gegenteil, daß es sich um eine für sie höchst befriedigende Situation handelt. Bei den anderen Kleingruppen können sie vergleichbares beobachten. Sie stellen allerdings fest, daß, sobald die ganze Gruppe zusammen ist, die Kinder noch wenig voneinander wissen und nur ganz spärlich Kontakt zueinander aufnehmen. So wählen die Kinder bei Kreisspielen immer ihre engsten Spielpartnerinnen und nicht auch andere Kinder.

Als die Erzieherinnen in der Teamsitzung über diese Beobachtungen sprechen, fällt ihnen plötzlich noch anderes ein:
- Beim freien Vesper vergessen besonders die neuen Kinder noch ihr Geschirr abzuräumen.
- Es gibt häufig Streit zwischen den „alten Hasen“ und den neuen Kindern. Die älteren Jungs drücken ihren Unmut über die jüngeren Kinder sehr klar aus. Sie fühlen sich durch diese im Spielen gestört, besonders wenn Hakan, Taifun und Mehmet die Bauecke bereits besetzt haben und sich dort munter türkisch redend ausbreiten.
- Einige der Kleinen – so zum Beispiel Ayşe, Wassili, Robert und Melike – sitzen oft an einem der Tische und beobachten die anderen Kinder beim Spielen.

- Zur Zeit ist es im Vorraum, wo die Eltern auf ihre Kinder warten, immer sehr still. Nur ein paar Mütter und Väter, die sich bereits aus dem letzten Kindergartenjahr kennen, unterhalten sich leise. Viele Eltern stehen alleine da und warten, bis die Kinder endlich herauskommen.

Interpretation der Beobachtungen

Wie lassen sich diese Beobachtungen nun verstehen? Sicherlich gibt es hier mehrere Möglichkeiten. Die Erzieherinnen könnten das Spielverhalten von Anna und Elena so interpretieren, daß sich die beiden Mädchen bereits im Kindergarten wohlfühlen, ihnen aber der Anschluß noch fehlt. Daß die neuen Kinder noch immer vergessen, das Geschirr wegzuräumen, könnte damit zusammenhängen, daß ihnen die Regeln im Kindergarten noch nicht so geläufig sind. Es könnte aber auch einfach auf ein sehr großes Spielbedürfnis hindeuten, das sofort befriedigt werden muß. Daß Hakan, Taifun und Mehmet sich oft zusammenschließen und sich dabei in ihrer Muttersprache unterhalten, läßt sich entweder als Tendenz zum Abschotten interpretieren, oder als erste Inbesitznahme des Kindergartens und damit als Zeichen, daß sie in dieser Einrichtung ohne Angst so sein dürfen, wie sie sind. Das, was ihnen Sicherheit und Vertrauen gibt, ihre Muttersprache, müssen sie nicht vor den anderen Kindern verstecken. Daß Ayşe, Wassili, Robert und Melike das Spielgeschehen der anderen Kinder immer wieder „nur" beobachten, könnte daraufhin deuten, daß sie auf Grund ihrer mangelnden Deutschkenntnisse nicht verstehen, um was es im Spiel geht. Es könnte aber auch bedeuten, daß sie mit ihren drei Jahren einfach mehr Ruhepausen benötigen und das Spiel der anderen Kinder gerne aus sicherer Entfernung beobachten und sich so letztendlich den anderen Kindern langsam annähern. Die mangelnde Kommunikation unter den Eltern könnte von den Erzieherinnen so interpretiert werden, daß die neuen – besonders Eltern nichtdeutscher Herkunft – wenig Interesse am Kontakt mit den anderen Eltern haben und es ihnen nur um die Unterbringung ihrer Kinder geht. Denkbar wäre aber auch, daß sich die neuen Eltern einfach nicht getrauen, auf die „alten" Eltern zuzugehen und eigentlich darauf hoffen, daß die Erzieherinnen oder die erfahrenen Eltern nun bald eine Möglichkeit des Kennenlernens schaffen.

Anhand dieser Beispiele wird deutlich: Wenn es um interkulturelles Lernen geht, lassen sich einzelne Situationen sehr unterschiedlich interpretieren. Die Erzieherinnen in diesem Beispiel kamen nach langen Diskussionen zu dem Ergebnis, daß all diese Situationen damit zu tun haben, daß sich sowohl Kinder als auch Eltern noch fremd sind und sich noch nicht kennengelernt haben. Bei den Kindern stellten die Erzieherinnen aber auch fest, daß sie sich bereits in der Tageseinrichtung ganz wohl fühlen. Das Team bemerkte an sich selbst, daß es auch noch nicht zu allen neuen Kindern und deren Familien einen guten Kontakt aufgebaut hat und manches einfach noch unbekannt ist.

Auswahl der Situationen

Die Erzieherinnen müssen sich nun entscheiden, ob sie die beobachtete Situation aufgreifen und mit den Kindern und ihren Eltern bearbeiten wollen. Dabei sollten sie bei der endgültigen *Auswahl der Situationen* unter anderem berücksichtigen, daß es sich um Situationen handelt,

- die aktuell sind und möglichst viele Kinder betreffen;
- die sich dazu eignen, die Kompetenzen der Kinder zu erweitern;
- die als veränderbar erlebt werden
- und die einen lebensbezogenen Zusammenhang haben.

Diese Kriterien lassen sich auf die dargestellte Situation gut anwenden. Es handelt sich um eine Situation, die für Eltern, Kinder und auch die Erzieherinnen von zentraler Bedeutung ist: Gelingt es, Fremdheit zu überbrücken und ein Aufeinanderzugehen zu ermöglichen, kann das ganze Jahr harmonischer und damit für alle Beteiligten positiver verlaufen. Schließlich haben es die Erzieherinnen mit einer Situation zu tun, die viele Möglichkeiten der Beeinflussung und der Gestaltung auch und besonders für Kinder und deren Eltern bietet. Dies bedeutet, daß die Kinder die Erfahrung machen können, daß sie in ihrem Leben Situationen nicht als gegeben hinnehmen müssen, sondern sie verändern können. Gerade darauf zielt der Situationsansatz ab. Das Kind erfährt, daß sein Beitrag wichtig ist, um etwas zu verändern.

Planung des Projekts

Haben sich die Mitarbeiterinnen und die Kinder für eine Situation entschieden, können sie nun zusammen mit den Kindern und Eltern an die *Planung des Projektes* gehen. Die gemeinsame Planung ist ein Merkmal von Projektarbeit:

„Projekte werden also nicht für, sondern mit der Gruppe geplant und durchgeführt.“ (Pausewang 1998, S. 15)

Sammlung von Assoziationen

Mit Hilfe eines Brainstormings werden Assoziationen zur Situation gesammelt. Diese Assoziationen lassen sich als Ausgangspunkt nutzen, wenn es darum geht, verschiedene Umsetzungsmöglichkeiten zu erörtern und auszuwählen. Dabei sind die vorhandenen Ressourcen (Geld, Räume, Material) genauso zu berücksichtigen wie die Fähigkeiten und Interessen von Eltern, Kindern und Erzieherinnen. Auch ist darauf zu achten, daß besonders die Ideen ausgewählt werden, an denen sich die Kinder besonders aktiv beteiligen können. Es handelt sich um eine offene Planung, die immer wieder verändert werden kann. So können aktuelle Befindlichkeiten und Ideen aufgegriffen werden. Außerdem erleben die Kinder die Erzieherin in einer anderen Rolle: Sie sind nicht immer die Wissenden, sondern begeben sich mit den Kindern auf Lernwege, die ihnen auch noch fremd sind (vgl. Pausewang 1994, S. 185).

Sehr schnell fallen den Erzieherinnen die unterschiedlichsten Möglichkeiten ein, wie Kinder, Erzieherinnen und Eltern es schaffen können, sich besser kennenzulernen und die Fremdheit zu überwinden. Innerhalb kurzer Zeit entstehen Ideen zu mehreren Projekten (wie z. B. „Meine Familie und ich“, „Hier bin ich zu Hause“, „Weißt du, was meine Mutter, mein Vater arbeiten?“). Die Erzieherinnen beschließen außerdem, nicht nur über Projekte auf die aktuelle Situation einzugehen. Besonders die Freispielzeit wollen sie zukünftig viel bewußter nutzen, um Kinder verstärkt miteinander ins Spiel zu bringen. Sie entscheiden sich auch dafür, wenn während der Freispielphase Kinder zusammenspielen, die bisher noch nichts miteinander zu tun hatten, das Freispiel nicht zur gewohnten Zeit abzubrechen, sondern es noch zu verlängern. Zusätzlich wollen sie auch solche Spiele und Lieder auswählen, die auf die aktuelle Situation der Kinder eingehen.
Als sie sich Gedanken zur Zusammenarbeit mit den Eltern machen, wird es schon schwieriger. Im Gespräch entwickeln sie eine parallele Vorgehensweise wie bei den Kindern: Aufeinander zugehen, sich kennenlernen, Fremdheit überwinden, das läßt sich direkt und in-

direkt auch für Eltern thematisieren. Einige Veränderungen, die den Eltern signalisieren sollen, daß sie in der Tageseinrichtung willkommen sind, werden innerhalb weniger Tage umgesetzt:

- Die Info-Wand für Eltern wird vergrößert und berichtet regelmäßig aus dem aktuellen Geschehen. Besonders über Fotos versuchen die Erzieherinnen den Eltern etwas über den Alltag mitzuteilen. Zusätzlich werden alle wichtigen Hinweise sowie ein allgemeiner Willkommensgruß in den Sprachen der Eltern aufgehängt. Dazu gehen die Erzieherinnen auf die Eltern zu mit der Bitte um Mitarbeit.
- Die neuen Eltern werden gezielt angesprochen und zu einem Besuchsvormittag oder –nachmittag eingeladen, um so noch mehr über den Alltag zu erfahren.

Gemeinsame Durchführung

Bei der *gemeinsamen Durchführung des Projektes* ist auf eine offene und flexible Handhabung zu achten, die den Kindern die Chance eröffnet, sich möglichst an allem zu beteiligen. Eine starre zeitliche Strukturierung des Tagesablaufes ist dabei genausowenig sinnvoll wie bei den einzelnen Projektteilen.

Differenzierte Auswertung

Nach Abschluß des Projektes ist eine *differenzierte Auswertung* sowohl mit den Kindern als auch den Eltern und Erzieherinnen von besonderer Bedeutung. Dabei sollten die Ziele und der Verlauf des Projektes überprüft werden. Hilfreich sind hier konkrete Fragen: Welche Vorhaben stießen auf besonderes Interesse der Beteiligten? Sind auch alle Kinder durch das Projekt angesprochen worden? Zur Auswertung gehört auch die Dokumentation des Projektes. Die einzelnen Schritte werden dargestellt und für Außenstehende nachvollziehbar gemacht. So können sich die Kinder später an das Erlebte erinnern. Die Eltern erkennen, was in der Tageseinrichtung durchgeführt wurde. Und die Erzieherinnen belegen für sich und die Öffentlichkeit (z. B. den Träger) ihre zielorientierte Arbeit.

Als die Erzieherinnen mit den Kindern die Bilderwand „Meine Familie und ich“ fertiggestellt hatten, konnten die Kinder und ihre Eltern einzelne Schritte des Projektes wiedererkennen. An einem offenen Nachmittag, zu dem Eltern und Nachbarn eingeladen wurden, erzählten die Kinder, was sie alles auf ihren Spaziergängen durch das Viertel zu den einzelnen Wohnungen erlebt hatten. Besonders die türkische Brotbäckerei von Tuğces Vater hatte es ihnen angetan. Aber auch das Reisebüro, in dem Emres Mutter arbeitete, gefiel den Kindern. Hier durften sie die unterschiedlichsten Reiseprospekte mitnehmen, um sie am Maltisch auszuschneiden und zum Basteln zu verwenden. Bei Ivos Vater, der Sportlehrer ist, durften sie in der Schule in die Turnhalle. So berichteten die Kinder von einem lustigen Spielenachmittag. In einem ausführlichen Elternbrief stellten die Erzieherinnen das ganze Projekt dar, beschrieben die Schritte des gemeinsamen Kennenlernens und luden zu verschiedenen Veranstaltungen und Treffs für die Eltern ein, die den begonnenen Prozeß des Aufeinanderzugehens fortsetzen sollten.

Was hat Öffnung einer Tagesstätte mit interkulturellem Lernen zu tun?

Bisher war bereits an verschiedenen Stellen von der Öffnung der Tageseinrichtungen die Rede. Besonders im Zusammenhang mit dem Situationsansatz finden wir diesen Begriff immer wieder. Dabei handelt es sich um einen sehr alten Ansatz sozialpädagogischer Arbeit, der bereits zu Beginn des Jahrhunderts entwickelt und erfolgreich verwirklicht wurde. In Deutschland wurden diese Überlegungen zunächst unter dem Begriff „community education" (Klement 1991) bekannt. Dabei wird – wie beim Situationsansatz auch – davon ausgegangen, daß eine Tageseinrichtung oder eine Schule ihren Bildungs- und Erziehungsauftrag nur dann erfolgreich erfüllen kann, wenn sie sich gegenüber dem Gemeinwesen, also dem Stadtteil, dem Dorf, der Gemeinde, öffnet. Diese Öffnung basiert auf vier Grundsätzen:

Grundsätze der Öffnung

1. Öffnung muß sich sowohl in der Raumgestaltung als auch in der Architektur niederschlagen, wenn es zu einer Verbindung von „Lernen und Lebenswelten" (Klement 1991, S. 164) kommen soll. Ein offener Eingangsbereich mit einer freundlich gestalteten Sitzecke drückt dies genauso aus wie Informationstafeln für Eltern, die ansprechend und einladend gestaltet sind.
2. Die Arbeit findet auch auf der Grundlage von Projekten statt. Die Themen werden unter anderem „aus dem lokalen und regionalen

Umfeld" (Klement, S. 165) aufgenommen und orientieren sich an der Lebenssituation der Kinder und deren Eltern.
3. Sowohl Eltern als auch andere kompetente Laien werden in den Alltag der Einrichtung einbezogen. Die Tageseinrichtung selbst öffnet sich auch der Nachbarschaft als möglichem Treffpunkt.

Eine Kindertagesstätte verfügt über einen großen ungenutzten Sitzungsraum. Die in dem Stadtteil lebenden Aussiedler, deren Kinder in die Kindertagesstätte gehen, suchen schon lange nach einem entsprechenden Versammlungsraum. Die Tagesstätte stellt ihnen an zwei Abenden in der Woche den Raum zur Verfügung. Einzige Bedingung der Tageseinrichtung war: „Wenn wir bei Festen Hilfe brauchen, bitten wir um Ihre Unterstützung!" Darauf ging die Gruppe gerne ein.

4. Es erfolgt eine konsequente „Zusammenarbeit mit Initiativen und Organisationen im Stadtteil". Die Einrichtung wird so zu einem „Zentrum eines kommunikativen Netzwerks" (Klement 1991, S. 166).

Die Hortgruppe des „Hauses für Kinder" blieb nicht lange eine Hortgruppe. Die Erzieherinnen entdeckten besonders am Nachmittag immer mehr Kinder, die sich vor der Tageseinrichtung aufhielten und nicht wußten, was sie tun sollten. In Zusammenarbeit mit den Mitarbeitern des örtlichen Jugendhauses entstand an drei Nachmittagen ein offenes Angebot für alle Schulkinder im Stadtteil, das von der Hausaufgabenbetreuung bis zu gezielten Angeboten ging. So treffen an diesen Nachmittagen Hortkinder und andere Schulkinder im „Haus für Kinder" zusammen. Betreut werden sie nicht nur von den Erzieherinnen der Tagesstätte, sondern auch von einem zusätzlichen Mitarbeiter des Jugendhauses.

Mit dem Prinzip der Öffnung der Tageseinrichtungen wird also dem Situationsansatz Rechnung getragen. Da Öffnung immer auch den Blick auf die aktuelle Lebenssituation der Familien richtet, nach deren Kompetenzen fragt und überlegt, wie diese im Alltag der Tageseinrichtung genutzt werden können, führt sie zwangsläufig zum interkulturellen Lernen. Wenn es zum Beispiel darum geht, die Kinder zu befähigen, ihren Stadtteil kennenzulernen, dann gehören hierzu auch die Einrichtungen der Migranten-Familien, seien es deren Geschäfte, Kirchen oder Treffpunkte (vgl. Bastigkeit 1998, S. 6).

3.1.2 Gemeinsamkeiten von Situationsansatz und interkulturellem Lernen

„Du bist du!" – Weg vom Gruppenblick

An der Lebenssituation der Kinder ansetzen

Der Situationsansatz setzt in seiner Arbeit konsequent an der Lebenssituation des einzelnen Kindes und seiner Familie an.

> *„Nicht mehr das türkische oder italienische Kind – also das Kind mit seiner nationalen Zugehörigkeit –, sondern das Kind in seiner Individualität und mit seinen Bedürfnissen steht im Mittelpunkt aller Überlegungen zur Planung und Gestaltung der Arbeit."* (Militzer 1998, S. 202)

Sein Interesse gilt immer der Frage: „Wie lebt das Kind?" und: „Was braucht es, um sein Leben gut zu gestalten?" So wird vermieden, Kinder mit dem sogenannten Gruppenblick anzuschauen: Kinder mit dem gleichen oder einem ähnlichen kulturellen Hintergrund sind trotzdem ganz unterschiedlich.

Soziales Lernen als zentrales Merkmal beider Konzepte

Interkulturelles Lernen und soziales Lernen – ein „übergeordnetes Lernfeld" (Oertel 1983, S. 32) des Situationsansatzes – gehören zusammen. Denn soziales Lernen

> *„bezeichnet Lernvorgänge und -prozesse, die sich auf das Zusammenleben und die Zusammenarbeit von Menschen in einer Gesellschaft beziehen"* (Dörr, 1997, S. 19).

Indem an Situationen angeknüpft wird, „die in der Kindergruppe auftreten bzw. durch sie angeregt werden, wird soziales Lernen betont“ (Oertel 1983, S. 32). Dabei geht es um den Erwerb von Interaktions- und Handlungskompetenz.

Bestandteile der Sozialerziehung

Bestandteile von Sozialerziehung sollten sein:
- Formen des sozialen Umgangs kennenlernen;
- die Fähigkeit entwickeln, mit Konflikten angemessen umzugehen;
- Verständnis entwickeln für gesellschaftliche Strukturen und Zusammenhänge. Hierzu gehört zum Beispiel die Erkenntnis, daß es in einer Kindergruppe eine Vielfalt an Lebensumständen und -formen gibt.

Grundqualifikationen sozialen Handelns

Innerhalb des sozialen Lernens geht es unter anderem darum, folgende Grundqualifikationen sozialen Handelns zu erwerben:
- Normenflexibilität,
- Rollendistanz,
- Rollenflexibilität,
- Frustrationstoleranz,
- Empathie,
- Bedürfnisrepräsentation.

Der Erwerb dieser Grundqualifikationen beginnt beim Kleinstkind und endet erst im Erwachsenenalter. Es handelt sich dabei um einen Prozeß, der nicht auf einzelne Phasen der menschlichen Entwicklung begrenzt werden kann. Ohne diese Grundqualifikationen ist auch interkulturelles Lernen nicht denkbar. Sie sind notwendig, um „sich als Person in multikulturellen Kontexten zurechtzufinden“ (Johann u. a. 1998, S. 12). Der Erwerb findet vor allem im Alltag und durch Erfahrungslernen statt.

Normenflexibilität

Unter *Normenflexibilität* verstehen wir die Fähigkeit des Menschen, die im Leben erworbenen Normen der jeweiligen Situation angepaßt anzuwenden und nicht starr an ihnen festzuhalten.

In der Kindertagesstätte St. Johann ist seit einer Woche erstmals ein muslimisches Kind. Der Köchin sah zunächst nicht ein, künftig beim Speiseplan darauf zu achten, daß kein Schweinefleisch mehr darin auftaucht, obwohl die Eltern von Emre darum gebeten haben. Deshalb gestanden die Erzieherinnen Emre das Recht zu, kein Schweinefleisch zu essen, obwohl die Regel in der Tageseinrichtung galt, daß alle von allem etwas probieren. Als die anderen Kinder auf diese Regel verwiesen, sprachen die Erzieherinnen mit ihnen und erklärten ihre Entscheidung. Sie machten deutlich, daß diese Regel weiterhin gültig sei, aber für Emre es eben diese Ausnahme gebe, bis die Köchin das Essen auf Schweinefleisch-freie Kost umgestellt habe.

Rollendistanz

Sind wir in der Lage, *Rollendistanz* zu praktizieren, besitzen wir die Fähigkeit, uns von der eigenen Rolle soweit zu distanzieren, daß wir sie ebenfalls situationsangemessen ausüben können. Wir müssen nicht nur den von außen kommenden Erwartungen an unsere Rolle entsprechen.

Im Team der Kindertagesstätte „Regenbogen" gibt es Ärger. Der Grund: Die Erzieherinnen sind sich nicht einig darüber, ob die kroatische Kollegin, Frau Ristic, nur für die Migranten-Familien in der Zusammenarbeit mit den Eltern zuständig ist oder nicht. Frau Ristic selbst lehnt dies ab. Sie sagt: „Ich bin doch nicht eure Multikulti-Tante!" Im Verlauf der Auseinandersetzung stellte sich heraus, daß die deutschen Kolleginnen selbstverständlich davon ausgegangen sind, daß Frau Ristic ihnen diese Arbeit abnehmen werde. Diese spürte die Erwartungen an ihre Rolle. Durch einen längeren Klärungsprozeß kam sie aber zu der Entscheidung, daß sie sich nicht darauf beschränken lassen will.

Rollenflexibilität

Unter *Rollenflexibilität* verstehen wir die Fähigkeit, mehrere Rollen zu spielen und sie so auszufüllen, daß sie der jeweiligen sozialen Situation entsprechen.

Reinhard zeigt sich im Kindergarten immer mehr als ein aufgewecktes und aufgeschlossenes Kind, das der Erzieherin auch immer öfter widerspricht und sich zum Teil auf richtige Diskussionen einläßt. Die Erzieherinnen freuen sich über diese Entwicklung. Am Anfang war dies überhaupt nicht so, als Reinhard ganz neu von Rußland nach Deutschland kam und noch wenig Deutsch sprach. Noch heute beobachten die Erzieherinnen, daß Reinhard immer, wenn er von seiner Großmutter gebracht wird, die Ermahnung mit auf den Weg bekommt, ja schön artig zu sein und auf die Erzieherinnen zu hören.

Auch die Mutter fragt immer wieder bei den Erzieherinnen nach, ob Reinhard auch wirklich gehorcht.

Ganz deutlich wurde den Erzieherinnen so, daß Reinhard zwei verschiedene Rollen lebt: Im Kindergarten den aufgeschlossenen Jungen, der auch die Autorität der Erzieherin hinterfragt und zuhause das brave Kind, das nicht wagt, den Erwachsenen zu widersprechen. Offensichtlich kommt Reinhard aber mit den unterschiedlichen Rollen, die er in Familie und Kindergarten hat, ganz gut zurecht. Wahrscheinlich auch deshalb, weil Kindergarten und Elternhaus sich gegenseitig respektieren.

Frustrationstoleranz

Mit *Frustrationstoleranz* meinen wir die Fähigkeit des Menschen, in einer sozialen Interaktion auszuhalten, daß eigene Ideen oder Wünsche nicht oder nur teilweise durchgesetzt werden können, damit die ganze Gruppe etwas Gemeinsames erreicht.

Empathie

Empathie ist die Fähigkeit, sich in andere Menschen und ihre Lage einfühlen zu können.

Frau S. , Mutter von Michaela, und Frau A., Mutter von Melike, unterhalten sich vor der Tageseinrichtung, als sie auf ihre Kinder warten. Dabei erzählt Frau A., daß sie sich immer noch oft in Deutschland sehr alleine fühlt, obwohl sie schon bald 15 Jahre hier wohnt. „Ich kann nicht so gut deutsch“, erklärt sie. Frau S. kann Frau A. gut verstehen. Sie erinnert sich an die Zeit, als sie mit ihrer Familie in Italien lebte, weil ihr Mann dort eine Zeitlang für seine Firma tätig war. Sie selbst lernte erst dort Italienisch und traute sich auch sehr lange nicht, die Sprache im Alltag anzuwenden. Frau S. erzählt Frau A. von ihren Erfahrungen. Frau A. spürt deutlich, wie gut Frau S. sie versteht.

Bedürfnisrepräsentanz

Gelingt es uns, in der Interaktion mit anderen Menschen unsere Bedürfnisse zu artikulieren und zu verdeutlichen, was wir wollen und was uns wichtig ist, dann sprechen wir von *Bedürfnisrepräsentanz.*

Frau Cakmak bittet die Erzieherin, die bei ihr einen Hausbesuch macht, doch die Schuhe auszuziehen.

Unter dem Gesichtspunkt des interkulturellen Lernens sind noch weitere Fähigkeiten von entscheidender Bedeutung: Hierzu gehören unter anderem:

Konfliktfähigkeit

Beim interkulturellen Lernen kommt es immer wieder zu Konflikten.

> *„Fair streiten, mit Konflikten umgehen, zu Konfliktlösungen beitragen zu können, sind unabdingbare Qualifikationen für interkulturelle Arbeit.“* (Johann 1998, S. 13)

In Tageseinrichtungen geht es darum, mit den Kindern „eine kindgemäße Auseinandersetzung mit Konflikten“ (Oertel, 1983, S. 44) zu erlernen, um sie später auf entsprechende Situationen übertragen zu können.

Ambiguitätstoleranz

In der Zusammenarbeit mit Menschen mit unterschiedlichem kulturellen Hintergrund sind Widersprüchlichkeiten oder Ungereimtheiten hin und wieder unvermeidlich. Wenn wir in der Lage sind, diese Ungereimtheiten auszuhalten, ohne sie gleich auflösen zu müssen, dann verfügen wir über die Fähigkeit der Ambiguitätstoleranz.

Der Erzieherin fällt es sehr schwer zu akzeptieren, daß die Tageseinrichtung und Reinhards Eltern so unterschiedliche Erziehungsvorstellungen haben. Zunächst denkt sie daran, die Eltern zu einem Gespräch einzuladen. Eine Kollegin macht sie auf die Situation der Familie nochmals aufmerksam und gibt ihr zu bedenken, ob sich die Eltern nicht angegriffen fühlen müssen, wenn sie deren Erziehungsvorstellungen in Frage stellt. Die Erzieherin läßt sich darauf ein und ist bereit, diese Widersprüche zu akzeptieren. Richards Verhalten erleichtert ihr dies, da sie erleben kann, wie positiv das Kind mit dieser Situation umgeht.

Kommunikative Kompetenz
Sprache als wesentlicher Bestandteil der eigenen Kultur wird auch durch diese geprägt. In interkulturellen Situationen kann es immer wieder zu kommunikativen Mißverständnissen kommen.

Kommunikationsfähigkeit

„Für den interaktiven Umgang mit Menschen, die andere Kommunikationsformen und Kommunikationsstile haben als die eigenen, bedarf es der Erweiterung der eigenen passiven und aktiven Kommunikationsfähigkeit.“ (Johann/Michely/Springer 1998, S. 12)

Der deutsche Geschäftsmann Herr F. hat sich in Bologna mit seinem italienischen Kollegen um 20 Uhr zum Abendessen in einem Restaurant verabredet. Dieser erscheint erst eine dreiviertel Stunde später, ohne sich auch nur irgendeiner Schuld bewußt zu sein. Herr F. ist sichtlich verärgert über die Unpünktlichkeit des Kollegen. Dieser wiederum wundert sich über den Ärger von Herrn F. und betont, sie hätten doch 20 Uhr als Treffpunkt ausgemacht.

Herr F. war sich nicht darüber im klaren, daß für seinen italienischen Kollegen die Uhrzeit nur einen Richtwert bedeutete und nicht den Zwang zur Pünktlichkeit. Sein Kollege wußte nicht, daß Herr F. es von Deutschland so gewohnt war, besonders bei geschäftlichen Terminen, die Uhrzeit genau einzuhalten. Er sah in Herrn F. wieder ein Beispiel für typisch deutsche Verbohrtheit. Beide verfügten über mangelnde kommunikative Kompetenzen, da sie die Bedeutung, die die Zeitvereinbarung für den jeweils anderen hatte, nicht richtig zu deuten wußten.

Kooperationsfähigkeit
Mit anderen Kindern ein Projekt zu gestalten oder zu erleben, daß Erwachsene und Kinder zusammen etwas zustande bringen, sind zentrale Erfahrungen für Kinder. Sie können so verstehen, wie wichtig die einzelne in einem Projekt ist, und wie es auf die Bereitschaft aller, sich an Absprachen und Regeln zu halten, ankommt. Nur wer seine Interessen vertreten kann und gleichzeitig bereit ist, Kompromisse einzugehen, kann ein Projekt zum Erfolg führen. Dies gilt gleichermaßen auch für die Zusammenarbeit mit den Eltern und unter den Erzieherinnen.

Zusammenfassung:
Gelungene Sozialerziehung macht sich auch und besonders beim interkulturellen Lernen bemerkbar. Interkulturelles Lernen ist vor allem soziales Lernen. Es gibt keine Situation, in der interkulturelles Lernen stattfindet und nicht gleichzeitig auch soziales Lernen. Da innerhalb des sozialen Lernens Kinder sehr viel über sich selbst und die anderen erfahren, erfahren sie etwas über ihre eigenen Fähigkeiten, Möglichkeiten, Wünsche und Ziele. Sie lernen, sich auszudrücken, für ihre Bedürfnisse einzustehen und die der anderen zu achten. Sie setzen sich mit ihrer Lebenssituation und der ihrer Mitmenschen auseinander, erkunden und analysieren ihre Umwelt. Dadurch verstehen sie wesentliche Zusammenhänge und Ursachen, die ihr eigenes Leben bestimmen. Die erworbenen Fähigkeiten ermöglichen es Kindern, sich in interkulturellen Situationen angemessen zu bewegen. Durch das soziale Lernen entwickeln sie Kommunikationsfähigkeit. Dies bedeutet zum Beispiel, daß sie Gefühle ausdrükken und eigene Interessen artikulieren können (vgl. Coburg-Staege 1996). Befinden sie sich zukünftig in Situationen, in denen unterschiedliche Lebensweisen aufeinandertreffen, so gehen sie möglicherweise mit Neugier darauf zu.

3.1.3 Interkulturelles Lernen als Bestandteil einer Konzeption

Die Konzeption einer Tageseinrichtung entsteht in der Regel in einem längeren Prozeß. Ein Team versucht, sich entweder alleine oder mit Hilfe von außen (Supervision, Fachberatung, etc.) auf Grundzüge seiner Pädagogik zu verständigen. Mit einer solchen Konzeption gibt eine Einrichtung Auskunft über ihre Ziele, ihre Schwerpunkte und ihren pädagogischen Stil. Besonders bei den Zielen sollte erkennbar sein, welchen Zusammenhang sie zur aktuellen Lebenssituation der Kinder und ihrer Familien haben (vgl. Pausewang 1994, S. 218ff).

Möchte ein Team nun interkulturelles Lernen als einen Schwerpunkt in seine Arbeit aufnehmen, so ist es wichtig, dies auch in der Konzeption dieser Tageseinrichtung zu verankern. Das Team legt damit dar, welchen Stellenwert interkulturelles Lernen im pädagogischen Alltag hat, neben den anderen konzeptionellen Überlegungen wie zum Beispiel Fragen nach Altersmischung oder integrativen Bestrebungen.

Aspekte interkulturellen Lernens in einer Konzeption

1. Was heißt interkulturelles Lernen in dieser Tageseinrichtung:

Ziele Welche Ziele verfolgt die Tageseinrichtung mit interkulterellem Lernen, und wie wirkt sich dies im Alltag aus? Dabei ist von zentraler Bedeutung, daß die Ziele, die mit interkulturellem Lernen verfolgt werden, nicht nur benannt, sondern auch ausführlicher beschrieben und konkretisiert werden. Was bedeutet beispielsweise Toleranz und gegenseitige Achtung?
In der Konzeption einer evangelischen Kindertagesstätte heißt es:

> *„Wir wollen bei den Kindern Toleranz, gegenseitige Achtung und Wertschätzung den fremden Kulturen gegenüber fördern. Diese Achtung und Wertschätzung machen wir beispielsweise dadurch deutlich, daß auf die verschiedenen Eßgewohnheiten Rücksicht genommen wird. Muslimische Kinder essen bei uns kein Schweinefleisch, unsere Köchin kocht für sie etwas anderes.“* (Evang. Kindertagesstätte 1998, S. 27f)

Warum interkulturelles Lernen?
Die Erzieherinnen schreiben weiter: „Wie bereits schon einmal erwähnt, befindet sich unsere Kindertageseinrichtung in einem Stadtteil mit sehr hohem Ausländeranteil. Auch in der Kindertagesstätte beträgt der Anteil ausländischer Familien 80 %.“ Nun folgt eine ausführlichere Darstellung, aus welchen Familien diese Kinder kommen und wodurch diese Familien geprägt sind. Aus dieser Analyse leiten nun die Erzieherinnen wesentliche Grundsätze für ihre Arbeit ab.

Sie argumentieren in diesem Fall über die Lebenssituation der Kinder und ihrer Familien im Stadtteil. Sicherlich lassen sich auch andere und allgemeinere, gesamtgesellschaftliche Gründe finden. Entscheidend ist, daß dieser bewußt gewählte Schwerpunkt für Außenstehende nachvollziehbar begründet ist.

2. Auswirkungen auf den Alltag – einige konkrete Überlegungen

Anhand einzelner konkreter Beispiel und Themen läßt sich in einer Konzeption verdeutlichen, wie interkulturelles Lernen sich im Alltag auswirkt.

Spielmaterial

Die Erzieherinnen des Kinderhauses „Regenbogen" weisen darauf hin, daß sie in ihrer Einrichtung gerade bei der Auswahl des Spielmaterials besonders darauf achten, daß sich die unterschiedlichen Kulturen widerspiegeln. So finden sich dort in der Puppenecke nicht nur weiße, sondern auch schwarze und braune Puppen. Die Bilderbücher und Vorlesebücher sind nicht nur in deutscher Sprache verfaßt. Verschiedene Bilderbücher werden in türkisch, italienisch, englisch oder griechisch angeboten, die dann von den Eltern den Kindern vorgelesen werden können. Auch in der Verkleidungsecke wird darauf geachtet, daß sie so mit Kleidern bestückt ist, daß sich darin die Kinder aus den unterschiedlichen Kulturen wiederfinden können. Zusätzlich werden die Eltern gebeten, bei der Ausstattung durch entsprechende Bilder, Spiele, Verkleidungsstücke oder Musikinstrumente (aus anderen Klang- und Tonsystemen) mitzuhelfen (vgl. Diehm 1993, S. 170).

Umgang mit Zwei- und Mehrsprachigkeit

Die Erzieherinnen sollten darstellen, welche Bedeutung die Muttersprache aus ihrer Sicht für die Entwicklung des Kindes hat, wie sie die unterschiedlichen Muttersprachen berücksichtigen wollen und wo sie im Alltag der Tageseinrichtung zum Tragen kommen. In einer Darstellung der Kindertagesstätte von „terre des hommes" in Wiesbaden heißt es:

> „*Verschiedene Sprachen werden nicht nur von den Kindern gesprochen. Den andersartigen Klängen von fremden Sprachen wird bewußt zugehört. Sie werden in kleinen Sätzen spielerisch nachgeahmt.*" (Steglich 1998, S. 40; vgl. auch Bezirksamt Schöneberg, 1998)

3. Zusammenarbeit mit den Eltern

Wie sieht für die Erzieherinnen Zusammenarbeit mit Eltern aus, die durch das interkulturelle Lernen geprägt ist? Die Erzieherinnen der „terre des hommes"-Kindertagesstätte vertreten hier einen familienorientierten Ansatz. Neben der Bereitschaft „auf unterschiedliche Situationen, Fragestellungen, Probleme und Wünsche einzugehen", gehören „vor allem aber Einzelgespräche mit Beratung und konkreter Hilfe für die Bewältigung der Alltagsprobleme von ausländischen Eltern" (Steglich 1998, S. 41) dazu.

Interkulturelles Lernen für alle

Neben all diesen konkreten Überlegungen und Darlegungen erscheint es aber besonders wichtig, hervorzuheben, daß sich interkulturelles Lernen nicht nur an die Kinder und Eltern nichtdeutscher Herkunft richtet, sondern an alle. So heißt es in der Konzeption eines Kinderhauses:

> *„Mit unserem Anliegen, interkulturelles Lernen in unseren Alltag zu integrieren, wenden wir uns an alle Familien, deren Kinder unser Kinderhaus besuchen. Wir wünschen uns, daß sich alle angesprochen fühlen: deutsche Familien genauso wie Familien nicht-deutscher Herkunft."*

Die grundsätzlichen Überlegungen einer Tageseinrichtung zu interkulturellem Lernen können Klarheit schaffen und zur Transparenz der pädagogischen Arbeit beitragen. Für das Team selbst kann das Erarbeiten und Erstellen einer Konzeption ein wichtiger Prozeß sein. Die Erzieherinnen der Evangelischen Kindertagesstätte Martinskirche berichten rückblickend:

> *„In der Auseinandersetzung mit unseren konzeptionellen Grundlagen haben wir unsere Arbeit intensiv hinterfragt und reflektiert. (...) Der Austausch im Team hat mehr Gemeinsamkeit untereinander geschaffen und zu praktischen Auswirkungen (...) geführt (...). Wir haben uns mit unserer Konzeption eine Arbeits-Grundlage geschaffen, die unsere pädagogische Arbeit (...) ausführlich beschreibt und damit transparent macht für Eltern und Öffentlichkeit."* (Evang. Kindertagesstätte 1998, S. 38).

3.2 Eltern als Partner

Auf einer Fortbildung zum Thema „Zusammenarbeit mit ausländischen Eltern" äußerten sich Erzieherinnen zu diesem Thema:

> „Ich bemühe mich wirklich, offen auf die Eltern zuzugehen, aber ich habe damit keinen Erfolg. Besonders die ausländischen Eltern und die Aussiedler zeigen sich gar nicht in der Tagesstätte."

> „Auf unseren Elternabenden kommen auch fast nur deutsche Eltern. Bei den ausländischen Eltern hab' ich jede Hoffnung aufgegeben!"

> „Manche ausländische Mutter schiebt ihr Kind nur in den Gruppenraum rein und macht dann ganz schnell wieder die Tür zu. So ist nicht einmal ein Tür- und Angelgespräch möglich."

Die Äußerungen der Erzieherinnen drücken Enttäuschung und Ärger aus. Trotzdem haben sie sich für eine Fortbildung entschieden, die sich speziell mit der Zusammenarbeit mit Eltern nichtdeutscher Herkunft beschäftigt. Als sie sich im Laufe der Fortbildung immer intensiver mit dieser Zielgruppe auseinandersetzten, konnten die Erzieherinnen das Verhalten der Eltern besser nachvollziehen.

Sind Eltern nichtdeutscher Herkunft wirklich schwieriger als deutsche Eltern? Und wenn es tatsächlich beispielsweise eine geringere Beteiligung an Aktivitäten geben sollte, worin könnten die Ursachen liegen? Im folgenden wollen wir darauf eingehen, was in der Zusammenarbeit mit Eltern nichtdeutscher Herkunft berücksichtigt werden kann, welche Formen der Zusammenarbeit von besonderer Bedeutung sind und worin mögliche Schwierigkeiten liegen können.

3.2.1 Interkulturelles Lernen – ein Thema für alle Eltern

So wie interkulturelles Lernen *alle* Kinder und Mitarbeiterinnen einer Einrichtung angeht, so wendet es sich auch an alle Eltern (vgl. Kap. 1). Eine Unterscheidung nach Herkunft und Paß wird auch hier nicht gemacht. Sorgen und Ängste z. B. betreffs der Gruppenzusammensetzung treten bei ausländischen wie auch bei deutschen Eltern auf:

Frau Müller überlegte lange, ob sie ihr Kind in der Tagesstätte „Wilde Mathilde" anmelden sollte. Zu ihrer Nachbarin sagte sie: „Dort sind so viele Ausländerkinder. Ob Elena da überhaupt richtig gefördert wird?"

Herr Hadzic und seine Frau baten die Leiterin des Kindergartens „Regenbogen", ihren Sohn nicht in Gruppe 2 zu tun, da dort der Anteil von Kindern nichtdeutscher Herkunft größer war als in Gruppe 1. Sie sagten: „Ivo soll doch richtig Deutsch lernen, und es auch gut können, bis er in die Schule kommt. Deshalb bitten wir Sie, darauf zu achten, daß er auf keinen Fall kroatisch spricht!"

Als an einem Gesprächsnachmittag im Hort die Religionslehrerin die Eltern über Gemeinsamkeiten der christlichen und islamischen Religion informierte und dies von einigen muslimischen Eltern bestätigt wurde, waren die anderen Eltern überrascht. Sie hatten bisher überhaupt nicht daran gedacht, daß beide Religionen miteinander verwandt sind.

Wechselseitiger Lernprozeß

Zusammenarbeit mit Eltern ist also ein wechselseitiger Lernprozeß zwischen den Eltern, aber auch zwischen den Eltern und den Erzieherinnen. So wie Kinder mit- und voneinander lernen, sollten die Erwachsenen dies auch tun. Sie sind dabei den Kindern wichtige Vorbilder.

Das Einbeziehen von Familien nichtdeutscher Herkunft gehört zu einem der zentralen Ziele in der Zusammenarbeit mit Eltern (vgl. Textor 1995, S. 32). Hierzu zählt,

> *„Verständnis für andere Kulturen zu schaffen, zu erweitern, zu vertiefen und die gemeinsame Erziehungsarbeit von Eltern und Erzieherinnen zu verbessern"* (Bezirksamt Schöneberg 1998, S. 26).

3.2.2 Die Erzieherin als Vorbild

In der Zusammenarbeit mit Eltern mit unterschiedlichem kulturellen Hintergrund spielt die Erzieherin eine wesentliche Rolle. In der Art und Weise, wie sie auf die Eltern zugeht und mit ihnen die Zusammenarbeit gestaltet, erfüllt sie besonders gegenüber den deutschen Eltern eine wichtige Funktion als Vorbild. Ist sie in der Lage, unterschiedliche Ansichten auszuhalten, ohne sie gleich zu nivellieren? Spricht sie *alle* Eltern mit ihrem Namen an und übt sie auch schwierige ausländische Namen so lange, bis sie diese kann, oder grüßt sie nur die deutschen Eltern mit ihrem Namen? Geht sie auf Frau Frljuzec genauso unbefangen zu wie auf Frau Schneider? Sucht sie den Dialog mit den Eltern, das heißt, kann sie interessiert zuhören und nimmt sie die Mitteilungen aller Eltern ernst (vgl. Hotz 1997, S. 294)?

Eltern achten sehr genau auf die Haltung und Einstellung der Erzieherinnen ihnen gegenüber. Und sie können oftmals bereits an Kleinigkeiten erkennen, wie ernst es den Erzieherinnen mit interkulturellem Lernen ist.

Zusammenarbeit mit Eltern nichtdeutscher Herkunft verlangt von den Erzieherinnen ein hohes Maß an Offenheit besonders für Situationen und Verhaltensweisen, die nicht unbedingt mit ihrem eigenen Wertsystem übereinstimmen. Dies bedeutet, daß sie Fremdheit im Verhalten und in den Einstellungen zum Beispiel von Eltern akzeptieren und sich diesen anderen Vorstellungen zunächst ohne Vorbehalt nähern müssen (vgl. Boos-Nünning 1993, S. 23).

Eltern als Experten

Schließlich geht es darum, Eltern als Experten in Fragen der Erziehung ihrer Kinder ernstzunehmen.

> „*Das Expertentum der Eltern und Familienmitglieder besteht darin, daß sie den Erzieherinnen herkunfts- und familienspezifische Informationen vermitteln können.*“ (Diehm 1993, S. 169)

Gerade wenn Tageseinrichtungen versuchen, situations- und biographieorientiert zu arbeiten, sind die Erzieherinnen darauf angewiesen, mit den Eltern als den eigentlichen Experten und Expertinnen zusammenzuarbeiten, denn nur über sie erhalten die Erzieherinnen wichtige Informationen für ihre tägliche Arbeit mit den Kindern.

3.2.3 Hintergrundwissen hilft verstehen

Wenn uns das Verhalten von Eltern nichtdeutscher Herkunft oft unverständlich ist, dann hat dies auch damit zu tun, daß wir selbst diese Eltern zu wenig kennen und uns entscheidendes Hintergrundwissen fehlt. In Kapitel 2.5 haben wir versucht, am Beispiel unterschiedlicher Wertvorstellungen zu erläutern, wie sich dies auf das konkrete Verhalten auswirken kann. Im folgenden stellen wir Ihnen noch ein weiteres Beispiel vor, das verdeutlicht, wie hilfreich entsprechendes Hintergrundwissen sein kann.

Erzieherinnen, die besonders mit Aussiedlerfamilien zu tun haben, berichten häufig davon, daß Eltern der Tageseinrichtung gegenüber gleichgültig seien. Dieses Verhalten läßt sich besser verstehen, wenn man sich bewußt macht, welche Bedeutung und Rolle Tageseinrichtungen in den Herkunftsländern (z. B. Rußland, Polen, Kasachstan usw.) hatten. Dort erlebten die Eltern, daß der Kindergarten oft nur ein Ort der Aufbewahrung war und sie selbst so gut wie kein Mitspracherecht hatten. Hinzu kommt, daß der Kindergarten eine Erziehungsinstanz war, mit deren Hilfe der Staat versuchte, seine Ideologie in die Familien zu tragen.

Rolle von Tageseinrichtungen im Herkunftsland

> „*Die Familie wurde von vielen Aussiedlerfamilien als staats- und ideologieunabhängig betrachtet, als Nische, in die man sich zurückziehen konnte. Man ließ sich deshalb nicht hineinreden.*“ (Rogge 1994, S. 100)

Kam es zu einem Gespräch zwischen den dortigen Erzieherinnen und Eltern, so betraf dies in der Regel unangenehme Themen.

Nun sollen sich die Eltern hier auf etwas anderes einstellen. Ihre Mitarbeit ist gefragt, ja sogar erwünscht. Stellen sie nun aber fest, daß die Tageseinrichtung eventuell einen anderen Erziehungsstil praktiziert als sie selbst, so kann zum Beispiel die Einladung zu einem Elterngespräch bereits alte Ängste auslösen und die Sorge auftreten, die Tageseinrichtung wolle sich in die Erziehung in der Familie einmischen.

Mit Hilfe dieses Wissens gelingt es nun vielleicht, anders auf diese Familien zuzugehen. Wenn es um ein Elterngespräch geht, könnte es die Situation entspannen, wenn der Grund für das Gespräch vorher offen angesprochen wird. So werden die Eltern mit ihren bisherigen Erlebnissen ernstgenommen und der Weg zu neuen Erfahrungen wird freigemacht. Es geht also nicht darum, Eltern aus Aussiedlerfamilien einfach in Ruhe oder sogar links liegen zu lassen.

Vertrauen aufbauen

Zusammenarbeit mit Eltern baut auf Vertrauen auf. Dieses Vertrauen bei Eltern nichtdeutscher Herkunft oder aus Aussiedlerfamilien zu gewinnen, kann ein mühsamer Prozeß sein, wenn entsprechend andere – besonders negative – Vorerfahrungen vorliegen. Damit wird aber auch deutlich, daß die Zusammenarbeit mit Eltern nicht erst in Krisensituationen beginnen kann. Sie ist langfristig angelegt und sollte regelmäßig stattfinden. Diese Regelmäßigkeit sowie Transparenz sind wesentliche Voraussetzungen für eine gelingende Zusammenarbeit.

3.2.4 Formen der Zusammenarbeit

So wie wir bei deutschen Familien von einer Pluralität der Lebenslagen ausgehen, so finden wir diese Vielfalt auch bei Familien nichtdeutscher Herkunft. Wir haben es einmal mit Eltern zu tun, die selbst hier aufgewachsen sind, das hiesige Bildungssystem durchlaufen haben und heute selbst erfolgreich in ihren Berufen tätig sind. Wir treffen ein anderes Mal Eltern, die aus Bürgerkriegsgebieten nach Deutschland geflüchtet sind, sich in dieser Gesellschaft nicht auskennen und eigentlich gar nicht „seßhaft“ sein möchten, da sie nach Beendigung des Konfliktes wieder in ihre Heimat zurückkehren wollen. Und wir kommen mit Eltern zusammen, die ihre Aussiedlung besonders aus den ehemaligen Ostblock-Staaten ganz gezielt betrieben haben, um in der Gesellschaft ihrer Wahl leben zu können.

Aufgrund der Unterschiedlichkeit der einzelnen Familien sind auch unterschiedliche Formen der Zusammenarbeit notwendig. Es ist wichtig, sich die vielfältigen Elterninteressen klarzumachen, indem die Erzieherinnen zum Beispiel „zusammentragen, welche Familien im Einzugsgebiet leben, aus welchen familiären Konstellationen die Eltern ihrer Einrichtung kommen und was sich daraus für

Bedürfnisse, Fragen, Probleme und Wünsche hinsichtlich Elternarbeit ergeben" (Miedaner 1995, S. 310).

Das Aufnahmegespräch

Bereits beim Aufnahmegespräch können Eltern etwas darüber erfahren, was interkulturelles Lernen in Tageseinrichtungen bedeutet. Dabei kommt es nicht so sehr darauf an, gegenüber den Eltern auf diesen Arbeitsschwerpunkt hinzuweisen und die damit verbundenen Ziele zu erklären. Vielmehr geschieht dies durch die indirekte Thematisierung. Beim Besichtigen der Gruppenräume zeigt die Erzieherin den Eltern auch Kinderbücher oder Hörspielcassetten in anderen Sprachen. Oder in der Verkleidungsecke entdecken die Eltern Kleidungsstücke aus anderen Kulturen. Im Gespräch mit den Eltern weist die Erzieherin darauf hin, daß in der Tageseinrichtung beim Kochen darauf geachtet wird, kein Schweinefleisch zu verwenden, da (viele) muslimische Kinder die Einrichtung besuchen. Sie fügt noch hinzu, daß dies in Absprache mit allen Eltern geschehen sei. So erleben Eltern eine Atmosphäre der Offenheit, die ihnen einen ersten Eindruck vermittelt, was unter interkulturellem Lernen verstanden wird.

Offene Atmosphäre

Oft ist bei deutschen Eltern die Sorge anzutreffen, daß in einer Tageseinrichtung mit „zu vielen" Kindern nichtdeutscher Herkunft ihre Kinder nicht genügend auf die Schule vorbereitet werden würden, da die Erzieherin genug mit den ausländischen Kindern zu tun hätte. Gelingt es beim Aufnahmegespräch zu vermitteln, was interkulturelles Lernen bedeutet, so lassen sich solche Ängste vermindern. Wenn die Erzieherin zum Beispiel verdeutlicht, welche Kompetenzen Kinder dadurch erwerben können, werden Eltern vielmehr die Chancen sehen, die ihre Kinder damit erhalten.

Ängste abbauen

> Als die Erzieherin Herrn und Frau Georgi nach dem Aufnahmegespräch hinausbegleitete, wurde sie von ihnen nochmals auf die Spracherziehung angesprochen. Herr Georgi zeigte auf die vielsprachigen Begrüßungsschilder und meinte: „Das ist ja die reinste babylonische Sprachenverwirrung! Sie achten doch aber sicher darauf, daß hier vor allem deutsch gesprochen wird?" Die Erzieherin bestä-

tigte den Eltern, daß Deutsch die gemeinsame Sprache in der Tageseinrichtung sei. Darüber hinaus würden sie aber großen Wert darauf legen, daß die Kinder voneinander erfahren, mit welcher Muttersprache sie aufwachsen und daß die verschiedenen Sprachen hier auch ihren Platz haben. Sie erzählte den Eltern, daß die Kinder auf diese Weise bereits ein enormes Allgemeinwissen erwerben, da sie bereits ein Bewußtsein von der Vielsprachigkeit der Welt entwickeln würden. „Und sie haben große Freude am spielerischen Sprachenlernen in Liedern und Spielen. Als neulich eine Grundschullehrerin zu Besuch bei uns war, zeigte sie sich positiv überrascht, über welches sprachliche Ausdrucksvermögen viele unserer Kinder bereits verfügen."

Informationen in der Muttersprache

Wenn Eltern, die nicht fließend deutsch sprechen, beim Aufnahmegespräch ein Faltblatt in ihrer Muttersprache überreicht bekommen, auf dem alle wichtigen Informationen zusammengefaßt sind, wird dadurch deutlich, daß sie ernstgenommen werden und der Einrichtung eine gute Information aller Eltern wichtig ist.

Kommt eine Familie aus einem Land, das bisher in der Tageseinrichtung nicht vertreten war, und sie entdecken kurze Zeit nach dem Aufnahmegespräch über der Eingangstür, wo Begrüßungen in verschiedenen Sprachen aushängen, auch eine Begrüßung in ihrer Sprache, so kann ihnen dies vermitteln, daß sie hier gerne gesehen sind.

Über das Gespräch hinaus ist es sinnvoll, den Eltern das Kennenlernen der Tageseinrichtung auf unterschiedliche Art und Weise zu ermöglichen:

Die Mitarbeiter des Schülertreffs „Sonne" in Berlin bieten skeptischen Eltern erst einmal eine Probezeit von zwei bis drei Wochen an. Ein Mitarbeiter des Schülertreffs sagt: „Es gibt eben auch Eltern mit Vorurteilen gegen uns und die wollen erst einmal sehen, wie wir arbeiten und wie ihr Kind hier zurechtkommt." (Thiel 1994, S. 41)

Das Kinderhaus „Regenbogen" in Stuttgart erwartet von den Eltern einen Hospitationstag: „An diesem Tag sollen die Eltern unseren Tageslauf, die Atmosphäre im Haus und alle Mitarbeiterinnen kennenlernen. Die Eltern haben dabei die Gelegenheit, die Erzieherinnen zu den einzelnen Phasen des Tages oder sonstigen Abläufen zu befragen.

> Wie die Kinder, so sollen sich auch die Eltern in das Haus einleben und wohlfühlen." (Walter 1997, S. 14).

Durch solche Angebote wird die Möglichkeit geschaffen, daß eine vertrauensvolle und offene Beziehung zwischen Eltern und Erzieherinnen entsteht. Den Eltern wird signalisiert, daß sie in der Tageseinrichtung willkommen sind.

Thematische Elternnachmittage

Erzieherinnen berichten auch darüber, daß Elternabende bei ausländischen Eltern auf weniger Interesse stoßen als bei deutschen, besonders wenn ein bestimmtes Thema mit Hilfe eines Referenten angeboten wird. Hier spielen nicht nur Sprachschwierigkeiten eine große Rolle. Oftmals werden genau solche Themen angeboten, die nur eine bestimmte Gruppe von Eltern oder die Erzieherinnen für wichtig erachten.

> Eine Erzieherin berichtet: „Gestern abend hatten wir wieder einmal Elternabend. Wir hatten großes Glück, denn von der kirchlichen Familienberatungsstelle konnten wir eine Referentin gewinnen, die über den negativen Einfluß des Fernsehens auf die Kinder sprach. Leider kamen die türkischen Eltern mal wieder nicht, obwohl wir gerade für die doch dieses Thema ausgewählt haben. Bei denen läuft doch der ganze Tag der Fernseher!"

Es ist kaum verwunderlich, daß die nichtdeutschen Eltern es scheuen, zu einem solchen Elternabend zu kommen. Die Intention der Erzieherinnen war klar: Sie wollten mit Hilfe einer außenstehenden Autorität Eltern den „richtigen" Umgang mit dem Fernseher vermitteln. Die Erziehungskompetenz der Eltern – und hier besonders der nichtdeutschen Eltern – wurde in Frage gestellt.

Einen ganz anderen Weg gingen die Erzieherinnen einer anderen Tageseinrichtung.

> Da sie es in ihren Gruppen mit einem hohen Anteil an Kindern nichtdeutscher Herkunft zu tun haben, stellte sich für sie die Frage,

wie sie mit den verschiedenen Sprachen in ihrer Einrichtung umgehen sollten. Immer wieder kamen Eltern auf sie zu und drängten die Erzieherinnen, darauf zu achten, daß die Kinder nur deutsch redeten. Die Erzieherinnen selbst waren sich unsicher, wie sie reagieren sollten. Im Gespräch mit den Eltern beschlossen sie, einen Nachmittag für alle Mitarbeiterinnen und Eltern zum Umgang mit Mehrsprachigkeit anzubieten. Hierzu lud die Leiterin eine Referentin ein. Deren Aufgabe war es aber nicht, den Eltern mittels eines Referates entsprechende Informationen zu vermitteln, sondern vielmehr, die Eltern und Erzieherinnen miteinander ins Gespräch zu bringen. Zu diesem Nachmittag erschienen 25 Mütter und einige Väter. So viele waren es schon lange nicht mehr gewesen. Für die Kinderbetreuung war gesorgt. Zu Beginn gingen die Eltern und Erzieherinnen mit der Referentin auf eine Entdeckungsreise: Sie überprüften, welche Muttersprachen an diesem Nachmittag vertreten waren. Neben Deutsch gab es Türkisch, Spanisch, Italienisch, Kroatisch, Russisch und Polnisch. Die Vielfalt der Sprachen beeindruckte alle. Nun unterhielten sich die Eltern und Erzieherinnen darüber, wie sie selbst Sprachen gelernt hatten, was ihnen besonders leicht fiel und was schwer, und sie tauschten sich darüber aus, wie sie es zur Zeit zu Hause mit ihrer Muttersprache hielten. So entstand ein intensiver Dialog zwischen den Eltern und Erzieherinnen. Die Referentin moderierte das Gespräch und ging auf gezielte Fragen der Eltern zur Zwei- und Mehrsprachigkeit ein. Als die Eltern merkten, daß sie von der Referentin ernstgenommen und respektiert wurden, berichteten sie auch über einzelne Schwierigkeiten. Frau Calışkan, die bereits in Deutschland geboren wurde, erzählte zum Beispiel, wie schwer es für ihren Mann ist, wenn die Kinder mit ihm nur deutsch sprechen: „Dann will mein Mann immer, daß wir nur noch türkisch reden, da er selbst nur sehr wenig deutsch kann. Ich widerspreche ihm aber. So kommt es oft zum Streit!"

Die Informationsvermittlung geschah also ausschließlich über das Gespräch und auf konkrete Fragen hin. Beide Seiten – Eltern und Erzieherinnen – erlebten sich als Lernende und offen füreinander. Die Mehrsprachigkeit der Eltern wurde geachtet und nicht als Handicap angesehen. Sie konnten auf diese Weise erfahren, daß sie mit ihren Fragen und Sorgen nicht alleine waren. Manche deutsche Eltern waren darüber erstaunt, wie wichtig es ausländischen Eltern war, daß ihre Kinder schnell deutsch lernen sollten. Und als es am Anfang um eigene Erfahrungen mit anderen Sprachen ging, kam es zu einem regen Austausch zwischen allen Eltern. Die Herkunft spielte da plötzlich keine Rolle mehr.

Grundregeln für Gespräche in Gruppen

Die Erzieherinnen dieser Tagesstätte erzielten deshalb einen solchen Erfolg mit ihrem Gesprächsnachmittag, weil sie einige wesentliche Dinge beachteten:

- Der Gesprächsnachmittag kam auf gemeinsame Initiative von Eltern und Erzieherinnen zustande. Beide hatten Fragen zu diesem Thema.
- Die Referentin tauchte nicht als alleinige Expertin auf, sondern sah in den Eltern und Erzieherinnen selbst Experten, deren Erfahrungen, Erlebnisse und Meinungen wichtig waren. Informationen wurden dort gegeben, wo sie gefragt und erwünscht waren.
- An diesem Nachmittag ging es nicht darum, den Eltern zu vermitteln, wie sie es künftig richtig machen sollten: Wichtig war, unterschiedliche Umgangsweisen mit einem gemeinsamen Thema zu entdecken und sich darüber auszutauschen. Die Referentin drängte besonders im Vorgespräch mit den Erzieherinnen darauf, mit dieser offenen Haltung in das Gespräch zu gehen.
- Schließlich ging der Gesprächsnachmittag auf das organisatorische Bedürfnis der Eltern ein: Die meisten von ihnen sind ganztags berufstätig und wohnen im ganzen Stadtgebiet verstreut. So besteht wenig Interesse, am Abend nochmals extra in die Tageseinrichtung zu kommen. Eine hohe Anzahl alleinerziehender Mütter bzw. Väter hätte sowieso mit Babysittern Schwierigkeiten gehabt.
- Der äußere Rahmen mit Essen und Trinken gab den Eltern die Möglichkeit, nach getaner Arbeit zu entspannen. Einem halbstündigen Referat hätten sie bestimmt nicht mehr folgen können. Im übrigen ging es den Erzieherinnen nicht viel anders.

Sollen solche Elterntreffs zum interkulturellen Lernen beitragen, dann es ist es wichtig, daß sie tatsächlich in einer offenen Atmosphäre stattfinden. Eltern wollen zu Recht nicht einfach belehrt werden. Wenn sie mit ihren Kompetenzen anerkannt werden und die Möglichkeit haben, Themen anzusprechen, die sie bewegen, ist ein Schritt hin zum Miteinanderleben in einer Tagesstätte getan.

Hausbesuch

Der Hausbesuch ist eine Form der Zusammenarbeit mit ausländischen Eltern, die besonders geschätzt wird (vgl. Pillert 1990, S. 14). Die Familien fühlen sich beachtet und empfinden es als Wertschätzung, daß den Mitarbeiterinnen der Tageseinrichtung der Kontakt mit ihnen soviel Zeit und Aufwand wert ist. Für die Erzieherinnen bietet der Hausbesuch die Möglichkeit, „sich die Lebenswelt eines Kindes und die dort gültigen familienspezifischen und kulturellen Besonderheiten in Ansätzen vorzustellen" (Diehm 1993, S. 170). Dadurch kann ein Hausbesuch helfen, auf beiden Seiten Ängste abzubauen. Immer mehr Tageseinrichtungen entscheiden sich deshalb dazu, beim Aufnahmegespräch grundsätzlich den Eltern und dem Kind einen Hausbesuch zum gegenseitigen Kennenlernen anzubieten.

Da Familien nichtdeutscher Herkunft oftmals mit Behörden negative Erfahrungen machen mußten, kann es aber gerade bei der Ankündigung eines Hausbesuchs auch zu zögerlichen oder sogar ablehnenden Reaktionen kommen. Deshalb ist es wichtig, daß die Erzieherinnen erkennen, daß Hausbesuche nicht ein Allheilmittel in der Zusammenarbeit besonders mit ausländischen Eltern sind. Sie müssen individuell vereinbart werden.

Grundregeln für Hausbesuche

In einem Frankfurter Projekt (vgl. Diehm 1993, S. 171) verständigten sich die Erzieherinnen bezüglich Hausbesuche auf folgende Regeln:

- Hausbesuche sind sowohl für die Erzieherinnen als auch für die Eltern freiwillig.
- In der Regel nehmen zwei Erzieherinnen an einem solchen Besuch teil.
- Hausbesuche werden langfristig vorher vereinbart, und die Familien wissen bereits vorher über den Anlaß und die voraussichtliche Dauer Bescheid.
- Die Dauer des Besuchs sollte zwei Stunden nicht überschreiten.
- Erzieherinnen informieren sich über spezielle Regeln, die bei einem solchen Besuch gelten. Hierzu gehört beispielsweise, daß in den meisten türkischen Familien die Schuhe ausgezogen werden. Es ist eine Selbstverständlichkeit, solche Regeln zu beachten.
- Hausbesuche sollten inhaltlich vorbereitet und strukturiert und anschließend gemeinsam im Team reflektiert werden.

- Grundsätzlich handelt es sich bei Hausbesuchen um eine Gratwanderung: Es darf nicht der Anschein erweckt werden, Eltern sollten ausgeforscht oder ausspioniert werden. Gleichzeitig sollen Erzieherinnen Interesse für die Lebenswelt der Familien signalisieren. Diese Gratwanderung gelingt vor allem dann, wenn der Hausbesuch ein Angebot an alle Familien darstellt und nicht nur eine besondere Maßnahme, um mit Familien nichtdeutscher Herkunft in Kontakt zu kommen (vgl. Militzer/Solbach 1992, S. 27).

Beratung

Eltern, die selbst nicht in Deutschland aufgewachsen sind und so ein ganz anderes Erziehungs-, Bildungs- und Ausbildungssystem durchlaufen haben, sind besonders dann an Beratung interessiert, wenn ihre Kinder vor der Einschulung stehen, sich die Frage einer weiterführenden Schule stellt oder es Entscheidungen im Hinblick auf die Ausbildung von Jugendlichen zu treffen gibt. Dabei geht es darum, den Eltern zu vermitteln, „wie sie die Chancen auf dem Bildungs- und Erziehungsweg für ihre Kinder wahrnehmen und fördern können" (Scharf 1990, S. 20f).

Öffnung für andere Institutionen

Zusätzlich kann es sich als sehr hilfreich erweisen, wenn die Tageseinrichtung im Sinne der Öffnung in das Gemeinwesen hinein andere Stellen, die mit solchen Fragen betraut sind, in die Einrichtung hereinholen, z. B., indem sie Räume außerhalb der Öffnungszeit entsprechenden Beratungsstellen zur regelmäßigen Nutzung zur Verfügung stellt. Auch andere Institutionen wie zum Beispiel die Volkshochschule können in die Tageseinrichtung eingeladen werden.

> So berichtet ein Mitarbeiter des Schülertreffs „Sonne" über regelmäßige Veranstaltungen in Zusammenarbeit mit der Volkshochschule, „die am Vormittag unsere Räume nutzt, um Deutschkurse für Frauen durchzuführen. In gemütlicher Runde bei Tee oder Kaffee sitzen die etwa 15 Frauen lieber bei uns zusammen als in einer anonymen und sterilen Umgebung, zumal bei uns auch noch die Betreuung ihrer Kinder gewährleistet ist." (Thiel 1994, S. 45)

Oftmals suchen ausländische Eltern, die im Umgang mit Behörden und Verwaltungen unsicher sind, auch nur Hilfe und Unterstützung beim Ausfüllen von Formularen. Bietet eine Tageseinrichtung hier Hilfe an, indem sie z. B. Räumlichkeiten für Beratungen zur Verfügung stellt, so trägt sie mit dazu bei, daß Familien nichtdeutscher Herkunft dort geholfen wird, wo sie tatsächlich Hilfe benötigen. Werden solche Möglichkeiten in der Zusammenarbeit mit Eltern aufgegriffen, so bietet das Kinder- und Jugendhilfegesetz Argumentationshilfe gegenüber möglichen Kritikern. Dort heißt es, daß sich das Leistungsangebot „pädagogisch und organisatorisch an den Bedürfnissen der Kinder *und ihrer Familien* (Hervorhebung durch die Autoren) orientieren" soll (§ 22 Abs. 2 KJHG).

3.2.5 Besonderheiten der Zusammenarbeit mit Eltern nichtdeutscher Herkunft

Daß die Zusammenarbeit mit Eltern nichtdeutscher Herkunft auch Schwierigkeiten in sich birgt, ist klar. Dabei fallen aus unserer Sicht vor allem folgende Probleme auf, die solche Migrantenfamilien betreffen, die noch nicht lange in Deutschland leben.

Existentielle Sorgen und Verunsicherung

Sicherung der eigenen Existenz

Bürgerkriegsflüchtlinge und AsylbewerberInnen, aber auch Aussiedler sind in der Anfangsphase ihrer Migration ganz damit beschäftigt, ihre eigene Existenz und die ihrer Familie zu sichern (vgl. Militzer/Bourgeois 1994, S. 54). Für viele Eltern bedeutet die neue Umgebung, in der so vieles anders ist, eine große Verunsicherung:

> *„Mit den hier vorherrschenden Sitten, Traditionen und Verhaltensweisen müssen sie sich erst vertraut machen. Die Folge davon ist, daß viele Eltern sich ängstlich darum bemühen, sich ‚richtig zu verhalten' oder erst langsam lernen müssen, ihre Scheu zu verlieren."* (Militzer/Bourgeois 1994, S. 55)

Aussiedlerfamilien sind gerade zu Beginn ihres Aufenthaltes in Deutschland mit Sprachkursen und der Wohnungs- und Arbeitssuche beschäftigt.

Sorge um Angehörige

Bei Bürgerkriegsflüchtlingen kann die Sorge um nächste Angehörige, die nicht mitfliehen konnten, oder die völlig unklare Zukunft im Vordergrund stehen.

Als Frau Dodaj ihre Tochter in den Kindergarten bringt, fragt sie die Erzieherin, wie es ihr gehe. Sofort fängt die Mutter an zu weinen und hält sich die Hand vor das Gesicht. Dabei erzählt sie der Erzieherin, daß sie noch immer keine Nachricht von ihren Eltern haben, die die Flucht aus dem Kosovo nicht mitmachen konnten. Sie wissen nur, daß das Dorf vor wenigen Tagen von serbischen Einheiten angegriffen worden ist.

Einfühlsames Verhalten

Eltern, die mit solcherlei Problemen beschäftigt sind, fällt es verständlicherweise schwer, sich auf eine intensive Zusammenarbeit mit der Tageseinrichtung einzulassen. Sie sind zunächst einmal nur froh, daß sie ihre Kinder gut aufgehoben wissen. Vielleicht liegt zunächst auch der eigentliche Wert in der Zusammenarbeit mit den Eltern darin: Die Erzieherinnen vermitteln den Eltern, daß sie um ihre Sorgen und Nöte wissen und daß es ihren Kindern in der Tageseinrichtung gut geht. Durch aufmerksames Nachfragen zeigen sie Interesse an der Familie und Verständnis für die außerordentlich schwierige Situation. Wenn sich die Lage der Familie stabilisiert hat, besteht eher die Möglichkeit, die Zusammenarbeit mit den Eltern zu intensivieren.

Sprachliche Verständigungsschwierigkeiten

Sprachliche Verständigungsprobleme stehen oft im Mittelpunkt, wenn es um Schwierigkeiten in der Zusammenarbeit mit Eltern nichtdeutscher Herkunft geht. Die Erzieherinnen erkennen hier eine wichtige Tatsache: Langfristig ist es notwendig, eine gemeinsame Sprache zu sprechen. Nun zeigt sich aber, daß besonders Erwachsene größere Probleme mit dem Erwerb einer neuen Sprache haben. Vielfach sind auch die Barrieren für die Erwachsenen wesentlich höher als für Kinder. So fehlt vielen der Mut, Deutsch auch dann zu sprechen, wenn sie es nur bruchstückhaft können und sie in der Aussprache unsicher sind.

Einsatz von Dolmetschern

In der Zusammenarbeit mit Eltern, die noch große Verständigungsschwierigkeiten haben, können Dolmetscher hilfreiche Dienste leisten. Vielleicht kennen die Erzieherinnen Eltern mit der entsprechenden Muttersprache, die sich bereit erklären zu übersetzen. Manchmal können über die Ausländerbeauftragten der Städte oder Gemeinden entsprechende Dolmetscher angefragt werden. Voraussetzung für den Einsatz von Dolmetschern ist das Einverständnis der Eltern.

Immer wieder können wir auch auf Eltern nichtdeutscher Herkunft treffen, die Analphabeten sind. So müssen die Erzieherinnen überprüfen, ob sie Informationen überhaupt auf schriftlichem Wege weitergeben können oder andere – vor allem mündliche – Wege wählen müssen (vgl. Pillert 1990, S. 14).

> Die Erzieherinnen aus zwei Kölner Kindertagesstätten berichten: „Da die ausländischen Eltern häufig vor dem Problem stehen, daß sie aufgrund der Sprachbarrieren mündlichen Darstellungen nur schwer folgen können, wurde mit beiden Einrichtungen jeweils eine Diareihe und eine Bildermappe entwickelt. Diese Medien haben das Ziel, den Eltern die Einrichtung und insbesondere den pädagogischen Auftrag des Kindergartens darzustellen. Durch den Einsatz sprachergänzender Mittel können grundsätzlich alle Eltern besser erreicht und einer Ausgrenzung und Isolation aufgrund von Verständigungsschwierigkeiten entgegengewirkt werden.“ (Schmitt 1997, S. 8)

Fotografien des Alltags

Auch regelmäßiges Fotografieren des Alltags in der Tageseinrichtung und die Ausstellung solcher Fotos können Eltern zumindest ansatzweise über die Arbeit mit ihren Kindern informieren.

Gemeinsame Tätigkeiten

Hilfreich sind auch solche Angebote an Eltern, bei denen die Eltern etwas miteinander tun, also die Sprache nicht im Vordergrund steht. Als geeignet haben sich gemeinsame Tätigkeiten mit Eltern und Kindern herausgestellt, wie zum Beispiel Kochen oder Backen, Tanz- oder Sportspiele. So erleben Eltern nicht das Trennende, sondern das Verbindende.

Sicherlich können auch andere Schwierigkeiten auftauchen. Hierzu gehört beispielsweise die unterschiedliche Bereitschaft von Eltern, sich auf eine Zusammenarbeit einzulassen. Es bleibt allerdings die Aufgabe der Erzieherinnen, diese Schwierigkeiten daraufhin zu überprüfen, ob sie nicht genauso auch bei deutschen Eltern zu entdecken sind. Denn viele Probleme in der Zusammenarbeit mit Eltern haben ihre Ursache gar nicht in der Nationalität oder Kultur.

3.3 Welche Sprachen sprechen wir?

Was täten wir ohne Sprache? Der Mensch würde verkümmern, hätte er nicht seine Sprache. Über die Sprache teilen wir Freude und Trauer, Gutes und Böses mit. Über sie erfahren wir Zuwendung und Vertrauen, aber auch Ablehnung und Mißtrauen. Unsere primären Bedürfnisse nach Hunger, Geborgenheit und Sicherheit übermitteln wir sprachlich. Vom Geburtsschrei bis zum Tod begleitet den Menschen die Sprache. Sie gibt ihm die notwendige Sicherheit, in einer Gemeinschaft zu bestehen.

Was aber geschieht, wenn Menschen in einem Land leben, in dem ihre Sprache nicht anerkannt ist und sie sich nicht mehr wie gewohnt verständigen können?

Mehrsprachigkeit – Alltag in vielen Staaten

Betrachten wir die verschiedenen europäischen Länder, so können wir feststellen, daß in vielen Staaten nicht nur eine Sprache gesprochen wird, sondern in der Regel dort Minderheiten leben, die über eine eigene Sprache verfügen. Und auf die gesamte Welt bezogen wissen wir, daß die Hälfte der Weltbevölkerung zwei- und mehrsprachig lebt (vgl. Heuchert 1989, S. 34). Aber selbst Länder wie Deutschland, in denen (mit Ausnahme der dänischen und friesischen Minderheit in Niedersachsen bzw. Schleswig-Holstein und der Sorben in Sachsen bzw. Brandenburg) in der Vergangenheit weitgehend eine einsprachige Situation herrschte, werden sich mit der Tatsache auseinandersetzen müssen, daß starke Minderheiten seit nunmehr über vierzig Jahren hier leben und neben dem Deutschen über eine eigene Sprache verfügen. Allein 2 Millionen türkisch(stämmig)e Menschen verdeutlichen diese Tatsache eindrücklich. Sie verfügen über eigene Zeitungen, die hier in Deutschland gedruckt werden, und über eigene

Mehrsprachigkeit – Merkmal unserer Gesellschaft

Radio- und Fernsehsendungen bzw. Kabelprogramme. So ist die monolinguale – einsprachige – Situation in den europäischen Ländern immer weniger anzutreffen (vgl. Gogolin/Kalpaka 1993, S. 53). Die Mehrsprachigkeit wird zunehmend ein Merkmal unserer Gesellschaft werden bzw. ist es bereits (vgl. Gogolin 1993, S. 18). Hinzu kommt, daß die Europäische Union bereits über mehrere Amtssprachen verfügt. Auf dem Arbeitsmarkt zählt es schon heute in bestimmten Berufsgruppen zum Standard, eine zweite Sprache sprechen zu können (vgl. Reeves 1991). So ist beispielsweise die Mehrsprachigkeit für viele Unternehmen ein Einstellungskriterium für Mitarbeiter (vgl. Brusch/Kahl 1991, S. 6). Selbst in den Entwürfen für eine Reform der Erzieherinnen-Ausbildung ist in verschiedenen Bundesländern Fremdsprachenunterricht vorgesehen. Zum Teil ist dieser bereits fester Bestandteil der Ausbildung. Und nur die wenigsten Tageseinrichtungen für Kinder kennen noch eine monolinguale Situation.

Diese Problematik, die sich auf Grund der nicht abreißenden Wanderungsbewegungen in den nächsten Jahren noch verstärken wird, ist allerdings noch nicht in unserem Bewußtsein angekommen. Noch immer sind unsere Vorstellungen von der sprachlichen Homogenität der Gesellschaft geprägt (vgl. Gogolin 1993). Dabei übersehen wir, daß die mehrsprachige Realität uns jeden Tag selbst betreffen kann, auch wenn unbestreitbar die deutsche Sprache unseren Alltag beherrscht:

- In der U-Bahn begegnen wir einer Gruppe griechischsprechender Jugendlicher auf dem Weg in die Berufsschule.
- Auf dem ersten Elternabend im Kindergarten unserer Kinder sitzen wir neben Eltern, die eine andere Muttersprache haben und mit denen wir während eines Kennenlernspieles in Kontakt treten sollen.
- Wir registrieren am Kiosk an der Bushaltestelle, daß immer mehr fremdsprachige Zeitungen aushängen und – so unsere Vermutung – damit auch auf eine interessierte Kundschaft treffen.

Zweisprachigkeit der Kinder

Befragt man Erzieherinnen nach Problemen in Tageseinrichtungen mit einem hohen Anteil ausländischer Kinder, so sprechen sie vielfach genau die Zweisprachigkeit der Kinder an. Häufig erfahren sie es als besonders schwierig, mit ausländischen Kindern in Kontakt zu kommen, wenn mehrere Kinder einer Nationalität in einer Gruppe zusammen sind. Wenn diese dann auch noch viel in ihrer Muttersprache miteinander reden, dann kann es schon vorkommen, daß der Erzieherin der Kragen platzt und sie den betroffenen Kindern mitteilt: „Aber hier wird deutsch gesprochen!“ Befragt man sie nach dem Grund für diese Maßnahme, so wird oftmals mit dem Gefühl des Ausgeschlossenseins und der Nichtbeteiligung argumentiert.

Kontaktaufnahme mit ausländischen Eltern

Eine weitere Schwierigkeit besteht für viele Mitarbeiterinnen in Tageseinrichtungen in der Kontaktaufnahme mit ausländischen Eltern: „Wie soll ich sie ansprechen, ich kann doch deren Sprache nicht, die verstehen mich nicht!“ Solche und ähnliche Klagen sind wiederholt zu hören. Dabei ist unverkennbar, daß große Unsicherheit herrscht, wie man sinnvoll mit dieser Situation umgehen kann:

- „Ist es richtig, wenn sich diese Kinder in ihrer Muttersprache unterhalten? Sollen sie nicht vielmehr schnell deutsch lernen?“
- „Und kann man nicht von den ausländischen Eltern verlangen, daß sie sich hier auch an die herrschende Sprache anpassen?“

Das sind Fragen, die immer wieder gestellt werden.

Ganz offensichtlich ist, daß es eine große Diskrepanz zwischen den Forschungsergebnissen zur Zweisprachigkeit und zur Sprachentwicklung auf der einen und dem pädagogischen Alltag in Tageseinrichtungen auf der anderen Seite gibt. Deshalb sind Kenntnisse über die Sprachentwicklung des Kindes sowie zur Zweisprachigkeit und zur Bedeutung der Muttersprache notwendig. Aus diesem Grund fassen wir jetzt zunächst die wichtigsten Erkenntnisse zur Sprachentwicklung zusammen und gehen auf die Frage ein, wie ein Kind überhaupt Sprache lernt.

3.3.1 Sprachentwicklung und Spracherwerb bei Kindern

Erzieherinnen in Tageseinrichtungen erleben über weite Strecken die Sprachentwicklung der ihnen anvertrauten Kinder mit. Die Eltern erwarten zu Recht, daß sie damit richtig umgehen und eine sinnvolle Unterstützung geben können. Oft kommt gerade von nichtdeutschsprachigen Eltern die Erwartung hinzu, daß die Kinder in der Einrichtung schnell die neue Sprache erlernen sollen. Da nach den neuesten Erkenntnissen der Erwerb der Zweitsprache gerade bei Kindern unter 6 Jahren ähnlich verläuft wie der Erstspracherwerb (vgl. Felix 1982), sollen hier die wesentlichen Stadien der Sprachentwicklung dargestellt werden.

Erstspracherwerb

„Kinder lernen ihre Erstsprache in bestimmten Stadien, die gesetzmäßig aufeinander folgen und anscheinend für alle Kinder der Welt die gleichen sind, in welchen Sprachen sie auch aufwachsen.“ (Zimmer 1994, S. 20)

1. Phase: Vorphase des Sprechenlernens

Lallperiode

Der Säugling meldet sich mit Schreien und Gurrlauten „zu Wort“: Diese drücken entweder Mißbehagen oder Zufriedenheit aus. An diese Phase schließt sich die Lallperiode an. Hier entstehen verschiedene Lallkombinationen, die ganz unterschiedliche Funktionen haben können. So kann beispielsweise das Kind damit Freude ausdrükken, daß es eine Person wiedererkennt. Oder es spielt mit diesen Lallkombinationen.

2. Phase:

Einwortsätze

Nach ca. 10–12 Monaten entstehen erste sprachliche Einheiten, die auch klare und festgelegte Bedeutungen haben. Ein Kennzeichen für diese Phase stellen die Einwortsätze dar, sowie der Gebrauch von Hauptwörtern. („Haus“, „Wauwau“, „Papa“, „Mama“ bzw. Entsprechendes in allen anderen Sprachen z. B. „anne“ (türk. für Mama). Die Benutzung von Hauptwörtern ermöglicht dem Kind, mit seinem Gegenuber bereits auf vielfältige Weise zu kommunizieren. (Z. B. sieht das Kind seine Mutter kommen und ruft: „Mama“. Die Mutter erkennt, daß das Kind ihr damit mitteilen möchte: „Hallo Mama, ich sehe, daß du da bist!“ und reagiert entsprechend darauf.) Wenn Kinder in dieser Phase den Erwachsenen zuhören oder mit ihnen sprechen, reagieren sie nicht auf die Sätze der Erwachsenen, sondern auf einzelne ihnen bereits vertraute Wörter (vgl. auch Oksaar 1987, S. 163f).

3. Phase:

Zweiwortphase

Ab etwa dem 18. Lebensmonat beginnt die Zweiwortphase. Das Kind reiht Substantive an Verben („Mama fahren") und benutzt vereinzelt Adjektive. Auffällig ist in dieser Phase „der telegrammartige Stil der Äußerungen" (Heuchert 1989, S. 20). Alle anderen grammatischen Differenzierungen, z. B. der Gebrauch von Konjunktionen (und, oder etc.), Hilfsverben (sein, haben etc.), fehlen noch. Der Sprachschatz des Kindes erweitert sich in dieser Phase sehr schnell (vgl. auch Oksaar 1987, S. 189).

4. Phase:

Mehrwortphase

Mit ca. 2 ½ Jahren differenziert sich die grammatische Struktur (Mehrwortphase). Das Kind benutzt mehrere Wörter im Satz. „Die grammatische Struktur wird immer komplexer und nähert sich immer mehr dem Sprachmodell der Erwachsenen an" (Heuchert 1989, S. 20), wobei die Entwicklung beim Kind so verläuft, daß es zunächst die grammatischen Regeln anwendet, die gut verallgemeinerbar sind und der Gebrauch komplexerer Regeln erst später folgt. (Hierzu gehört z. B. die Mehrzahlbildung, da diese nicht regelmäßig ist: „Fisch – Fische", aber: „Haus – Häuser" usw.). Mit ca. 5 Jahren hat das Kind die wesentlichen Strukturen seiner Muttersprache verinnerlicht: Dazu gehören die Aussprache und die Grammatik sowie der Gebrauch des Wortschatzes seiner direkten Umgebung und alle wesentlichen syntaktischen, also den Satzbau betreffenden Regeln (vgl. Hepsöyler/Liebe-Harkort 1991, S. 10). Die Lautbildung entwickelt sich im Vorschulalter besonders gut und gilt mit ca. 8 Jahren als beendet. Dagegen geht der Prozeß des Erwerbs der Bedeutungen von Wörtern und Sätzen wesentlicher langsamer. Dieser Prozeß ist direkt mit der kognitiven Entwicklung des Kindes verknüpft.

5. Phase:

Erfassen der Bedeutungen

Ab dem ca. 6. Lebensjahr entwickelt das Kind das richtige Verständnis von Pronomen und Konjunktionen wie „weshalb", „obwohl", sowie das Passivverständnis. Nach und nach entdeckt das Kind auch, daß Wörter verschiedene Bedeutungen haben können, wobei es die übertragenen Bedeutungen zuletzt erfaßt (vgl. Oksaar 1987, S. 196).

Grundsätzlich gilt: Der Spracherwerb bei Kindern verläuft nicht linear von Phase zu Phase, sondern das Kind schiebt Phasen ein, in denen es Pausen beim Erlernen einlegt oder nochmals Rückschritte macht und in eine frühere Phase zurückfällt. Deshalb ist es zunächst nicht beunruhigend, wenn ein Kind plötzlich schon sicher geglaubte Sprachgewohnheiten aufgibt und in seinem Sprachverhalten regrediert.

Erwerb der Zweitsprache

Die hier vorgestellten Phasen treffen sowohl auf das Erlernen der Muttersprache zu als auch auf den Erwerb der Zweitsprache. Dies bedeutet, daß ein Kind, das mit einer zweiten Sprache im Vorschulalter konfrontiert wird, beim Erwerb der Zweitsprache nochmals die gleichen Phasen, ähnlich wie beim Erstspracherwerb durchläuft, allerdings in kürzerer Zeit.

Besonders die ersten sechs Jahre sind für die sprachliche Entwicklung des Kindes von ganz entscheidender Bedeutung. Vergegenwärtigt man sich, wieviel Zeit Kinder in Tageseinrichtungen verbringen, so ist leicht zu erkennen, welche Bedeutung und welchen Einfluß Erzieherinnen auf die Sprachentwicklung und das Sprachverhalten haben. Neben dem häuslichen Bereich erwirbt das Kind gerade in der Tageseinrichtung seine sprachliche Kompetenz.

Die Darstellung der Phasen zeigen den Ablauf des Spracherwerbs, aber erklären nicht, *wie* ein Kind die Sprache erlernt. Die Sprachforscher vertreten hierzu unterschiedliche Theorien. Im folgenden stellen wir drei Ansätze vor.

Die Imitationstheorie

Bei der Imitationstheorie geht man davon aus, daß das Kind das nachahmt, was es bei den Erwachsenen an Sprache hört (vgl. Zimmer 1994, S. 63). Die Kindersprache ist also nach dieser Auffassung eine fehlerhafte Erwachsenensprache. Sprache wird daher durch Assoziationen (der/die Erwachsene zeigt auf ein Ding und benennt es), durch Imitation (Kinder imitieren das Verhalten des Erwachsenen) und, wenn sie es richtig machen, durch Verstärkung (Kinder werden belohnt z. B. durch Kopfnicken, Lächeln etc.) gelernt. Wenn aber Sprache tatsächlich ausschließlich so erworben würde, könnte man nur Gehörtes wiederholen bzw. neu arrangieren. Kinder sagen aber relativ früh etwas, was sie noch nie gehört haben. Mit zwei Jahren sind 20 % aller Äußerungen noch direkte Nachahmung, mit 3 Jahren nur 2 % (vgl. hierzu Zimmer 1994, S. 12). Auch taube Kinder plappern in bestimmten Entwicklungsstadien, obwohl sie Sprache nie gehört haben. Gebabbel kommt offenbar „von innen". Das heißt: „Die Nachahmung spielt beim Spracherwerb nur eine untergeordnete Rolle." (A.a.O.)

Die Induktionstheorie
(Schließen vom Einzelfall auf allgemeine Gesetzmäßigkeit)

Nach dieser Theorie lernt das Kind die Sprache über drei Schritte. Zunächst entnimmt das Kind gehörter Sprache nicht nur Wörter und deren Bedeutung, sondern grammatische Regelhaftigkeiten. Danach erfolgt die Generalisierung, das heißt, das Kind dehnt die gefundene Regel auf alle gleichartigen Fälle aus. Und schließlich erprobt es diese Regel, das heißt, das Kind bildet Sätze nach dieser Regel.

Ein Beispiel: Ein Kind bemerkt, daß Substantive sich bei der Pluralbildung am Schluß des Wortes verändern. Es bildet also die Hypothese: Plurale erkennt man an den Suffixen (Nachsilbe). Hört das Kind beispielsweise den Satz: „Hähne, die am Morgen krähen, frißt am Abend der Adler", so generalisiert es von dem Wort „Hähne": Kamm – Kämme, Bahn – Bähne, Hund – Hünde usw. Das Kind erprobt also seine Hypothese, erfährt in dem einen Fall Bestätigung und in einem anderen Fall nicht. Somit muß es eine neue Hypothese bilden und diese wieder erneut ausprobieren. So nähert es sich langsam der Erwachsenensprache an (vgl. Zimmer 1994, S. 13). Dem steht entgegen, daß Kinder niemals alle grammatischen Möglichkeiten, die die Sprache zu bieten hat, mitbekommen. Trotzdem können sie mehr sprechen, als sie gehört haben. Wenn Sprache entsprechend der Induktionstheorie erworben werden würde, würde der Spracherwerb wesentlich länger dauern. Es liegt also die Vermutung nahe, daß Kinder irgendein sprachliches Vorwissen bereits mit auf die Welt bringen.

Die Reifungstheorie

Universale Grammatik

Diese Theorie geht davon aus, daß Kinder „Sprachkeime“ in sich tragen (vgl. Zimmer 1994, S. 65). Deshalb „lernt“ nach Ansicht dieser Theoretiker das Kind die Sprache nicht. Vielmehr „reift“ und „wächst“ die Sprache im Kind. Dieser Auffassung liegt die Annahme zugrunde, daß alle Sprachen auf einer universalen Grammatik basieren. Demnach vergleicht das Kind seine grammatischen Konstruktionen weniger mit denen von Erwachsenen, sondern mit dem Wissen, das in ihm gereift ist. Natürlich – so behaupten die Vertreter dieser Theorie – geht der Spracherwerb nicht ohne „Nahrungsaufnahme“ vonstatten in Form eines sprachanregungsreichen Umfeldes. Aber das genetische Wissen im Menschen weist dem Kind den richtigen Weg, wie es mühelos die komplizierte Grammatik einer Sprache erlernen kann.

Wenn man sich den Spracherwerb bei Kindern anschaut, so kann man feststellen, daß Elemente aller drei Theorien darin auftauchen. Jedoch kann keine für sich beanspruchen, alleine schlüssig den Spracherwerb zu erklären. Deutlich zu erkennen ist auch, daß bei allen drei Ansätzen die Umwelt einen nicht zu unterschätzenden Einfluß auf die Sprachentwicklung beim Kind hat, wobei nicht künstliche Lernsituationen gemeint sind. Lernt das Kind die Sprache durch Imitation, so benötigt es Erwachsene bzw. ältere Kinder – als Vorbilder –, die es nachahmen kann und die die Sprache richtig und vielfältig gebrauchen. Lernt es die Sprache durch Induktion, Generalisierung und Erprobung, dann braucht es ebenfalls Erwachsene, die die Sprache richtig sprechen und an deren Gebrauch das Kind seine Hypothesen bilden, überprüfen und schließlich verändern oder bestätigen lassen kann. Und selbst wenn auch diese These stimmt, daß im Kind die Sprache reift und wächst, dann ist es auf Erwachsene angewiesen, die dem Kind den notwendigen Raum eröffnen, damit seine Sprache sich so entwickeln kann.

Fassen wir also zusammen: Aus den dargestellten Spracherwerbstheorien ist deutlich geworden, daß Kinder vor der Pubertät die Sprache besonders gut im alltäglichen Zusammenleben erwerben und nicht in sterilen Lernübungen. Der Spracherwerb vollzieht sich „scheinbar von selbst, quasi nebenbei, ohne ausdrückliche Bemühung" (Zimmer 1994, S. 21).

3.3.2 Die Bedeutung der Muttersprache

Definition: Muttersprache

„Herr und Frau Piccin leben mit ihren drei Kindern in Hamburg; sie sprechen untereinander und mit den Kindern meistens sizilianisch. Die Eltern der Mutter leben ebenfalls in Hamburg. Da sie Rentner sind, besuchen sie oft für die Dauer mehrerer Wochen ihr Heimatdorf in Sizilien. Die Eltern von Herrn Piccin leben im selben Dorf. Im Sommer treffen sich dort die verschiedenen ausgewanderten Zweige der Familie, z. B. kommt auch eine Kusine der Mutter, die mit ihrer Familie in Frankreich lebt. Leider können sich deren Kinder kaum mit ihren Hamburger Kusinen und Vettern verständigen; sie haben französisch gelernt. Neben sizilianisch können Herr und Frau Piccin auch italienisch, sie haben es in Italien in der staatlichen Schule gelernt. Die Kinder können nur wenig italienisch: Die 15jährige Tochter kann es sprechen und verstehen, der 10jährige Sohn leidlich verstehen und die 5jährige kann es gar nicht. In der Familienkommunikation taucht italienisch regelmäßig als Medium auf, z. B. wenn Videofilme ausgeliehen werden, wenn die aus Norditalien stammenden Nachbarn zu Besuch kommen, wenn der Vater Sportzeitungen kauft. Deutsch hat die Mutter in der deutschen Schule gelernt. Der Vater hat vor seiner Ehe schon in Spanien und Frankreich gearbeitet und dabei beide Sprachen gelernt. Er spricht gut deutsch. Deutsch brauchen beide Eltern im Beruf, die Kinder in der Schule und bei den Hausaufgaben. Beim Spielen mit den Nachbarskindern werden deutsch und sizilianisch gebraucht. Sprachwechsel zwischen sizilianisch und deutsch sind im Alltag aller Familienmitglieder eher häufig; die Mutter erzählt uns, daß ihr der Wechsel meist nicht bewußt sei: beide Sprachen seien ihre Muttersprachen, nur italienisch eigentlich nicht, obwohl das natürlich die Sprache ihres Landes sei, also ihre eigentliche ‚Muttersprache'." (Neumann/Popp 1993, S. 26)

Wie definieren wir eigentlich Muttersprache?

Muttersprache ≠ Nationalsprache

Als erstes sollten wir uns vergegenwärtigen, daß Muttersprache nicht mit Nationalsprache gleichgesetzt werden darf. So kann ein Kind, dessen Familie aus Griechenland stammt, griechisch, albanisch oder türkisch als Muttersprache haben. Ein aus der Türkei stammendes Kind kann kurdisch als seine Muttersprache angeben. Und selbst in Ländern, von denen wir annehmen, daß es sich um einsprachige Nationen handelt, kann es sprachliche Minderheiten geben. Nehmen wir – um auf Familie Piccin zurückzukommen – als Beispiel Italien. Dort gibt es Minderheiten, deren Muttersprache sizilianisch, sardisch, rätoromanisch, deutsch oder friaulisch ist.

Welche Sprache nun für einen Menschen die Muttersprache ist, hängt von mehreren Faktoren ab. Hierzu gehören Herkunft, Sprachkompetenz, innere Einstellung, äußere Zuschreibung und Funktion (vgl. Barth 1990, S. 150). Bei dem Faktor Herkunft wäre die Muttersprache „die zuerst gelernte Sprache“ (a.a.O.). Nimmt man den Faktor Sprachkompetenz, so handelt es sich bei der Muttersprache um „die am besten beherrschte Sprache“ (a.a.O.). Beim Faktor „innere Einstellung“ geht es um „die Sprache, mit der sich der Sprecher selbst identifiziert“ (a.a.O.), und beim Faktor „äußere Zuschreibung“ um die Sprache, von der andere denken, „daß sie die eigentliche Sprache des Sprechers sei“ (a.a.O.). Schließlich bedeutet der Faktor „Funktion“ bezogen auf die Muttersprache, daß es die Sprache ist, die die Sprecherin am meisten verwendet.

Alle fünf Faktoren treffen nur auf Migranten der ersten Generation zu. Bereits deren Kinder unterscheiden sich hier hörbar. So wird möglicherweise bei vielen Kindern (zweite Generation) die am meisten verwendete Sprache deutsch sein, wenn sie in ihrem Freundeskreis deutsche Kinder oder Jugendliche haben und wenn sie in die Schule gehen. Bereits Kinder der dritten Generation, deren Eltern also schon die deutsche Sprache gelernt haben, könnten beim Faktor „Sprachkompetenz“ sagen, daß deutsch die Sprache ist, die sie am besten beherrschen. Eventuell trifft dies auch ihre innere Einstellung, besonders dann, wenn für sie klar ist, daß sie in Deutschland bleiben wollen.

Erkennbar ist, daß sich die Frage nach der Muttersprache nicht eindeutig beantworten läßt. Eine Antwort können uns nur die Betroffenen selbst geben. Deshalb ist es sicherlich sinnvoll, sich vor schnellen Zuschreibungen zu hüten.

Bedeutung der Muttersprache

„Ich hatte eigentlich keine Probleme mit der Sprache, sondern eher Mühe mit der Ausdrucksweise. Es kommt noch heute durchaus vor, dass ich die Dinge völlig anders verstehe. Das Wort ‚Freund/Freundin' kann hier eine ganz andere Bedeutung haben als in meiner Muttersprache Umbundu. Auch sage ich oft ‚Das werde ich nie vergessen'. Nun weiss ich unterdessen, dass man ‚vergessen' auch im Sinn von ‚verzeihen' gebrauchen kann. So passieren mir immer wieder Missverständnisse. Ich lebe in einem anderen kulturellen Umfeld als zu Hause und ich muss aufpassen, wie ich mich verhalte und äussere. Ich denke, die Leute, die jeden Tag ihre Muttersprache sprechen oder sie am Radio und Fernsehen hören, die die Zeitung in ihrer Sprache lesen, müssten sich sehr glücklich schätzen. Mir ist diese Chance weder hier noch in meiner Heimat vergönnt. So zu leben, ist nicht einfach. Ich beklage mich nicht; ich will nur die Schwierigkeiten betonen, in einer solchen Umgebung zu leben, vor allem, wenn man nicht genug Verständnis findet." (Limbindo o. J., S. 18f)

Stellenwert der Muttersprache

Der hohe Stellenwert, den die Muttersprache sowohl in emotionaler und sozialer als auch in geistiger Hinsicht hat, wurde von den Vereinten Nationen in Rechnung gestellt, als sie in die UN-Kinderrechtskonvention das Recht des Kindes auf seine eigene Sprache – also Muttersprache – aufnahm. In Artikel 30 des Übereinkommens der Vereinten Nationen über die Rechte des Kindes heißt es:

> *„In Staaten, in denen es ethnische, religiöse oder sprachliche Minderheiten oder Ureinwohner gibt, darf einem Kind, das einer solchen Minderheit angehört oder Ureinwohner ist, nicht das Recht vorenthalten werden, in Gemeinschaft mit anderen Angehörigen seiner Gruppe seine eigene Kultur zu pflegen, sich zu seiner Religion zu bekennen und sie auszuüben oder seine eigene Sprache zu verwenden."*
> (Die Rechte des Kindes 1994)

Die Muttersprache ist zunächst also die erste Sprache, die das Kind in seinem Leben hört. Auch wenn es selbst noch nicht „sprechen" kann, so sind es die Eltern, die ihm ihre Zuwendung auch über die Sprache geben. Über die Muttersprache werden Beziehungen gestaltet z. B. zu den primären Bezugspersonen (Eltern); das Kind erfährt darüber alles Wesentliche (Werte, Normen, Regeln, etc.). Dies bedeutet, daß es sich selbst und seine Welt über die Muttersprache entdeckt (vgl. Heuchert 1994, S. 91). Der Zusammenhang zwischen Identitätsentwicklung und Muttersprache ist offensichtlich. Die Muttersprache bestimmt das Selbstbild des Kindes. Darüber hinaus ist mit dem Lernen der Muttersprache auch die Aneignung von Gestik, Mimik, Intonation, Sprechrhythmus und Körperbewegung verbunden (vgl. Haider 1996, S. 31). Mit seiner Muttersprache verfügt jeder Mensch über ein Stück Sicherheit und Heimat. Schließlich erwirbt das Kind über die Muttersprache wichtiges gesellschaftliches Wissen.

Identitätsentwicklung und Muttersprache

Bedeutung der Muttersprache für den Zweitspracherwerb

Aus der Sprachforschung ist in der Zwischenzeit bekannt, daß die Muttersprache „Wegbereiterin für alle weiteren Sprachen" (Wondruschka 1979, S. 323) ist. Kinder, die ihre Muttersprache gut beherrschen, haben auch weniger Schwierigkeiten beim Erwerb der Zweitsprache. Der Grund: In der Muttersprache werden grundlegende sprachliche und kommunikative bzw. soziale, emotionale und kognitive Fähigkeiten erworben (vgl. Zimmer 1994, S. 54), die beim Erlernen einer neuen Sprache von entscheidender Bedeutung sind. So erfahren Kinder,

Muttersprache als Wegbereiterin

- daß eine Sprache nach Regeln aufgebaut ist,
- daß über Sprache ein wesentlicher Teil unserer Kommunikation läuft,
- daß die Beherrschung einer Sprache dem Menschen viele Möglichkeiten einräumt usw.

Auswirkungen der Nichtbeachtung

Viel zu lange Zeit wurde die Bedeutung der Muttersprache für die sprachliche Entwicklung bei ausländischen Kindern vernachlässigt, denn es wurde mit Hilfe eines defizitorientierten Ansatzes gearbeitet. Die Kinder hatten – so die weitverbreitete Ansicht – ein großes Problem, nämlich mangelnde deutsche Sprachkenntnisse. Dies wurde und wird besonders im Blick auf die zukünftige Einschulung der Kinder als drängend empfunden. Um keine weiteren Nachteile zu erfahren, müssen die Kinder gut mit der deutschen Sprache zurechtkommen. Die Frage ist also, unter welchen Bedingungen die Kinder die Zweitsprache am besten erlernen können.

Defizitorientierter Ansatz

Sehen wir uns dazu an, welche psychosozialen Signale ein Kind erhält, wenn seine Muttersprache, die ja ein elementarer Teil seiner Persönlichkeit ist, dort, wo es sich einen wesentlichen Teil des Tages aufhält, im Alltag nicht auftaucht. Es muß die Erfahrung machen, daß das, was untrennbar zu ihm gehört, seine Muttersprache, keine Rolle spielt; daß sie keinen Verständigungswert mehr hat, ja, daß es selbst vielleicht sogar ermahnt wird, seine Sprache nicht mehr zu benutzen. Seine Sprache und Kultur wird dadurch entwertet und dem Kind auf diese Weise Minderwertigkeit signalisiert (vgl. Auernheimer 1995, S. 213). Dies kann bis zur Selbstabwertung führen.

Abwertung von Sprache und Kultur

Kinder und Jugendliche, die z. B. aus einem englischsprachigen Land zu uns kommen oder mit Englisch als Muttersprache aufwachsen, werden täglich in Deutschland mit ihrer Sprache konfrontiert. Sie erleben es im Englisch-Unterricht in der Schule, durch die Pop-Songs im Radio, und sie wachsen im Bewußtsein auf, daß ihre Muttersprache in der deutschen Gesellschaft eine wichtige Rolle spielt, ein hohes Ansehen genießt und in Europa Amtssprache ist. Ganz anders ergeht es Kindern mit türkischer, serbischer, kroatischer oder griechischer Muttersprache. Ihre Sprache findet sich weder in der Musik noch in der Literatur wieder. Besonders dramatisch stellt sich die Situation für solche MigrantInnen und deren Kinder dar, deren Muttersprache bereits im Herkunftsland diskriminiert wurde. Hier liegen dann bereits vor der Auswanderung negative Erfahrungen mit der Muttersprache vor. Die Muttersprache hat also große Bedeutung für das Selbstbild der Kinder. Ein positives Selbstbild

Bedeutung der Muttersprache

und ein stabiles Selbstvertrauen sind wiederum Voraussetzungen für Integrationsfähigkeit in die Gesellschaft.

Nimmt man die Erkenntnisse aus der Sprachforschung ernst, so ist es sinnvoll, den Alltag der Kinder so zu gestalten, daß der Muttersprache im Erleben des Kindes neben der Sprache des Aufnahmelandes eine möglichst hohe Bedeutung zukommt.

3.3.3 Wie erlernt ein Kind eine Zweitsprache?

Definition von Zweisprachigkeit

Definition von Zweisprachigkeit

Zunächst stellt sich die Frage, wann wir es mit Zweisprachigkeit zu tun haben. In der wissenschaftlichen Diskussion gibt es eine große Spannbreite an Definitionen. So liegt für die einen Zweisprachigkeit erst dann vor, wenn beide Sprachen perfekt beherrscht werden. Eine andere Definition geht davon aus, daß schon derjenige als zweisprachig bezeichnet werden kann, der eine zweite Sprache versteht. Wir meinen mit Zweisprachigkeit die Beherrschung zweier Sprachen in einem Maße, die es den betroffenen Personen ermöglicht, beide Sprachen in wichtigen Lebensbereichen zu gebrauchen. Wichtig ist, daß bezüglich der Sprachkompetenz eine gewisse Ausgewogenheit zwischen beiden Sprachen vorliegt. Zwei- und Mehrsprachigkeit setzt also voraus,

> *„daß der Mehrsprachige in den meisten Situationen ohne weiteres von der einen in die andere Sprache umschalten kann, wenn es nö tig ist“* (Heuchert 1989, S. 22).

Bezüglich der zweisprachigen Situation „ausländischer“ Kinder sollten unsere Vorstellungen nicht „von einer idealen Zweisprachigkeit“ (a.a.O.) ausgehen. Sie ist in der Realität nur äußerst selten anzutreffen.

Beim Erwerb einer zweiten Sprache unterscheiden wir Doppelspracherwerb, natürlichen Zweitspracherwerb und den gesteuerten Zweitspracherwerb.

Doppelspracherwerb

Lernen Kinder von Geburt an zwei Sprachen gleichberechtigt, weil ihre Eltern über jeweils eine eigene Muttersprache verfügen z. B. in bilingualen Ehen, sprechen wir vom *Doppelspracherwerb* oder vom *frühkindlichen Bilinguismus.* Vater und Mutter sprechen konsequent in ihrer jeweiligen Muttersprache mit dem Kind. Es erlernt so beide Sprachen vollständig und richtig. Im Laufe dieses Lernprozesses gelingt es dem Kind zunehmend, sich zwischen den beiden Sprachen ohne Probleme zu bewegen. Hierzu können auch solche Kinder ausländischer Abstammung gerechnet werden, die bereits kurz nach der Geburt in einer Tageseinrichtung für Kinder aufwachsen. Obwohl beide Eltern konsequent ihre Muttersprache anwenden, treffen diese Kinder von Anfang an in der Kindertagesstätte auf die deutsche Sprache.

Natürlicher Zweisprachenerwerb

Der *natürliche Zweitsprachenerwerb* liegt dann vor, wenn das Kind die zweite Sprache auf natürliche Weise, nicht in kontrollierten Lernsituationen lernt und der Spracherwerb vor der Pubertät abgeschlossen ist. Dies trifft also auf alle Kinder zu, die bis zum Eintritt in den Kindergarten nur bzw. überwiegend die Muttersprache in der Familie gesprochen haben und nun in der Tageseinrichtung mit der deutschen Sprache konfrontiert werden.

Gesteuerter Zweisprachenerwerb

Der *gesteuerte Zweitspracherwerb* findet vor allem in der Schule im klassischen Fremdsprachenunterricht in künstlichen Lernsituationen statt. Im folgenden werden wir den gesteuerten Zweitspracherwerb außer Acht lassen, da er für Erzieherinnen in Tageseinrichtungen für Kinder zunächst nur innerhalb der Hausaufgabensituation, wenn sie Schulkinder zu betreuen haben, auftreten kann.

Wie wir bereits erfahren konnten, gibt es einen Zusammenhang zwischen Erstsprach- und Zweitspracherwerb, so z. B. wenn das Kind beginnt, sich den Satzbau oder die Form der Verneinung anzueignen. Je jünger die Kinder beim Erlernen der Zweitsprache sind, um so mehr gleichen sich Zweit- und Erstspracherwerb an. Deshalb stellen wir an dieser Stelle die ersten drei Phasen des Doppelspracherwerbs vor.

So verfügt das Kind in der *ersten Phase des Doppelspracherwerbs* in beiden Sprachen über einen nicht sehr umfangreichen aktiven Wortschatz im Gegensatz zum viel größeren passiven Wortschatz. Es kann zum Beispiel einen Gegenstand nur in einer Sprache benennen, aber versteht die Bedeutung in beiden Sprachen. Das Kind versteht in beiden Sprachen wesentlich mehr Wörter, als es aktiv benutzt (vgl. Heuchert 1989, S. 23). Dieses Stadium wird als „Mischsprache" bezeichnet. Das Kind unterscheidet zu diesem Zeitpunkt bei den Eltern auch nicht nach deren Muttersprache. Selbst wenn Mutter und Vater konsequent in ihrer jeweiligen Muttersprache mit dem Kind sprechen, benutzt es bei beiden Elternteilen beide Sprachen, wie es ihm in den Sinn kommt. Dies zeigt, daß das Kind die Eltern noch nicht mit einer bestimmten Sprache identifiziert. Man vermutet, daß das Kind beide Sprachen einem gemeinsamen Sprachsystem zurechnet und glaubt, daß es sich hier nur um unterschiedliche Begriffe handelt. Am Ende dieser Phase beginnt das Kind, für einen Begriff die Worte aus beiden Sprachen zu benutzen.

Mischsprache

In der *zweiten Phase* fängt das Kind an, die Personen immer mehr den jeweiligen Sprachen zuzuordnen. Es verfügt über einen größeren aktiven Wortschatz in beiden Sprachen, um Gegenstände, Situationen, Handlungen und Funktionen zu beschreiben. Trotzdem kann es noch immer vorkommen, daß die Kinder Worte aus der einen Sprache beim Benutzen der anderen Sprache in diese integrieren. In dieser Phase können auch sogenannte Doppelungen auftreten. Dies bedeutet, daß das Kind die Worte aus beiden Sprachen hintereinander benutzt. Besonders in Situationen, die dem Kind wichtig sind und es emotional sehr berühren, kann es zu solchen Doppelungen kommen, als ob das Kind mit Nachdruck seine Aussage unterstreichen wollte oder es sich um einen besonders wichtigen Wunsch handelt. Prinzipiell verläuft die Entwicklung hier in beiden Sprachen nicht parallel. Das Kind erwirbt in der einen Sprache die grammatischen Strukturen schneller als in der anderen Sprache. Die Gründe hierfür liegen in der „Komplexität der jeweiligen Sprachstrukturen"

Doppelungen

(Heuchert 1989, S. 24) und zum anderen in der Häufigkeit der Sprachbenutzung. Den deutschsprechenden Vater, der den ganzen Tag außer Haus arbeitet, hören die Kinder nicht so oft wie die französischsprechende Mutter, die zur Zeit nur halbtags berufstätig ist und deshalb mehr mit den Kindern zusammensein kann. Diese unterschiedliche Häufigkeit der Sprechsituationen in beiden Sprachen wirkt sich auf den Wortschatz aus.

In der *dritten Entwicklungsstufe* gelingt es dem Kind in kleinen Schritten Übertragungen von der einen in die andere Sprache vorzunehmen; es spricht die Erwachsenen immer häufiger jeweils in ihrer Sprache an. Der Übergang zu dieser dritten Phase kann recht unterschiedlich und mit manchen Schwierigkeiten verbunden sein. Besonders jetzt machen sich andere Faktoren bemerkbar, die den Spracherwerb der Kinder beeinflussen können. Hierzu zählen:

Faktoren, die den Spracherwerb beeinflussen

- wie intensiv die jeweilige Sprache gefördert wird;
- wie die Beziehung zu den jeweiligen SprecherInnen der Sprachen ist;
- welche Funktion die jeweilige Sprache für das Kind hat, also zum Beispiel, ob sie nur zu Hause oder nur außerhalb der Familie gesprochen wird;
- welche Einstellung die Umgebung auf die Zweisprachigkeit der Kinder bzw. der Familie hat und welche soziale Bedeutung der Sprache zukommt.

Erlernt das Kleinkind außerhalb der Familie eine zweite oder sogar dritte Sprache, so erfolgt dies „nach denselben Grundprinzipien" (Götz 1996, S. 32) wie beim Erstspracherwerb. Der einzige, aber wichtige Unterschied besteht darin, daß das Kind die zweite Sprache mit dem Bewußtsein der ersten Sprache erlernt. Dieses bis dahin erworbene Wissen ermöglicht es dem Kind, die ersten Stadien des Spracherwerbs zu überspringen. Es kann bereits „mit einer bestimmten grammatischen Struktur" (a.a.O.) seine Äußerungen beginnen. *Die Phasen des natürlichen Zweitsprachenerwerbs* lassen sich deshalb ebenfalls vereinfacht in drei Stufen einteilen:

Kopulasatz

1. In der ersten Phase überwiegt der sogenannte Kopulasatz. Damit ist gemeint, daß das Kind die Sätze vorwiegend mit dem Hilfsverb „sein" bildet: „Ich sein Mädchen", „Du sein Junge" usw. Einfachste Sätze stehen im Vordergrund. Nach einiger Zeit kann es

hier zu Veränderungen kommen. Die Sätze werden etwas länger und komplizierter.

2. In der zweiten Phase beginnt das Kind nun seine Sätze mit Voll- und Modalverben zu bilden (Beispiel: laufen, können, sollen, essen usw.). Der Satzbau nimmt an Komplexität zu, und das Kind bekommt ein Bewußtsein von den unterschiedlichen Verbformen.

3. Diese Entwicklung findet in der dritten Phase ihre Fortsetzung. Das Kind ist nun in der Lage, schwierige Sätze zu konstruieren und sich so schon auf einem recht umfassenden Niveau zu verständigen.

Psychosoziale Einflußfaktoren

Der Zweitspracherwerb beim Kleinkind wird durch verschiedene Faktoren beeinflußt. Hierzu zählen besonders folgende psychosoziale Einflußfaktoren:
- die Kontaktmöglichkeiten zu deutschsprechenden Kindern oder Erwachsenen sowie die Art der Beziehungen in der deutschsprachigen Umgebung;
- der Entwicklungsstand in der Erstsprache;
- die Motivation, sich auf die neue sprachliche Umgebung einzulassen;
- sowie das Alter (vgl. Heuchert 1994, S. 44).

Besonders der Faktor „Alter" ist von besonderer Bedeutung. Verschiedene Untersuchungen zeigen: Wenn der natürliche Zweitspracherwerb vor dem 11. Lebensjahr abgeschlossen ist, verläuft er besonders erfolgreich, und die betreffenden Kinder beherrschen die Zweitsprache ähnlich gut wie die Muttersprache (vgl. Rieck 1989, S. 171).

Ein Problem ist allerdings, wenn Kinder aus Migrantenfamilien beide Sprachen nicht richtig lernen. Hierfür können verschiedene Ursachen verantwortlich sein:
- In den Familien wird nicht konsequent in einer Sprache gesprochen, sondern ein „Mischmasch".
- Verschiedensprachige Eltern halten ihre Sprachen nicht auseinander. Das Kind lernt so nicht beide Sprachen genau zu trennen.
- Die Zweitsprache „deutsch" wird zu wenig benutzt bei gleichzeitig geringem Interesse, die Muttersprache vollständig zu lernen, da sie im Aufnahmeland zu wenig Anerkennung genießt.

Doppelseitige Halbsprachigkeit

Dieses unvollständige Erlernen beider Sprachen bezeichnen wir als *doppelseitige Halbsprachigkeit.* Dies bedeutet, „daß in beiden Sprachen nur eine sehr reduzierte Kompetenz erworben wird" (Auernheimer 1995, S. 207). So verfügen die Kinder dann beispielsweise nur über einen sehr begrenzten aktiven und passiven Wortschatz oder haben Artikulationsschwierigkeiten.

Substraktiver Bilinguismus

Viele „ausländische" Kinder sind in der Situation, daß sie die Zweitsprache auf Kosten der diskriminierten Erst- bzw. Muttersprache erwerben. Die Muttersprache wird langfristig verdrängt. Diese Art der Zweisprachigkeit ist wegen ihrer Auswirkungen auf die Persönlichkeits- und Identitätsentwicklung problematisch. Sie wird als *subtraktiver Bilinguismus* bezeichnet. Es besteht die Gefahr der doppelseitigen Halbsprachigkeit.

Neben all den möglichen Problemen gilt aber auch die Erkenntnis, daß Kinder, die zweisprachig aufwachsen, ihren einsprachigen Altersgenossen in verschiedenen Punkten überlegen sein können: Dies kann sich in einer höheren Flexibilität im Denken oder in mehr Kreativität ausdrücken. Verschiedene Studien weisen nach, daß Zweisprachigkeit kein Übel ist, sondern vielmehr zweisprachig aufwachsende Kinder „ihren einsprachigen Altersgenossen sogar in einiger Hinsicht überlegen sind" (Zimmer 1994, S. 50). Innerhalb Europas gibt es vielfältige Beispiele, wie Kinder mehrsprachig ohne Probleme aufwachsen. So ist etwa in Luxemburg im Kindergarten luxemburgisch die Hauptsprache. In der Grundschule wird deutsch als Hauptsprache unterrichtet. Ab der zweiten Klasse kommt französisch hinzu. Luxemburgisch bleibt die Umgangssprache unter den Kindern und mit den LehrerInnen bei praktischen Übungen wie z. B. dem Turnen. Auf der weiterführenden Schule wird dann französisch zur alleinigen Unterrichtssprache. Dies bedeutet: Am Ende seiner Schulzeit verfügt ein Kind über die Fähigkeit, in drei Sprachen zu kommunizieren (vgl. Hansen 1996, S. 39). Würde dies Kindern zum Nachteil gereichen, wäre es längst geändert worden.

3.3.4 Umgangsmöglichkeiten mit Zwei- bzw. Mehrsprachigkeit

Da wir von der Tatsache der multikulturellen Gesellschaft ausgehen und damit von einer mehrsprachigen Situation, lohnt es sich auch, darüber nachzudenken, wie mit der Mehrsprachigkeit umgegangen wird. Bisher kristallisieren sich vier Modelle heraus.

Umgangsweisen für Mehrsprachigkeit

- Hierarchische Segregation:
  Es wird von den Migrantenfamilien verlangt, sich der Sprache des Aufnahmelandes anzupassen. Ihre Muttersprache findet weder in der Schule noch in anderen Zusammenhängen Anerkennung.
- Hierarchische Teil-Integration:
  In diesem Fall erfährt die jeweilige Muttersprache eine teilweise Anerkennung, so zum Beispiel durch Zusatzangebote in der Schule. In der Regel bleibt dies aber nur auf wenige Sprachen begrenzt. Zunächst gab es solche Zusatzangebote, um die Rückkehr der Migranten in ihre Ursprungsländer zu erleichtern. Nachdem sich aber immer deutlicher abzeichnet, daß die Menschen nicht in ihre Ursprungsländer zurückgehen, werden diese Angebote gemacht,
  - um den Prozeß der Identitätsbildung zu unterstützen;
  - um zu dokumentieren, daß die Sprachen der Migranten auch eine Bereicherung für die Aufnahmeländer sind;
  - sowie als Ausdruck der Anerkennung der Migrantenkulturen.
- Zweisprachige Bildung:
  Von zweisprachiger Bildung wird dann gesprochen, wenn in der Schule zwei Sprachen gleichberechtigt vorkommen. Dies bedeutet, daß eine bestimmte Anzahl an Fächern in der einen Sprache und eine entsprechende Anzahl an Fächern in der anderen Sprache unterrichtet werden. Besonders in Grenzregionen wie z. B. im Elsaß oder im Kaiserstuhl-Gebiet finden wir Formen zweisprachiger Bildung an einzelnen allgemeinbildenden Modell-Schulen wieder. Hierzu liegen auch bereits entsprechende Erfahrungsberichte vor, die in der Regel von sehr positiven Ergebnissen berichten.
- Förderung der „natürlichen Mehrsprachigkeit“:
  Ziel der natürlichen Mehrsprachigkeit ist eine differenzierte Sprachförderung. Sie stellt zum einen in Rechnung, daß Kinder einer Sprachgruppe über ganz unterschiedliche Sprachniveaus verfügen, die zum Beispiel abhängig sind von der Frage, welcher Migrationsgeneration sie angehören. Zum anderen wird damit akzeptiert, daß die Aufnahmegesellschaft keinen monolingualen Sprachraum darstellt.

Förderung der natürlichen Mehrsprachigkeit

Die Förderung der natürlichen Mehrsprachigkeit sowie der zweisprachigen Bildung entspricht dem Ansatz interkulturellen Lernens und seiner Zielsetzung, da die multikulturelle Gesellschaft auf der Ebene der Sprache ihre Entsprechung findet. Diese Ansätze gehen von der Idee aus,

> *„daß es von Vorteil sei, den Sprachen der Minderheiten – bzw. der Migrantinnen und Migranten und ihrer Kulturen (...) Raum und Zeit zu gewähren“* (Allemann-Ghionda 1997, S. 5).

Hierzu gehören auch ökonomische und ökologische Gründe:

> *„Es ist unökonomisch, Sprachkenntnisse verfallen zu lassen, die die Gesamtgesellschaft gut gebrauchen kann. Es würde bedeuten, ökologische Gesichtspunkte völlig außer acht zu lassen, wenn man sprachliche Probleme (die ja Probleme sind, die die Psyche des Menschen auf das tiefste beeindrucken) einfach durch Vergessen erledigen wollte.“* (Christ 1991, S. 37)

Interdependenz-Hypothese

Ausgangspunkt für die Förderung der natürlichen Mehrsprachigkeit bildet die Interdependenz-Hypothese. Sie besagt, daß Menschen – je kompetenter sie sich in einer Sprache bewegen – desto leichter diese Kompetenzen auf eine andere Sprache übertragen können, wenn sie ausreichend Gelegenheit und Motivation haben, diese Sprache zu sprechen.

Als Konsequenzen für den sozialpädagogischen Alltag läßt sich daraus die positive Bewertung der multilingualen – mehrsprachigen – Situation ziehen. Es wird anerkannt, daß die Muttersprache Teil der menschlichen Identität ist und sie deshalb ihren berechtigten Platz auch in einer Tageseinrichtung für Kinder hat. Die verschiedenen Sprachen werden nicht als Belastung, sondern als Bereicherung empfunden, von denen alle Kinder, Eltern und Erzieherinnen profitieren können. Erzieherinnen

> *„dürfen ihre Aufgabe nicht darin sehen, die Sprachen zu bekämpfen, die die Kinder von zu Hause mitbringen, ihre Dialekte, (...), ihre Haussprachen, Minderheitensprachen, Fremdsprachen, um sie durch*

> *die allein seligmachende Schriftsprache, Hochsprache, Bildungssprache zu ersetzen – darüber ist man sich heute wohl überall einig. Sie müssen von Anfang an den Kindern das Bewußtsein der Vielfalt ihrer Sprachen geben (...).*" (Wondruschka 1979, S. 322)

Dies kann sich auch unter anderem im Erwerb mehrsprachiger Kompetenzen durch die Erzieherin ausdrücken. So berichtet beispielsweise eine Erzieherin:

> „Im Herbst '96 meldete ich mich kurzentschlossen zu einem Türkischkurs der Volkshochschule an. Bereits nach drei Unterrichtseinheiten hatte ich einen Einblick in die Struktur der Sprache gewonnen. Ich erzählte den Kindern, daß ich jetzt in eine Schule gehe, um türkisch zu lernen. Sie waren begeistert und stark erheitert, als ich eine kleine Kostprobe des frisch Erlernten von mir gab. Gleich bekam ich zu hören, daß ich Fehler mache, und mit viel Engagement wurden mir die Worte richtig vorgesagt. (...) Was bringt es mir, türkisch zu lernen? An erster Stelle steht für mich der Spaß daran, etwas Neues zu lernen. In bezug auf die Kinder habe ich bereits nach wenigen Lektionen einen Einblick in den Satzbau ihrer Muttersprache gewonnen und kann jetzt zum Beispiel nachvollziehen, warum die Kinder, wenn sie anfangs deutsch sprechen, das Verb an den Schluß stellen: Im Türkischen steht das Verb am Ende und nicht wie im Deutschen, an der zweiten Stelle, also nach dem Subjekt. (...) Den Kindern merkte ich schnell an, daß meine Bemühungen für sie eine Aufwertung ihrer Person bedeuten. Eine Annäherung einmal andersherum. Einige Kinder, die sonst nur wenig oder kaum sprechen, zeigen jetzt mir gegenüber den Mut, deutsch zu sprechen, auch wenn sie Fehler machen." (Neth 1997, S. 29f)

Grundsätzliche Regeln

Für einen sinnvollen Umgang mit der Mehrsprachigkeit in einer Tageseinrichtung gibt es nur wenige grundsätzliche Regeln, die wir im folgenden darstellen wollen. Auf drei verschiedenen Ebenen wollen wir unsere Überlegungen konkretisieren:

- auf der Ebene des Teams,
- auf der Ebene der Eltern und Familien,
- sowie auf der Ebene der einzelnen Kinder und der Kindergruppe.

Von der eigenen Bewertung der Zweisprachigkeit: das Team

Bestandsaufnahme

Am Anfang jeder Auseinandersetzung sollte für ein Team eine Bestandsaufnahme stehen, welche verschiedenen Muttersprachen in der Tageseinrichtung gesprochen werden. Wichtig erscheint, daß das Thema Mehrsprachigkeit auch dann für ein Team seine Bedeutung bekommt, wenn es sich nur um ein Kind handelt, das über eine andere Muttersprache verfügt. Schließlich soll es nicht nur darum gehen, was dies für das nichtdeutschsprechende Kind bedeutet, sondern auch der Blick auf die deutschsprachigen Kinder gerichtet werden. Wie verändert sich ihre Haltung zu einer fremden Sprache? Welche Fragen tauchen für Kinder plötzlich zu diesem Thema auf?

Umgang mit Mehrsprachigkeit

In einem zweiten Schritt überdenkt das Team seinen Umgang mit der Zwei- bzw. Mehrsprachigkeit, da von der Einstellung der Erzieherinnen hierzu viel abhängt (vgl. Heuchert 1989, S. 107). Akzeptieren sie die Tatsache der Zweisprachigkeit nicht nur, sondern finden diese auch noch interessant, so werden sie mit Offenheit und Sensibilität damit umgehen. Sehen sie in der mehrsprachigen Situation ihrer Tageseinrichtung nicht nur ein Problem, sondern auch eine Bereicherung und eine Chance für alle Kinder, Erzieherinnen und Eltern, so werden sie nach Möglichkeiten suchen, wo alle – aber besonders die Kinder – von der Sprachenvielfalt profitieren. Hierzu gehört auch, zu überprüfen, ob nicht im Team selbst Kolleginnen über zweisprachige Kompetenzen verfügen oder diese erwerben wollen.

Die folgenden Fragen können helfen, im Team eine Auseinandersetzung zur Mehrsprachigkeit herbeizuführen:

- Wer hat welche Muttersprache im Team?
- Was verbinden wir mit unserer Muttersprache?
- Welche Fremdsprachen haben wir in der Schule erlernt?
- Fiel mir selbst das Fremdsprachenlernen leicht/schwer? Warum?
- Habe ich außerhalb der Tageseinrichtung Kontakt mit Menschen, die über eine andere Muttersprache verfügen? Wie ist unser sprachlicher Umgang?
- Wie geht es mir, wenn ich im Urlaub in einem Land bin, dessen Sprache ich nicht oder nur bruchstückhaft verstehe?
- Wie geht es mir, wenn ich Kinder in unserer Tageseinrichtung in einer anderen Sprache miteinander reden höre?

In einem dritten Schritt gilt es zu überlegen, in welcher Weise in der Tageseinrichtung die verschiedenen anderen Sprachen der Kinder (oder der Mitarbeiterinnen) auftauchen können. Seit Ende der siebziger Jahre orientierten sich viele Tageseinrichtungen an der Vorstellung, daß die Kinder möglichst schnell die deutsche Sprache erwerben und deshalb besonders gefördert werden sollten. Besondere Verbreitung fand dabei das „Denkendorfer Modell" (vgl. Lumpp 1980), das der gezielten Sprachförderung der Kinder dienen sollte. Diese Förderung erfolgt über sogenannte Sprachhelfer und -helferinnen, die extra in die Tageseinrichtung (überwiegend den Kindergarten) kommen und mit fremdsprachigen Kindern in Kleingruppen zu dritt oder zu viert in einem Nebenraum die deutsche Sprache üben. Ausgangspunkt dieses Modells ist eine Defizithypothese: Die VertreterInnen dieser Form der Sprachförderung vertraten die Auffassung, daß dem Kind die deutsche Sprache fehle und deshalb mit ihm kompensatorisch gearbeitet werden müsse. Es habe also defizitäre Sozialisationsbedingungen, die kulturell bedingt seien. Darüber hinaus wird es als kommunikationsunfähig und als Quelle neuer Probleme für die Einrichtung beschrieben. Hinzu kommt die Stigmatisierung der Kinder, indem sie hervorgehoben und aus der Gruppe herausgenommen werden.

„Denkendorfer Modell"

Daß dieser Ansatz nicht dem Modell interkulturellen Lernens entspricht, ist unschwer erkennbar. Und trotzdem stößt er noch immer auf großes Interesse. Viele Erzieherinnen fühlen sich überfordert, wenn es um Fragen der Sprachförderung geht. Häufig empfinden sie Kindergruppen deshalb als problematisch, weil viele nichtdeutschsprechende Kinder in ihnen vertreten sind. Eine ganz andere Sichtweise wäre: Diese Kindergruppe ist nur solange eine besondere Belastung, solange die deutschen Erzieherinnen keine anderen Sprachen dulden und diesen nicht Raum geben (vgl. Hepsöyler u. a. 1991, S. 6).

Mehrsprachigkeit im Umgang und in der Beziehung zu den Eltern

In einer Tageseinrichtung sind besonders die Eltern wichtige Bündnispartner, wenn es darum geht, die mehrsprachige Situation sinnvoll zu bewältigen. Auf vielfältige Weise ist es möglich, Eltern von

Anfang an die Haltung der Mitarbeiterinnen zur Mehrsprachigkeit zu vermitteln. Dies können zum Beispiel mehrsprachige Hinweise am Infobrett, in den Elternbriefen, Merkblättern und der Konzeption in einer Tagesstätte sein. Sicherlich ist es nicht immer realisierbar, einen Elternbrief in vielerlei Sprachen herauszubringen, und doch können sich nichtdeutschsprachige Familien anders beachtet und repräsentiert fühlen, wenn wichtige Informationen auch in ihrer Muttersprache gegeben werden. Die Haltung der Erzieherin drückt sich auch darin aus, daß sie den Familiennamen korrekt aussprechen lernt und Eltern nicht namenlos begrüßt. Hier kommt sie ihrer Vorbildfunktion sowohl gegenüber Eltern als auch Kindern nach.

Mehrsprachige Hinweise

Oft bringen Eltern, die die deutsche Sprache nicht oder nur sehr unzureichend beherrschen, zum Aufnahmegespräch ein älteres Kind zum Übersetzen mit. Trotzdem kann es für Erzieherinnen hilfreich sein, wenn sie wissen, wer sie notfalls selbst durch Übersetzen unterstützen kann.

Aber auch für die deutschsprechenden Eltern ist es wichtig, beim Aufnahmegespräch zu erkennen, daß es sich in der Tageseinrichtung um eine Einrichtung handelt, in der eine multilinguale Situation vorliegt. Und es ist gut, wenn die Eltern dann auch etwas darüber erfahren, wie das Erzieherinnen-Team versucht, mit dieser mehrsprachigen Realität umzugehen. Dies kann im Gespräch durch die Erzieherin selbst erfolgen, aber auch durch ein Faltblatt oder einen Hinweis in der Konzeption. Oft tritt gerade bei deutschen Eltern die Sorge auf, daß diese mehrsprachige Situation ihren eigenen Kindern schade. Hier ist dann besonders die fachliche Argumentation der Erzieherinnen gefragt, die Eltern vermitteln kann, daß in der Auseinandersetzung mit anderen Sprachen Kinder wichtige Fähigkeiten und soziale Qualifikationen erwerben können.

Die Haltung gegenüber der mehrsprachigen Situation kann sich auch in Elternabenden oder Festen niederschlagen, wenn nämlich Erzieherinnen selbstverständlich darauf achten, daß für Übersetzung gesorgt wird.

Gerade Tageseinrichtungen treffen täglich auf die entsprechenden ExpertInnen für die Übersetzung von Texten oder bei Gesprächen. Die Eltern können hier sehr gut mit einbezogen werden. Eine Erzieherin berichtet:

Frau Aykut, Mitarbeiterin in einem Reisebüro, war beispielsweise sofort bereit, die Konzeption der Tageseinrichtung in das Türkische zu übersetzen. Da sie sowieso nicht so gerne kocht und backt, war sie froh, endlich einmal von uns auf andere Fähigkeiten angesprochen zu werden.

Auch Herr Veith zeigte sehr schnell Interesse, am ersten Elternabend für die neu hinzugekommenen Eltern aus dem Übergangswohnheim für Aussiedler aus Rußland zu übersetzen. Als wir ihn darauf ansprachen, erinnerte sich Herr Veith wieder an seinen ersten Elternabend in der Tagesstätte. Er wußte noch genau, wie es ist, wenn man nur wenige Worte verstehen kann.

Erzieherinnen geben mit einer solchen Haltung den Eltern ein deutliches Signal ihrer Wertschätzung und Achtung.

Ist es uns wichtig, daß Eltern am Alltag in der Einrichtung beteiligt sind, so könnten wir eine Mutter oder einen Vater immer wieder einladen, gemeinsam für und mit den Kindern Angebote zu machen, in denen ihre jeweilige Muttersprache auftaucht, sei es durch die Betrachtung eines zweisprachigen Bilderbuches, durch Geschichten erzählen, miteinander singen und reden. Dies kann für die Kinder auch deshalb sehr spannend sein, da sie so andere Sprachen hören und deren Bedeutung erleben.

Förderung der Muttersprache

Grundsätzlich sollten Erzieherinnen Eltern und Kinder ermutigen, in ihrer jeweiligen Muttersprache miteinander zu sprechen (Heuchert 1994, S. 93). Hierbei kann es für die Eltern nützlich sein, wenn die Erzieherin dies auch noch begründen kann. So erhalten sie die Gewißheit, daß sie zum Wohle ihres Kindes handeln. Folgende Hinweise können Eltern als Unterstützung empfinden:

- „Zweisprachigkeit ist kein Luxus, sondern für Ihr Kind eine Notwendigkeit. Beide Sprachen, Erstsprache und Deutsch sind für Ihr Kind wichtig. Zweisprachigkeit führt nicht zu Störungen in der einen oder anderen Sprache, dies ist wissenschaftlich gesichert.
- Sprechen Sie die Sprache mit Ihrem Kind, die Ihnen mehr liegt, zu der Sie eine engere Beziehung haben. Das ist meistens die Erstsprache. Die Verteilung der beiden Sprachen, das heißt, wer welche Sprache und wann mit dem Kind spricht, läßt sich am besten

nach dem sogenannten Prinzip ‚eine Person – eine Sprache' erreichen. Haben Sie keine Angst, daß Ihr Kind deswegen weniger Deutsch lernen wird. Es ist etwas Natürliches, mit dem Kind die eigene Sprache zu sprechen, und dafür muß jeder auch Verständnis haben.

- Wenn Ihr Kind in einem deutschsprachigen Kindergarten ist, (...) oder irgendeiner anderen Einrichtung, wo es regelmäßig mit der deutschen Sprache in Kontakt kommt, dann lernt es genug Deutsch. Wenn man da die Muttersprache ausschaltet, geht es auch nicht schneller.
- Achten Sie darauf, daß Ihre Erstsprache Ihrem Kind genauso intensiv nahegebracht wird wie Deutsch, das heißt, daß sie gegenüber dem Deutschen nicht zu kurz kommt. Alles, was das Kind im Kindergarten oder woanders auf deutsch erlebt, kann auch in der anderen Sprache besprochen werden.
- Es gibt Zeiten, da Kinder eine Sprache verweigern, nicht sprechen wollen. Das kann verschiedene Gründe haben. Wenn das Kind die Erstsprache verweigert, versuchen Sie durchzuhalten, Ihre Sprache gerade in solchen Krisenzeiten mit dem Kind verstärkt zu sprechen. (...)
- Kinder lernen im vorschulischen Alter Sprachen anders als Schulkinder oder Erwachsene: spielerisch, durch Kontakt zu den anderen Kindern oder zu Erwachsenen. Sie hören die Sprache und versuchen nachzuahmen, probieren Sätze aus, machen Fehler und verbessern sich selbst. Kinder verbessern sich in diesem Alter lieber selbst, als daß sie sich verbessern lassen. Sie sind da sehr empfindlich." (Heuchert 1994, S. 131f)

Um mit Eltern leichter in Kontakt zu kommen, besteht die Möglichkeit, die zwei- bzw. mehrsprachigen Kompetenzen im Team transparent zu machen.

Mehrsprachigkeit im Umgang mit Kindern

Im Umgang mit Kindern sind es oft die Kleinigkeiten, die dem Kind vermitteln, ob es so, wie es ist, angenommen wird. Hierzu gehört zum Beispiel, daß Namen ausländischer Kinder nicht eingedeutscht werden. José bleibt José, und Irina bleibt Irina, und sie werden nicht zu Josef und Irene.

Akzeptanz der Muttersprache

Das entscheidende aber ist: Kinder dürfen in ihrer Sprache sprechen, so viel und so oft sie wollen. Wir akzeptieren ihre Muttersprache als einen Teil ihrer Persönlichkeit. Es ist unsere Aufgabe, diese Persönlichkeiten zu fördern und zu pflegen und nicht, ihnen etwas wegzunehmen. Deshalb sollen „muttersprachliche Cliquen" nicht verboten, sondern anerkannt werden. Vier kroatische Jungs in der Bauecke sind Ausdruck für Freundschaft, Spaß am Spielen. Sie tragen zum Wohlbefinden der Kinder in der Einrichtung bei und sollen nicht als Bedrohung für die Stabilität der Gruppe oder das Selbstwertgefühl der Erzieherinnen erlebt werden.

Kinder dürfen auch sprechen, wie sie wollen. Hauptsache ist, daß sie überhaupt sprechen. Erzieherinnen selbst sollte es allerdings darauf ankommen, mit den deutschlernenden Kindern in Kontakt zu treten. Es ist nicht so wichtig, daß diese Kinder gleich „richtig" deutsch reden. Es erfolgt keine Sprachkorrektur, da sonst die Unbefangenheit beim Sprechen für die Kinder verlorengeht. Sinnvoll ist hier das „correctiv feedback": Die Erzieherin wiederholt das vom Kind Gesagte in korrekter Form, jedoch ohne die Aufforderung zum Nachsprechen. Also: Ein Kind sagt: „Ich hab' die Blumen gegießt!" Die Erzieherin antwortet: „Du hast die Blumen gegossen?" oder (besser?): „Welche Blumen hast du denn gegossen?" So wird das Gespräch fortgesetzt, und es erfolgt eine weitere Sprachanregung (vgl. Haider 1996, S. 32).

Keine Sprachkorrektur

Kommunikativer Erfolg

Grundsätzlich sollten die Erzieherinnen viel mehr Wert auf den „kommunikativen Erfolg" (Birkner 1990, S. 1) legen. Diese Vorgehensweise baut auf der Einsicht auf, daß das Erlernen einer Sprache in der Regel auf Kommunikation abzielt. Gerade beim ungesteuerten Zweitspracherwerb geht es dem Kind darum, „zu verstehen und sich verständlich zu machen, und dazu ist ihm jedes Mittel recht" (a.a.O.). Es ist daran interessiert, sich mit den anderen Kindern und Erwachsenen in der Tageseinrichtung zu verständigen. Die Richtigkeit seiner Sprache ist ihm zunächst weniger wichtig. Wann aber hat ein deutschlernendes Kind kommunikativen Erfolg? Zum Beispiel dann, wenn es der Erzieherin am Montag früh voller Freude in noch so bruchstückhaftem Deutsch von seinem Besuch am Wochenende bei Verwandten erzählt und die Erzieherin dem Kind vermitteln kann, daß sie seine Freude darüber nachempfindet. Oder es hat kommunikativen Erfolg, wenn es bei einem Brettspiel mit deutschsprechenden Kindern mitspielen kann. Besonders solche gemeinschaftlichen Aktivitäten zwischen deutschlernenden und deutschsprechenden Kindern sollten beim ungesteuerten Zweitspracherwerb im Vordergrund stehen (vgl. Birkner 1990, S. 1). Bei diesem Begegnungssprachenkonzept geht es um den spielerischen und leistungsfreien „Umgang mit einer fremden Sprache" (Rösch 1997, S. 76f).

Deutschsprachige Kinder einbeziehen

Diese Form der Begegnung, der Kommunikation wendet sich auch ausdrücklich an die deutschen Kinder. Sie können so auch anhand einer ihnen fremden Sprache „etwas über ihre eigene Sprache und Schrift erfahren" (Rösch 1997, S. 77). So besteht beispielsweise die Möglichkeit, Gemeinsamkeiten oder besondere Unterschiede in den Sprachen zu beobachten; oder die Kinder können sich besonders lustig klingende Wörter gegenseitig beibringen. Vor allem aus dem Bereich der Kinderlyrik gibt es viele Beispiele, wie Kinder gemeinsam Verse aus den unterschiedlichsten Sprachen lernen können (vgl. Hüsler 1994). Damit wird verhindert, daß deutschlernende Kinder auf die Betroffenen-Rolle festgelegt werden, da alle Kinder einer Gruppe bewußt angesprochen werden. Wenn ein solcher Umgang der Kinder untereinander zur alltäglichen Praxis geworden ist, können auch deutsche Kinder mit anderen Sprachen spielerisch vertraut werden und so ein Bewußtsein von der Vielfalt der Sprachen erhalten.

Zweisprachige Bilderbücher

Auch Leseecken können uns ein Beispiel dafür sein, wie Mehrsprachigkeit im Alltag zum Tragen kommt. Zum einen sollten die Kinder dort immer zweisprachige Bilder- und Kinderbücher vorfinden. Verschiedene Verlage bieten solche Bücher bereits an. Zum anderen können Eltern gebeten werden, wenn sie in den Ferien in ihre Heimatländer fahren, von dort Bilder- bzw. Kinderbücher auf Kosten des Kindergartens oder des Hortes mitzubringen. Diese werden in den Bestand der Einrichtung aufgenommen und stehen allen Kindern zur Verfügung. Dies läßt sich auch mit Kassetten oder anderen Medien praktizieren. Warum ist es denn so abwegig, die Geschichte vom Räuber Hotzenplotz als Hörspiel auf Italienisch zu hören? Bei Kinderliedern und zunehmend auch bei Spielen haben wir uns an fremdsprachige Texte bereits gewöhnt. Warum dann nicht auch bei Kinderliteratur?

Letztlich wird sich an der Haltung zur Mehrsprachigkeit und an der Umsetzung entsprechender Schritte der Erfolg interkulturellen Lernens mit entscheiden. Die Begegnung mit unterschiedlichen Sprachen wird zu einem Weg, „den Umgang mit Vielfalt zu erlernen“ (Allemann-Ghionda 1997, S. 7).

3.4 Sprachvergnügen

3.4.1 Sprachspiele

Wer einmal Kindern dabei zugehört hat, wie sie spielerisch mit Sprache umgehen, kann erkennen, welche Chance darin liegt, diesen spielerischen Umgang für mehrsprachige Situationen in Tageseinrichtungen zu nutzen.

Abzählreime

Gleichgültig, ob es sich um Abzählreime oder Neckverse handelt, wir können immer das gleiche Spiel beobachten: Kinder verdrehen Worte, fangen an zu reimen und freuen sich über jeden kleinen dichterischen Erfolg. Dabei werden Schimpfwörter genauso einbezogen wie sexuelle Anspielungen.

Mit diesen Sprachspielen versuchen Kinder, sich der Sprache zu nähern, und sie probieren aus, was alles mit Sprache möglich ist: Welche Worte lassen sich erfinden, und welche Worte reimen sich? Welche Reime erregen die ärgerliche Aufmerksamkeit der Erwachsenen und verletzen vielleicht gültige Normen? Welche Verse kennen die Erwachsenen aus ihrer eigenen Kindheit, wann lassen sie sich zum Mitsprechen begeistern?

Darüber hinaus üben Kinder mit solchen Sprachspielen ganz einfach zu sprechen. Keine künstliche Sprachlernsituation kann auch nur annähernd so effektiv zur Sprach- und Sprechfähigkeit des Kindes beitragen, wie Abzählreime oder Spottverse, die Kinder immer wieder für sich und mit anderen sprechen.

Hinzu kommt, daß Kinder im Kindergartenalter ein Bewußtsein von der Existenz anderer Sprachen entwickeln.

Als der fünfjährige Malte von seinem Vater vom Kindergarten abgeholt wurde, rief er ganz begeistert: „Ich kann schon Englisch!" Und dann sprudelte es nur so aus ihm raus: „Gell, yes heißt ja, und no heißt nein!" Auf die Frage, woher er das denn wisse, sagte das Kind ganz stolz: „Wir lernen gerade Sprachen!" Etwas verwirrt ob dieser Antwort seines Sohnes, fragte der Vater bei einer günstigen Situation im Kindergarten nach. Die Erzieherin lachte und bestätigte, daß sie zur Zeit in der Gruppe jeden Tag mit Liedern, Versen und Reimen aus anderen Sprachen spielten. Sie berichtete ihm, daß es fast keinen Tag gäbe, an dem die Kinder nicht irgendein Wort in einer anderen Sprache wissen wollten. Und sie zeigte dem Vater einige der beliebtesten Verse.

Mehrsprache Lieder

Da Kinder Freude und Lust haben, andere Sprachen zu entdecken und mit Sprache zu spielen, lassen sie sich auch schnell für mehrsprachige Lieder, Spiele oder Reime begeistern (vgl. Naegele/Haarmann [3]1991; Hüsler [2]1994). Diese, entsprechend in passenden Situationen eingesetzt, erregen das Interesse und die Begeisterung der Kinder.

Das bewußte spielerische Lernen von mehrsprachigen Liedern und Spielen hat hier seine Berechtigung, genauso wie ein alltägliches Gespräch über Sprachen (direkte / indirekte Thematisierung). Fragt die Erzieherin beiläufig ein Kind mit kroatischer Muttersprache, wie das eine oder andere Wort in seiner Muttersprache heißt, so kann dies auch zu einem offenen „Sprachklima" in der Tageseinrichtung beitragen.

3.4.2 Einsatz von Kinderliteratur in Tageseinrichtungen

Im vorangegangenen Kapitel (3.3) haben wir bereits an einem Beispiel beschrieben, wie Kinderliteratur in Tageseinrichtungen zum Beispiel durch die Gestaltung einer Leseecke eingesetzt werden kann, um interkulturelles Lernen zu unterstützen. Die folgenden Überlegungen sollen dies vertiefen und aufzeigen, welche vielfältigen Einsatzmöglichkeiten von Kinderliteratur darüber hinaus bestehen.

Kinderbuchautoren aus anderen Ländern

Kinderbuchautoren und -autorinnen aus anderen Ländern oder solche, die als fremdsprachige Autoren in Deutschland schreiben, sollten immer in einer Leseecke vertreten sein, gleich, ob in der Tageseinrichtung Kinder nichtdeutscher Herkunft vertreten sind oder nicht.

Fremdsprachige Kinderbuchautoren und -autorinnen, die selbst als Migranten und Migrantinnen in Deutschland leben, wie z. B. Rafik Schami, Ghazi Abdel-Quadir oder Yüksel Pazarkaya, tragen dazu bei, daß Kinder – egal, ob deutsche oder nichtdeutsche – ein Stück ihrer Welt auch in Büchern wiederfinden.

> *„Die Bundesrepublik, das wird an diesen Autoren deutlich, ist, wenn auch ohne rechtlichen und politischen Status, zumindest in kultureller Hinsicht ein Einwanderungsland."* (Mattenklott 1998, S. 16)

Diese Autoren bringen neue Impulse in die Kinderliteratur ein und eröffnen Kindern neue Perspektiven.

Sie erfüllen mit ihren Büchern eine wichtige Aufgabe von Kinderliteratur: die Kinder

> *„in ihrer Welt heimisch zu machen, indem sie von ihr erzählt (...). Die Welt unserer Kinder ist glücklicherweise weit. Damit sie sich ihnen nicht verengt, brauchen sie, gleich welcher Herkunft, gleich welche Sprache, Geschichte, Kultur sie mitbringen (...) Geschichten von überallher."* (A.a.O., S. 17)

Themenvorschläge

Zu folgenden Bereichen sollten Kinderbücher in der Tageseinrichtung vertreten sein:

- In den Büchern sollte das vielfältige Leben von Minderheiten in Deutschland beschrieben werden. Besonders günstig ist es, wenn es sich dabei um Bücher handelt, die in irgendeiner Form das Thema „ethnische Minderheit(en)" behandeln und die nicht von deutschen Autoren oder Autorinnen geschrieben sind. Andernfalls könnte es sonst leicht passieren, daß die Kinder in solchen Erzählungen als Opfer ihrer Lebenssituation dargestellt würden.
- Die Bücher sollten über das Leben in anderen Ländern berichten. Indem Kinder von der Lebenswirklichkeit anderer Kinder erfahren, können sie ihre eigene Situation besser erfassen, sehen sie doch durch solche Bücher auch ihr Leben in einem neuen Licht.

Sie können dabei entdecken, daß es Dinge gibt, die für Kinder allgemein wichtig sind, wie zum Beispiel Raum zum Spielen oder die Freundschaft unter Kindern.

- Besonders hilfreich sind Bilderbücher, in denen Kinder unterschiedlicher Hautfarbe vertreten sind. Sie sind ein Identifikationsangebot an alle Kinder in einer Gruppe. Mit ihnen bekommt der Satz „Es ist völlig normal, verschieden zu sein!“ konkrete Gestalt.

Ein solches breit gefächertes Literaturangebot nimmt die Lebenssituation der Kinder ernst, indem sie sich darin wiederfinden; es kann allen Kindern auch ganz neue Horizonte eröffnen.

Medien für Kinder

Neben dem Einsatz von Kinderbüchern – gleich ob es sich um Bilderbücher oder Erzählungen handelt – ist es sinnvoll, auch andere Medien für Kinder bereitzuhalten. Besonders Hörspielkassetten eignen sich gut dafür, die mehrsprachige Situation in einer Tageseinrichtung zu berücksichtigen. So gibt es beispielsweise viele Kinderbuchklassiker längst in Übersetzungen verschiedenster Sprachen, auch als Kassetten zum Anhören. Den meisten (deutschen) Erzieherinnen ist es nicht möglich, auch nur eine der verschiedenen Muttersprachen der nichtdeutschen Kinder zu sprechen und sie so zu würdigen. Durch Hörspielkassetten bekommen die unterschiedlichen Sprachen also einen zusätzlichen Platz in der Tageseinrichtung. Den Kindern wird signalisiert, daß ihre Muttersprache kein Hindernis oder Problem ist, sondern Bestandteil ihrer Persönlichkeit.

Die Kinderliteratur anderer Länder in der Originalsprache kann im Einzelfall eine anregende Ergänzung für die zweisprachig aufwachsenden Kinder sein. Ein Gespräch mit Eltern nichtdeutscher Herkunft, ein Anruf in der Stadtbücherei oder ein Blick in den Katalog der Buchhändlerin kann hier schnell weiterhelfen.

3.4.3 Kriterien zur Auswahl von Kinderbüchern

Im folgenden stellen wir einige Kriterien für die Auswahl von Kinderliteratur vor, die die multikulturelle Wirklichkeit unserer Gesellschaft aufgreifen. Diese Kriterien wurden von der Arbeitsgruppe „Erklärung von Bern", einer entwicklungspolitischen Organisation, die sich besonders um Kinderliteratur bemüht, zusammengestellt (vgl. Fremde Welten 1997). Nachfolgend zitieren wir die wichtigsten Punkte daraus und erweitern sie auf die Situation von Migrantenkindern und deren Familien:

- „Wer sind die Helden der Geschichten?"
  „Wer bestimmt die Handlung? Wer trifft die Entscheidung? Von wem hängt der Gang der Geschichte ab?" (A.a.O., S. 6) Sind zum Beispiel Migrantenkinder nur Nebenfiguren in der Geschichte und die Kinder der Mehrheitskultur die Hauptfiguren? Warum sind sie Hauptfiguren?
- Wie werden Menschen verschiedener Völker oder ethnischer Minderheiten beschrieben, wie handeln sie, und wie verkehren sie untereinander?
  Werden zur Beschreibung der Angehörigen von Minderheiten oder anderer Völker Klischees und Vorurteile benutzt? Haben zum Beispiel alle türkischen Väter einen Schnurrbart, und ordnen sich alle türkischen Mütter unter? „Unterschieben die Autoren, die Autorinnen den Menschen kollektive Gefühle und Haltungen? Zum Beispiel: Alle Neger sind wie große Kinder, alle Araber sind hinterlistig, alle Weißen sind fleißig und pünktlich." (A.a.O., S. 6) Werden Migrantenkinder beispielsweise als „defizitär, das heißt als leidende Menschen mit Problemen dargestellt" (Schmidt-Dumont 1996, S. 6)?
  Nehmen die Vertreter der Mehrheitskultur gegenüber den Minderheiten eine überlegene, gleichgültige oder paternalistische (bevormundende) Haltung ein? Neigen die Autoren zur Schwarz-Weiß-Malerei?
- „Wie werden andere Lebensformen beschrieben, andere Lebensnormen gewürdigt?
  Werden andere Lebensformen so dargestellt, daß sie zwar als durchaus anders, aber dennoch gleichwertig wie die unsrigen wirken? Oder vermitteln die Beschreibungen des Lebens in anderen Kulturen den Eindruck, daß jene Menschen minderwertig seien? Versucht der Autor, die Autorin, einen genauen Einblick in andere Kulturen und ihre Ausdrucksformen zu geben oder werden diese vereinfacht und schablonenhaft beschrieben, wirken sie un-

heimlich oder gar abstoßend? (...) Werden andere Religionen den christlichen gegenüber gleichwertig oder als Aberglaube, als heidnisch und primitiv dargestellt? Werden Lebensräume realistisch dargestellt?" (Fremde Welten 1997, S. 7)

- „Welches ist die Botschaft des Buches?
  (...) Wie werden Probleme aufgezeigt? Welche Lösungen werden vorgeschlagen?" (A.a.O., S. 7) Gehen die Autoren auf die Ursachen von Benachteiligung ein? Sind beispielsweise die Minderheiten das Problem? Werden die Probleme durch die Intervention der Mehrheit gelöst oder durch eigene Initiative der Minderheiten?
- Illustrationen:
  Wird mit Klischees gearbeitet? Haben Menschen anderer kultureller Minderheiten oder Völker eigene, individuelle Züge, oder sehen sie alle gleich aus? Was wird differenziert dargestellt und was nicht? Wer ist aktiv, wer ist passiv, wenn Menschen unterschiedlicher Kulturen auf dem Bild abgebildet sind?
- Sprache und Stil:
  „Gelingt es dem Autor, der Autorin, Menschen und ihre Umgebung respektvoll zu beschreiben, oder verraten Stil und Wortwahl eine rassistische Haltung?" (A.a.O., S. 8)
  Radebrechen beispielsweise Menschen von ethnischen Minderheiten, oder werden bestimmte Fähigkeiten als etwas besonderes hervorgehoben (dies wäre zum Beispiel der Fall, wenn bei einem kurdischen Mädchen besonders betont würde, daß sie auf dem Gymnasium ist).
- Wer ist der Autor, die Autorin? Wer ist der Illustrator, die Illustratorin?
  Sind sie selbst Migranten, Angehörige von Minderheiten oder anderer Kulturen und Völker? Oder wird das Buch von deutschen Autoren geschrieben und Illustratoren gemalt? Was befähigt deutsche Autoren / Illustratoren, über andere Völker oder ethnische Minderheiten zu schreiben?

Diese Kriterien geben eine erste Orientierungshilfe bei der Auswahl von geeigneten Kinder- und Jugendbüchern. Darüber hinaus veröffentlichen verschiedene Organisationen in regelmäßigen Abständen Empfehlungslisten geeigneter Kinder- und Jugendbücher, die ebenfalls eine Entscheidungshilfe darstellen können (vgl. Deutsche Welthungerhilfe 1996; Fremde Welten 1997; Schmidt-Dumont 1996).

Kinderliteratur, die diesen Kriterien gerecht wird, kann dazu beitragen, daß sich Kinder öffnen und sich „auf die Perspektive des anderen einlassen" (Schmidt-Dumont 1996, S. 5).

3.5 Feste und Feiern – Ausdruck kultureller Lebendigkeit

Feste prägen den Lebensrhythmus

Feste haben eine ganz besondere Bedeutung im Leben der Menschen: Sie prägen den Lebensrhythmus durch den Wechsel von Arbeiten und Feiern. Sie heben sich ab von der gewöhnlichen Zeit des Alltags, es gelten andere Regeln als im sogenannten normalen Leben. Nicht das vernünftige Einteilen von Geld, Nahrung oder Zeit ist mehr das entscheidende, sondern Fülle und Großzügigkeit prägen solche Festzeiten.

Dabei unterscheiden wir zum einen die Feste im Jahreslauf, die durch die jährliche Wiederholung an bedeutsame Ereignisse in Religion und Kultur erinnern und häufig an ganz elementare Naturerfahrungen anknüpfen. Zum anderen kennen die verschiedenen Kulturen unterschiedliche Feste im Lebenslauf eines Menschen, z. B. Geburtstag, Beschneidung, Hochzeit etc. Man spricht bei diesen Festen auch von Passageriten, weil sie den Menschen an bestimmten wichtigen und entscheidenden Lebensabschnitten begleiten.

Feste können nicht allein gefeiert werden, sie sind immer eine Angelegenheit einer Gruppe oder Gemeinschaft: der Familie, einer nationalen oder religiösen Gruppe oder einer Interessengemeinschaft, wie sie beispielsweise auch Kinder, Erzieherinnen und Eltern einer Kindertagesstätte bilden. Im Leben einer solchen Gruppe sind Feste wichtige Ereignisse, die die Identität und Solidarität stärken können, gleichzeitig zeugen sie von Lebensbejahung. Dies zeigt sich in der Festgestaltung, zu der immer Elemente gehören, die sinnliche Erfahrungen ermöglichen: Musik, Tanz, Essen und Trinken, besondere Rituale. Selbst wenn der ursprüngliche Sinn eines Festes mehr und mehr verlorenzugehen scheint, so behält das Fest doch häufig seine Bedeutung für die jahreszeitliche Orientierung oder als Höhepunkt im Lebenslauf. Diese Bedeutung ist für Kinder besonders groß. Feste und Festzeiten gliedern für sie das Jahr oder auch die Zeit bis zum Erwachsensein und sind deshalb ein wichtiges Orientierungssystem, umso wichtiger, je jünger die Kinder sind. Deshalb haben Feste in Tageseinrichtungen schon immer eine große Rolle gespielt; sie spiegeln in Auswahl und Gestaltung auch gesellschaftliche Situationen und pädagogische Konzepte. Für Erzieherinnen ist die Aufnahme von Festen eine wichtige Aufgabe im Berufsalltag. Dabei wird von ihnen erwartet, daß sie Festtraditionen vermitteln, den Kindern einen Zugang zum Sinn einzelner Feste ermöglichen und mit ihnen das gemeinsame Feiern einüben: eine anspruchsvolle Aufgabe in einer Gesellschaft, in der es immer weniger verbindliche und einheitliche Traditionen gibt, dafür aber eine Vielzahl unterschiedlicher Festtraditionen aus verschiedenen Religionen und Kulturen. Dies stellt eine zusätzliche Herausforderung dar, auf die unterschiedlich reagiert wurde und wird.

3.5.1 Das Feiern von Festen in Tageseinrichtungen – ein Spiegel pädagogischer Entwicklungen

Fremde Festbräuche spielen eine Rolle

Die Auswahl und Gestaltung von Festen wurde seit jeher vom christlichen Kirchenjahr, von traditionellen und örtlichen Festen bestimmt.

An dieser Situation änderte sich auch nichts, als in den 60er und 70er Jahren zunehmend die Kinder der „Gastarbeiter“ die Einrichtungen besuchten. Dem Ziel der Ausländerpädagogik, die Kinder auf das Leben in einem fremden Land mit anderen kulturellen Elementen vorzubereiten, widersprach diese Praxis nicht. Die Kinder wurden in die Festvorbereitungen einbezogen und feierten die hier üblichen Feste mit. Sie lernten auf diese Weise die hiesigen Festbräuche kennen und hatten Anteil an zentralen Ereignissen der Kindergruppe. So berichtet beispielsweise eine muslimische Studentin:

> „Ich erinnere mich, wie ich damals im Kindergarten Ostereier bunt anmalte, für den Sankt Martinszug fleißig an der Laterne bastelte, in der Schule an Weihnachtsfeiern teilnahm und vieles andere mehr – nach meinen Festen jedoch fragte keiner.“ (Kuhn 1998, S. 13)

Bei aller positiven Wirkung, die vom Mitfeiern ausging, verstärkte sich durch diese Praxis das Gefühl der Fremdheit. Es ging um die Integration der ausländischen Kinder im Sinn von Assimilation. Die Feste, die die Kinder aus ihrem Heimatland oder ihrem Elternhaus kannten, spielten im Kindergarten keine Rolle.

Fremde Festbräuche als Bereicherung

Diese Situation war für Erzieherinnen und Pädagogen unbefriedigend, die unmittelbar mit den ausländischen Kindern arbeiteten. Sie erlebten diese Kinder und deren Eltern als Bereicherung, weil sie gerade bei Festen ihre eigenen Bräuche einbringen können, sei es durch nationaltypische Speisen oder folkloristische Elemente wie Tänze aus den verschiedenen Heimatländern. Die gemeinsamen Feste wurden entdeckt als gute Möglichkeit aufeinander zuzugehen, im Feiern Gemeinsamkeiten zu erleben, aber auch auf die kulturellen Unterschiede und Eigenarten aufmerksam zu werden. Es stellte sich heraus, daß man wenig voneinander kannte und daß gerade bei fremden Festbräuchen ein großes Informationsbedürfnis bestand. Am ausgeprägtesten zeigte sich diese Wissenslücke bei den Festen anderer Religionen, vor allem des Islam. Die Erzieherinnen waren beim Zusammensuchen von Informationen und Anregungen weitgehend auf sich gestellt. Diese Arbeit wurde aber mit großem Engagement und Idealismus vorangetrieben, denn man sah darin die Möglichkeit, Vorstellungen von einer multikulturellen Gesellschaft umzusetzen. Die Leiterin eines evangelischen Kindergartens in Frankfurt/Main meint rückblickend:

> „Wir bemühten uns damals sehr um die ausländischen Familien und feierten beispielsweise das Ende von Ramadan oder koreanische Feste im Kindergarten.“ (Simon 1998, S. 19)

Heute allerdings beurteilt sie ihr Vorgehen mit einer gewissen Skepsis. Diese Feste erscheinen ihr im nachhinein als „Inszenierungen“, die etwas „Verkrampftes und Naives“ hatten (a.a.O.). Die anfängliche Euphorie und Aufbruchsstimmung ist heute in vielen Einrichtungen eher gedämpft. Die Integration der kulturellen Vielfalt, die es in unserer Gesellschaft gibt, scheint eher schwieriger als leichter zu werden. Was könnten die Ursachen für diese zunehmend kritische Haltung sein?

Die zunehmende Differenzierung innerhalb der Migrantengruppen

Längere oder kürzere Aufenthaltsdauer in Deutschland, mehr oder weniger starke Verbundenheit mit dem Herkunftsland, breiter gefächerte Bildungsabschlüsse, unterschiedliche Zukunftsperspektiven usw. führen dazu, daß die einzelnen Migrantengruppen immer uneinheitlicher werden. Damit unterscheiden sie sich in ihrer Lebensweise und Festpraxis nicht weniger voneinander als andere Gruppen in der deutschen Gesellschaft: Für beide Seiten gilt, daß die eigene Kultur und die eigenen Traditionen durchaus nicht immer diesselbe Bedeutung haben. Familien, die ein ausgesprochenes Traditionsbewußtsein pflegen, und solche, die sich damit schwertun oder keinen Wert darauf legen, finden wir unter Migranten ebenso wie unter sogenannnten Einheimischen. Für die Migranten kommt hinzu, daß nicht wenige von ihnen sich im Laufe der Zeit so an die deutsche Umgebung angepaßt haben, daß für sie vor allem die Feste zum eigenen Lebensrhythmus gehören, die mit Ferien und Feiertagen verbunden sind, und das sind in erster Linie Weihnachten und Ostern. Außerdem wehren sich Migrantenkinder und ihre Eltern zunehmend gegen den Gruppenblick, der in ihnen primär Vertreter einer bestimmten nationalen Kultur sieht, die es in dieser Einheitlichkeit gar nicht mehr geben kann. Feste verändern sich im Laufe der Zeit und unter anderen gesellschaftlichen Bedingungen, vor allem auch in einem anderen Land. Das folgende Beispiel zeigt, daß es nicht mehr nur darum geht, ob und wie „ausländische“ Festtraditionen in deutschen Institutionen einen Platz haben, sondern welchen Platz die Migranten selbst in dieser Gesellschaft für sich wollen und finden:

Festtraditionen verändern sich

> Das Team einer Tagesstätte stellt an einem Elternabend seinen Wunsch vor, Ausdrucksformen anderer Kulturen in die Gestaltung der Institution zu integrieren. Die deutschen Eltern unterstützen dies und wünschen sich ausdrücklich ausländische Feste und das Erlernen ausländischer Lieder und Tänze für ihre Kinder. Wider Erwarten stößt dieses Anliegen bei der Mehrheit der Migranten auf Skepsis. Sie wünschen sich die traditionellen deutschen Feste und lassen sich nicht dafür gewinnen, die eigenen Feste einzubringen. Sie begründen ihre Haltung mit der Zwischensituation, in der sie lebten:

> „Meine Heimat ist irgendwo dazwischen, ich weiß nicht mehr, wo meine Heimat ist. Da gehört mir nicht mehr dies oder das Fest.“ „Es ist furchtbar, wenn wir als Ausländer den Deutschen was vorführen sollten: So, das ist nun unser Fest. Das könnte ich niemals. Das könnte wohl keiner.“ Allgemein hieß es, daß es in der Kita sehr schöne Kinderfeste gäbe, in die ausländische Elemente einfließen könnten, wie z. B. Musik, Speisen, Verkleidungen, Tänze. Dazu müßte eher der Freiraum zum Mitmachen bestehen, als kulturelle Gebräuche zu inszenieren, letzteres wäre „künstlich und lächerlich“. (Kinderkunterbunt 1996, S. 14f)

Für die Erzieherinnen wurde so deutlich, daß es nicht damit getan ist, Feste zu feiern, von denen man glaubt, daß sie zu bestimmten Kindern und Eltern gehören müßten. Die „Zwischensituation“, in der sich viele befinden, muß stärker als bisher berücksichtigt werden.

Die Erzieherin zwischen Eigenem und Fremdem

Nicht nur die Situation der Migrantenfamilien verändert sich mit zunehmender Aufenthaltsdauer, sondern auch die Erzieherinnen sind herausgefordert, ihren eigenen Standpunkt zu überdenken. Gerade diejenigen, denen eine aufgeschlossene und akzeptierende Haltung wichtig ist, erleben, daß die Beschäftigung mit fremden Festen auch zu einer Auseinandersetzung mit der eigenen Tradition führen kann. Versteht man „şeker bayram“ nicht nur als Fest der vielen Süßigkeiten, sondern auch als Ausdruck der Freude und Dankbarkeit über die bestandene Fastenzeit, so können dadurch Anfragen an die eigene Haltung zu Verzicht und Miteinanderteilen ausgelöst werden. Überlegungen wie „Was ist mir selbst denn wichtig?“ und „Kann ich ein mir fremdes Fest überhaupt angemessen feiern?“ können auch Ursachen dafür sein, sich beim Feiern fremder Feste zurückzuhalten. Unter diesen Vorzeichen wäre diese Haltung Ausdruck von Respekt gegenüber dem Fremden und das Eingeständnis eigener Grenzen. Das ist nicht zu verwechseln mit Abgrenzung und Abwehr.

3.5.2 Welche Feste feiern wir?

Planung und Vorbereitung

Feste sollten ein wichtiger Teil des Lebens einer Tageseinrichtung sein, aber nicht unbedingt der wichtigste. Die hohen Erwartungen, die an Feste als gemeinschaftsstiftende Veranstaltungen geknüpft sind, können nicht immer erfüllt werden. Ob Feste gelingen und tatsächlich Gemeinschaft entsteht und erlebt werden kann, entscheidet sich im Alltag, nicht zuletzt durch die Art der Planung und Vorbereitung von Festen.

> *„Die Spiele, Lieder und Feste sind kein Selbstzweck, um langweilige Kindergartentage attraktiver zu machen, sondern sie sollen helfen, auch das Anderssein anzuerkennen, zu achten und besser miteinander leben zu lernen.“* (Franger/Kneipp 1984, S. 13)

Dieses Ziel ist aktueller denn je. Es verweist auf die Alltagsrelevanz der Festpraxis: „şeker bayram“ im Kindergarten bleibt Selbstzweck, wenn nicht gleichzeitig islamische Speise- und Fastenvorschriften respektiert und bei der Zusammenstellung des täglichen gemeinsamen Essens berücksichtigt werden. Ob eine Einrichtung Feste anderer Kulturen feiert oder nicht, gilt häufig als Gradmesser für ihre Aufgeschlossenheit. Aber: Ein multikulturelles Sommerfest allein verändert nicht viel. Auch diese Erfahrung mag ein Grund für die oben erwähnte Skepsis sein: Es ist leichter, miteinander ein Fest mit ganz unterschiedlichen Beiträgen zu feiern, als Unterschiede im Alltagsleben zu akzeptieren und auszuhalten.

Dies verweist auf die Ambivalenz solcher Feste: Einerseits zeigt sich darin eine grundsätzliche Bereitschaft, sich mit Menschen anderer nationaler Herkunft auseinanderzusetzen. Andererseits besteht auch immer die Gefahr, daß solche Aktionen eine Alibifunktion bekommen. Man würde eine wirkliche (auch konfliktreiche) Auseinandersetzung mit eigenen und fremden Vorstellungen umgehen, wenn man glaubt, mit dem Feiern eines solchen Festes allein schon die eigene Toleranz bewiesen zu haben (vgl. Haller 1997, S. 111 u. S. 121).

Feste als Ausdruck der Konzeption

Auf Feste bezogen bedeutet dies, daß sie mehr sein müssen als folkloristische Veranstaltungen, nämlich Ausdruck von persönlicher Identität und der Konzeption der Tageseinrichtung. Dann entstehen möglicherweise ganz neue Formen des Festefeierns. Wichtig ist aber, daß auch die religiösen Wurzeln von Festen erkennbar bleiben. Sie sperren sich vielleicht dem allzu oberflächlichen Mitfeiern, sind aber authentischer Ausdruck einer anderen Kultur. Auf diese Weise fordern sie Kinder und Erwachsene heraus, „das Anderssein anzuerkennen" (Franger/Kneipp a.a.O.).

Es wird deutlich: Was, wieviel und wie gefeiert wird, muß immer wieder neu entschieden werden. Dabei soll weder die Situation der Familien noch der Erzieherin außer acht gelassen oder Bedenken übergangen werden. Im folgenden versuchen wir, Wege aufzuzeigen, wie mit Festen sinnvoll im Rahmen des Konzepts interkultureller Erziehung umgegangen werden kann.

„Wenn wir alle Feste berücksichtigen wollten, kämen wir aus dem Feiern gar nicht mehr heraus."

Solche und ähnliche Bemerkungen hört man vor allem von Erzieherinnen, die mit Kindern aus vielen verschiedenen Herkunftsländern arbeiten. Feste, so wichtig sie für die Gestaltung des Jahresablaufs sind, sollten nicht die gesamte Planung bestimmen. Hierfür kann es entlastend sein, sich immer wieder zu verdeutlichen, daß Feste nicht nur durch Feiern berücksichtigt werden können. Auch für diesen Bereich gelten die beiden Umsetzungsmöglichkeiten für interkulturelles Lernen: Feste können sowohl direkt – durch besondere Festprojekte – als auch indirekt – durch Integration in den Alltag der Tageseinrichtung – thematisiert werden (vgl. auch Kap. 2.2.5).

„Ich weiß, du feierst heut' ein Fest" – indirekte Thematisierung

Der Erzieherin fällt auf, daß Gönül und ihr Bruder seit einigen Tagen morgens erst besonders spät in den Kindergarten kommen. Obwohl sie sonst sehr aktiv und bewegungsfreudig sind, wirken sie zur Zeit häufig müde. Auf Nachfrage erfährt sie, daß zuhause abends immer noch Besuch da ist und alle zusammen essen und feiern, weil sie tagsüber das im Ramadan übliche Fasten einhielten. Sie nimmt sich vor, den beiden Kindern immer wieder Möglichkeiten zur Ruhe und zum Ausruhen zu geben.

Als Viktoria am 4. Januar wieder in den Kindergarten kommt, sieht sie sofort, daß etwas fehlt. Der Tannenbaum, der vor den Ferien in der Mitte der Eingangshalle stand, ist weggeräumt. Dabei kommt Weihnachten doch erst noch, übermorgen am 6. Januar. Sie ist enttäuscht.

Für Kinder ist es wichtig, daß die Höhepunkte ihres Lebens auch in der Tagesstätte Beachtung finden. Stellen wir uns doch einmal vor, was in einem Kind vorgeht, wenn ein Fest bevorsteht und dann gefeiert wird: Es beginnt mit der Vorfreude, dem Zählen der Tage bis zum großen Ereignis, Vorbereitungen werden miterlebt. Das Fest selbst bringt Geselligkeit, Verwandtenbesuch, Geschenke, bestimmte feste Formen des Feierns, auf jeden Fall eine besondere Stimmung, Anspannung und auch Anstrengung nicht zuletzt durch längeres Aufbleiben als an normalen Tagen und die allgemeine Hektik. Bietet die Tagesstätte keinen Raum, um diese wichtigen Erfahrungen einzubringen, erlebt das Kind seine Familie und die Kindergruppe als etwas Getrenntes, es kann sich mit seiner eigenen familiären oder kulturellen Tradition nicht zeigen (vgl. Sieg 1997, S. 31).

Unterschiedliches Aufgreifen von Festen

Auch wenn nicht alle Feste in der Tageseinrichtung vorbereitet und gefeiert werden, können sie in anderer Weise aufgegriffen werden. Für Viktoria wäre es wichtig gewesen, den Tannenbaum bis zu „ihrem" Weihnachtsfest stehen zu lassen, das für die russisch-orthodoxe Kirche eben am 6. Januar liegt. Einige weitere Möglichkeiten sind:

- Die Erzieherin gratuliert Kindern und Eltern zu ihrem Fest.
- Die besondere Kleidung eines Kindes kann Anlaß zum Nachfragen und Erzählen sein.
- Die Dekoration der Räume orientiert sich nicht nur an den Festen der Mehrheitskultur.
- Typische Festsymbole werden sichtbar gemacht, z. B. erinnert ein Gabentisch im Eingangsbereich an das Erntedankfest oder kleine Öllampen auf den Fenstersimsen an Diwali.
- In Büchern und Geschichten spielen Feste aus verschiedenen Kulturen eine Rolle.
- An Kochtagen werden gerade aktuelle Festspeisen berücksichtigt.
- Es sind Materialien vorhanden, die das Spielen verschiedener Feste ermöglichen, zum Beispiel ein spezieller kleiner Tontopf, wie

er für das Kochen von Reis an Pongal, dem tamilischen Erntedankfest, benutzt wird.

Diese Vorschläge orientieren sich am Prinzip der Wertschätzung und Repräsentanz (vgl. Kap.2.2.5). Sie bedeuten für die Erzieherin gleichzeitig Entlastung und Anforderung.

Entlastung der Erzieherin

Entlastung deshalb, weil deutlich wird, daß es primär nicht um ein Mehr an Veranstaltungen geht, sondern um eine Haltung und Umgangsweise im Alltag. Die Erzieherin kann Eltern und Kindern ihr Interesse und ihre Anteilnahme vermitteln. Jedes Kind kann mit seinen Erlebnissen in der Tagesstätte ankommen. Dieser Teil seiner Persönlichkeit bleibt nicht außen vor, sondern wird wichtig- und ernstgenommen. Die anderen Kinder erleben im Alltag, daß es verschiedene Höhepunkte im Jahr gibt: Beginnt Daniel schon im November damit, alle seine Wünsche für Weihnachten eifrig aufzumalen, so erzählt Semra mit Begeisterung von den Vorbereitungen und Einkäufen für „şeker bayram“. Gelingt es der Erzieherin sowohl auf Daniels Wunschliste einzugehen, als auch Semras Einkaufserfahrungen aufzunehmen und eventuell beim nächsten Einkauf für die Tagesstätte zu nutzen, kann Unbekanntes und Fremdes zu etwas Selbstverständlichem und Vertrauten werden. Die Akzeptanz und Achtung gerade auch andersgläubiger Kinder wird gefördert (vgl. Kuhn 1998, S. 13).

Anforderung an die Erzieherin

Die Anforderungen an die Erzieherin betreffen vor allem zwei Bereiche: Sie braucht Grundkenntnisse der verschiedenen Kalendersysteme und Hauptfeste anderer Länder und Religionen. Für einen schnellen Überblick, wann wer welches Fest feiert, gibt es jährlich neu erscheinende multikulturelle Festkalender, die vielfach von Ausländerbeauftragten bereitgehalten werden. Sie muß gleichzeitig berücksichtigen, daß sich die Festgewohnheiten der Migranten im Vergleich zum Herkunftsland verändert haben können. Es kann sein, daß sich die Erzieherin über tamilische Feste informiert hat und dann erlebt, daß in zwei der drei tamilischen Familien diese Feste gar keine Rolle mehr spielen. Von einer ähnlichen Situation berichtet eine Erzieherin:

> „Ich hatte mir vorgenommen, den ausländischen Eltern zu ihren wichtigen Festen zu gratulieren. Wir wünschen uns ja schließlich auch ‚Frohe Weihnachten‘. Dabei machte ich interessante Erfahrun-

gen. Manche Eltern reagierten erstaunt, freuten sich aber und mit einigen kam ich dann auch ins Gespräch. Eine türkische Mutter überraschte mich jedoch am meisten. ‚Ach, ist das jetzt gerade?', sagte sie, als ich ihr zum Zuckerfest gratulierte."

Wir feiern gemeinsam – direkte Thematisierung

> *„Es war einmal eine Zeit, da die Menschen keine Freude kannten. Ihr ganzes Leben bestand aus Arbeit, Essen, Verdauung und Schlaf. Ein Tag verging ihnen wie der andere. Und ihr Sinn verzehrte sich in Einförmigkeit …"* (Halbfas 1983, S. 192)

So beginnt eine alte Geschichte, die erzählt, „wie die heilige Gabe des Festes zu den Menschen kam": Um dieses trostlose Leben der Menschen zu verändern, übernimmt es die Adlermutter, die Menschen zu lehren, wie man ein Fest feiert. Sie hat verstanden, daß die Menschen einsam sind, „weil sie noch nicht die Gabe des Festes erhalten haben". Zunächst bringt sie ihnen bei, ein Festhaus zu bauen, Töne zu Liedern zusammenzufügen, weist sie in Instrumente für die Begleitung ein und zeigt ihnen, wie man zu den Gesängen tanzen muß. Es darf nicht an Nahrung fehlen und wenn alles vorbereitet ist, sollen die Gäste eingeladen werden. Die Menschen folgen ihren Lehren und als es ans Einladen geht, treffen sie, die bisher einsam waren, überall auf Menschen, seltsame Wesen allerdings, eigenartig anzusehen und mit Fellen bekleidet. Alle folgen der Einladung. Es wird gefeiert und erzählt, Gaben werden ausgetauscht und Freundschaften geschlossen. Die Menschen sind sorgenfrei und froh wie nie zuvor. Ihr ganzes Leben erscheint ihnen in einem anderen Licht. Am Ende der Nacht verabschieden sich die Gäste und erhalten wieder ihre ursprüngliche Gestalt als Tiere des Waldes. So gewaltig war die Macht des Festes, daß für seine Dauer Tiere zu Menschen wurden.

Wer macht ein Fest zum Fest?

Diese einfache Geschichte zeigt zwei Komponenten auf, die ein Fest zum Fest machen:

1. Die Situation gestalten:

Feste feiern muß und kann man lernen. Es gilt Vorbereitungen zu treffen, sich einzustimmen und schließlich Gäste einzuladen. All diese Vorbereitungen gehören noch zum Bereich des Alltags.

2. Den Alltag durchbrechen:
Feste können etwas verändern, was gewöhnlich als feststehend, klar und eindeutig gilt. Kinder und Erwachsene, Ausländer und Einheimische, Arme und Reiche, Anerkannte und Benachteiligte sitzen am selben Tisch und feiern miteinander. Feste wie Karneval oder Fasching haben geradezu die Umkehrung der herrschenden Alltagsverhältnisse zum Thema. Durch Feste können Situationen entstehen, die nicht alltäglich sind und deren Erfahrung trotzdem den Blick auf den Alltag verändern kann, weil sie zeigen, was auch möglich ist. Man kann auch sagen, sie enthalten ein utopisches Element.

Beides ist wichtig: das Wissen um die Lehr- und Lernbarkeit des Feierns und die Erfahrung, daß Feste Alltagsmöglichkeiten überschreiten. Sie bieten einen Durchblick auf andere, neue Lebenschancen.

Der Umgang mit eigenen und fremden Festen gehört zu den Kompetenzen, die Kinder brauchen (vgl. Kap.3.1) Bevor in einer Tageseinrichtung ein Fest vorbereitet und gefeiert wird, muß allerdings im Sinne situationsorientierten Arbeitens geklärt werden,
– ob das geplante Fest einen Bezug zum Leben der Kinder hat;
– ob das Erlebnis des Feierns für viele Kinder wichtig ist und
– ob die beteiligten Personen, allen voran die Kinder, eigene Gestaltungsmöglichkeiten haben.

Weihnachten

Bezogen auf Weihnachten könnten die Überlegungen folgendermaßen aussehen: Weihnachten soll gefeiert werden, weil dieses Fest in unserer Gesellschaft eine zentrale Stellung einnimmt. Die weihnachtliche Dekoration prägt das Stadtbild. Weihnachten ist Anlaß für eine ganze Reihe von Feiertagen, die zumindest als arbeitsfrei wahrgenommen werden. Es ist demnach nicht nur für sogenannte christliche Kinder eine bedeutsame Situation, sondern tangiert alle, auch die muslimischen Kinder in irgendeiner Weise.

Zuckerfest

Wie sieht es nun umgekehrt mit dem Zuckerfest aus, das für Muslime einen dem Weihnachtsfest vergleichbaren Stellenwert hat? Auch dieses Fest spielt in unserer Gesellschaft eine Rolle, allerdings weit weniger öffentlichkeitswirksam als Weihnachten. Zunehmend findet man jedoch während des Fastenmonats Ramadan Zeitungsberichte über diese Tradition und den festlichen Abschluß dieser Zeit. Auch die Kultusministerien berücksichtigen inzwischen die islamischen Feiertage: Für das Fest des Fastenbrechens und das Opferfest können die Kinder für einen Tag von der Schule beurlaubt werden. Gehören zur Kindergruppe muslimische Kinder, so gehört es zur Aufgabe der Erzieherin, den gesellschaftlichen Bezug herzustellen, indem auch dieses Fest berücksichtigt und damit für alle Kinder aufgewertet wird.

In einem kirchlichen Kindergarten liefen die Vorbereitungen für Weihnachten und für das wenig später stattfindende Zuckerfest parallel. Sowohl christliche als auch muslimische Kinder erlebten diese Zeit intensiv mit und konnten sich an den Vorbereitungen beteiligen.

Nimmt man das Kriterium des Lebensbezugs ernst, so macht es keinen Sinn, mit Kindern solche Feste zu feiern, die für sie aktuell nicht bedeutsam sind. Kinder im Elementarbereich brauchen keinen Überblick über verschiedene Feste, sondern Erfahrungen mit Festen, die Möglichkeit des Feierns von für sie bedeutsamen Situationen. Dazu können dann allerdings auch Feste gehören, die gar nicht nur die Tageseinrichtung betreffen, sondern beispielsweise den Stadtteil, die Kirchen- oder Moscheegemeinde. Es entspricht dem Konzept der Öffnung (vgl. Kap 3.1), die Möglichkeiten des lokalen Umfelds aufzugreifen.

Entscheidend ist, in welcher Weise Kinder ein Fest erleben: Ist es etwas, das von außen auf sie zukommt, ohne daß sie einen eigenen Einfluß haben oder ist es ihnen möglich, selbst gestaltend mitzuwirken?

Ein Erntedankfestgottesdienst in der Kirchengemeinde, zu dem die Kinder einen Tanz beitragen „dürfen“, weil dies so zwischen Pfarrerin und Erzieherin vereinbart wurde, bietet dafür keine Möglichkeit. Ebenso ein Sommerfest, bei dem Kindern eine vorher festgelegte Rolle zugewiesen wird, die für Veränderungen keinen Spielraum mehr läßt.

Kinder- in Festplanung einbeziehen

Damit ein Fest für Kinder eine gestaltbare und veränderbare Situation ist, müssen sie möglichst frühzeitig in die Planung und Vorbereitung einbezogen werden. Dazu gehört bei traditionellen Festen, vor allem den religiösen, auch, daß den Kindern Gelegenheit gegeben wird, diese Tradition von Brauchtum und Bedeutung her kennenzulernen. Ohne diese Grundlage ist eine eigene Gestaltung gar nicht möglich. Dies erfordert von den Erzieherinnen einen Balanceakt zwischen dem Einbringen von Impulsen, die den Kindern die Möglichkeit bieten, die Bedeutung eines Festes zu erfahren und dem Begleiten der Kinder, damit sie sich ihren Zugang zum Fest selbst erarbeiten können.

Für die alljährliche Weihnachtsfeier für Kinder und Eltern im Kindergarten entscheiden sich die Erzieherinnen dafür, ein schönes weihnachtliches Bilderbuch anhand von Dias gemeinsam zu betrachten. Die Feier ist gemütlich, die Bilder sind ansprechend, trotzdem kommt schnell Unruhe auf und man fragt sich unwillkürlich, warum denn gerade dieses Buch und nicht ein anderes ausgewählt wurde.
Ein Jahr später ein ganz ähnliches Programm: Es werden Dias gezeigt. Allerdings handelt es sich nun um die abfotographierten Bilder der Kinder, die sie in den letzten Wochen im Zusammenhang mit Advent und Weihnachten gemalt haben. Und auf einmal steht die ganze Widersprüchlichkeit der Weihnachtszeit vor Augen: Hoffnung auf viele Geschenke und die Angst vor Enttäuschung, die Geschichte vom Stall und der Krippe und die Mama, die so viel Arbeit hat, die Vertrautheit mit dem eigenen Fest und die Beobachtung von außen. Die Erzieherinnen haben mit den Kindern zusammen kurze Texte zu den Bildern entworfen. Die Kinder sind gespannt und aufmerksam dabei, sie sind stolz, ihren Eltern eine eigene Weihnachtsgeschichte zeigen zu können. Und die Eltern bekommen Einblick in das, was für ihre Kinder Weihnachten bedeutet.

Auch bei Festen geht es darum, die Situation von Kindern, Eltern, und Erzieherinnen ernstzunehmen: Dies geschieht zunächst einmal dadurch, daß Fragen, Bedenken und Wünsche zugelassen werden.

Dabei wird sich sehr häufig zeigen, daß Bedürfnisse und Vorstellungen sehr unterschiedlich sind. Wie kann – im Hinblick auf Feste – mit Verschiedenartigkeit umgegangen werden?

Kindergeburtstag

Am Beispiel des Kindergeburtstags wollen wir hierzu einige Überlegungen anstellen: Der eigene Geburtstag ist für viele Kinder, vor allem im Kindergartenalter, das wichtigste Fest, weil sie an diesem Tag selbst im Mittelpunkt stehen. In den Einrichtungen gibt es oft ein besonderes Ritual dafür: einen festgelegten Ablauf, eine typische Dekoration, z. B. die Geburtstagskrone, und unter Umständen auch genaue Vereinbarungen mit den Eltern, was sie zum Feiern an Kuchen, Obst usw. beitragen sollen.

Alle Kinder sollten wissen: Auch ich komme einmal dran, auch für mich gibt es diesen besonderen Tag. Allerdings kann der Geburtstag in den einzelnen Familien ein ganz unterschiedliches Gewicht haben:

- In vielen türkischen Familien spielt der Geburtstag keine zentrale Rolle, weil weniger feste Daten als bestimmte Ereignisse im Lebenslauf zählen.
- Bei griechischen Kindern wird je nach familiärer Tradition entweder der Geburtstag oder der griechisch-orthodoxe Namenstag gefeiert. Auch bei katholischen Kindern ist der Namenstag zum Teil von größerer Bedeutung.
- Aus religiösen Gründen ganz abgelehnt wird die Geburtstagsfeier bei den Zeugen Jehovas (vgl. Pape 1995, Sp.1183).

Es ist gut, wenn die Erzieherin über diese Unterschiede informiert ist. Sie kann dann mit dieser Verschiedenartigkeit angemessen umgehen. So wird sie es nicht als ein Zeichen der Gedanken- oder Lieblosigkeit werten, wenn Eltern, in deren Kultur es keine solche Tradition des Geburtstagsfeierns gibt, vergessen, ihrem Kind etwas zum Feiern mitzugeben. Es wird auch nicht selbstverständlich zum Ritual gehören, daß das Geburtstagskind erzählt, wie es denn zuhause feiert, weil darauf gar nicht alle Kinder eine Antwort geben könnten. Und die Erzieherin wird bei Kindern der Zeugen Jehovas auf eine Thematisierung des Geburtstags verzichten und versuchen, ihnen bei anderen Gelegenheiten zu zeigen, daß sie wichtig sind und auch einmal im Mittelpunkt der Gruppe stehen sollen (vgl. Mühle 1994, S. 32).

Religiös geprägte Feste

Verschiedenheit zeigt sich natürlich auch – vielleicht noch viel offensichtlicher – bei der Haltung gegenüber religiös geprägten Festen. Erzieherinnen fragen sich selbstkritisch, ob sie denn wirklich Feste feiern können und wollen, die ihnen von der eigenen religiösen und kulturellen Tradition her fremd sind. Eltern haben Angst, daß ihre Kinder von religiösen Traditionen vereinnahmt werden, die sie selber ablehnen oder einfach nicht teilen.

Feste stehen von ihrer Intention her für Freiraum und Veränderung und gerade nicht für Zwang und Anpassung. Deshalb verbieten sich alle Lösungen, die Freiwilligkeit einschränken. Die Erfahrung einer neuen Gemeinschaft, über bisher bestehende Grenzen hinaus, kann nicht verordnet werden.

Ebensowenig ist es sinnvoll, ein Fest zu feiern, ohne selbst irgendeinen Bezug dazu zu haben. Das erzeugt nur Abwehr, die sich in Äußerungen zeigt wie „Wer hier lebt, muß sich eben anpassen“ oder „Die Eltern wissen ja, daß es eine kirchliche Einrichtung ist, dann müssen sie auch das Weihnachtsfest in der Kirche akzeptieren“.

Es ist allerdings auch keine befriedigende Lösung, Feste in ihrem religiösen Anspruch zu „entschärfen“, indem man auf den religiösen Inhalt so weit wie möglich verzichtet und sich an scheinbar unverfänglichere Bräuche hält, um so Andersgläubigen entgegenzukommen. Damit entfällt dann oft auch die Festbotschaft, die über die Alltagssituation hinausweist.

Feste in einer multikulturellen Gesellschaft

Feste feiern in einer multikulturellen Gesellschaft heißt also vor allem, bereit sein,
- die Verschiedenartigkeit zu akzeptieren und ihr Raum zu geben;
- eigene und fremde Grenzen zu respektieren;
- Gemeinsamkeit zu fördern, ohne Gleichheit zu verlangen.

3.5.3 Gemeinsame religiöse Feiern

Geht das? Kinder, Erzieherinnen und Eltern mit verschiedenen Religionszugehörigkeiten bereiten eine Feier vor, die ganz bewußt religiöse Elemente hereinnimmt. Sie erzählen von Gott, beten und vollziehen religiöse Rituale.

Ablehnung und Befremden ist nicht selten die Reaktion auf einen solchen Vorschlag. Vieles ist unsicher und fraglich. Sowohl für Menschen, die ihren Glauben und ihre Religion überzeugt vertreten, als auch für solche, die in ihrer Haltung unsicher geworden sind, ist es wichtig, die Vorbedingungen zu klären.

Gemeinsames Feiern von Christen und Muslimen

Wir beschränken uns bei unseren Überlegungen auf gemeinsames Feiern von Christen und Muslimen. Einmal wegen der Verwandtschaft dieser beiden Religionen, zum anderen, weil die Muslime die zahlenmäßig größte in Deutschland vertretene religiöse Minderheit sind und es für eine solche Zusammenarbeit bereits die meisten Ansätze gibt. Auch wenn sich die christlichen und islamischen Gottesvorstellungen in vielem unterscheiden, so gibt es doch auch viele Übereinstimmungen. Zentral ist für beide Religionen der Glaube an den einen Gott, der die Welt erschaffen hat und am Ende der Zeit die Menschen richten wird. Christen und Muslime glauben also an den einen Gott, auch wenn sie ihn verschieden verehren.

Vor allem im schulischen Bereich gab es in den letzten Jahren Überlegungen, wie denn der multireligiösen Situation bei den üblichen Schulgottesdiensten zur Einschulung oder zu Beginn und Abschluß des Schuljahrs Rechnung getragen werden könnte. In diesem Zusammenhang gibt es kirchliche Stellungnahmen, die ausdrücklich gemeinsame christlich-muslimische Feiern befürworten und eine gegenseitige Abgrenzung ablehnen (vgl. Kuhn 1998, S. 59). Erfahrungen, die bei der Vorbereitung und Durchführung solcher Schulfeiern gesammelt wurden, erscheinen uns auch für den Bereich der Tageseinrichtungen hilfreich und beachtenswert:

Vorbereitung und Durchführung

- Die Feier sollte möglichst gemeinsam, also von Angehörigen beider Religionen vorbereitet werden. Dadurch können schon im Vorfeld Probleme angesprochen und Verletzungen vermieden werden.
- Bei der Vorbereitung sollten die Unterschiede nicht verwischt werden, sondern die Möglichkeit bestehen, Fragen und Bedenken offen anzusprechen. Größtmögliche Transparenz ist anzustreben: Es werden nicht nur Aufgaben verteilt, sondern die einzelnen Teile auch vorgestellt und diskutiert, wie beispielsweise ein Gebet formuliert oder eine Geschichte erzählt wird.
- In der Feier selbst sollte nur das Gemeinsame zum Tragen kommen und alles weggelassen werden, was die anderen verletzen könnte. Das könnte der Fall sein, wenn sich christliche Gebete direkt an Jesus wenden, da Jesus für Muslime nicht Gott ist. Ebenso

problematisch ist für Muslime die Anrede Gottes als Vater, weil im Islam jede anthropomorphe, vermenschlichende Redeweise von Gott abgelehnt wird.

- Es ist sinnvoll, den Begriff „Gottesdienst" zu vermeiden und statt dessen von einer „Feier" zu sprechen. Gottesdienst ist in beiden Religionen mit bestimmten Vorstellungen und Erwartungen an Ablauf und Inhalt verbunden, die unter Umständen nur schwer veränderbar sind.
- Zwischen „Gott" und „Allah" sollte nicht unterschieden werden, da sonst leicht der Eindruck entsteht, hier werde von zwei verschiedenen Göttern gesprochen. „Allah" ist kein Eigenname, sondern das arabische Wort für „Gott".
- Jede religiöse Gruppe oder ihre Vertreterin sollte ihre eigenen Texte formulieren, da gemeinsam verfaßte Gebete oder andere liturgische Texte viel Erfahrung mit interreligiösen Feiern voraussetzen.
- Auch bei gemeinsamen Feiern sollte nach Möglichkeit eine gegenseitige Vereinnahmung vermieden werden, die immer dann leicht passiert, wenn sich eine Gruppe in einen vorher festgelegten Rahmen einpassen muß, beispielsweise in das christliche Kirchenjahr mit seinen Festen. Am leichtesten ist eine wirklich partnerschaftliche Zusammenarbeit zwischen beiden Religionen, wenn nicht eine den „Heimvorteil" hat, also *ihr* Fest feiert, sondern wenn es beispielsweise um eine Feier zur Verabschiedung der „Schulkinder" aus dem Kindergarten geht. Geeignet ist auch das Erntedankfest, weil der Dank an Gott als den Schöpfer aller Natur für beide Religionen zentral ist und beide auch sehr ähnliche Schöpfungsgeschichten erzählen. Eventuell ist es sogar möglich, Weihnachten gemeinsam vorzubereiten, weil die Geburt Jesu auch im Koran überliefert und Jesus als wichtiger Gesandter Gottes verehrt wird. Die Freude über seine Geburt kann also auch von Muslimen nachvollzogen werden. Von islamischer Seite könnte das Fest des Fastenbrechens eine solche Möglichkeit der gemeinsamen Vorbereitung sein, weil die Fastenzeiten der Christen (vor Weihnachten und vor allem vor Ostern) Anknüpfungspunkte bieten. Ostern als Fest der Auferstehung Jesu kann sicher nicht auf die Zustimmung der Muslime stoßen, weil Jesus nach islamischer Auffassung nicht am Kreuz gestorben ist. Hier ist

das Trennende so groß, daß eine gemeinsame Feier nicht vorstellbar ist (vgl. Kuhn 1998).

3.5.4 Ein Festkalender für alle

Interkulturelle Festkalender sollten in keiner Einrichtung fehlen. Sie ermöglichen den Erzieherinnen eine schnelle Orientierung. Was sie jedoch nicht leisten können, ist eine Auskunft darüber, welche Feste den Kindern und Jugendlichen wichtig sind, welche in den Familien gefeiert werden und vor allem, wie sie gefeiert werden. Solche spezifischen Informationen können in einem für die einzelne Gruppe oder Einrichtung gestalteten individuellen Festkalender berücksichtigt werden. Einige Gestaltungsmöglichkeiten sollen im folgenden aufgezeigt werden:

1. Das Team der Mitarbeiter entwickelt den Festkalender und eine entsprechende Konzeption zur Festpraxis:

- Eine Situationsanalyse der Einrichtung oder Gruppe wird erstellt unter Berücksichtigung des sozialen, kulturellen und religiösen Hintergrunds der Kinder und ihrer Familien.
- Informationen zu den einzelnen Festen werden gesammelt. Dazu ist es unerläßlich, mit Kindern (je nach Alter) und vor allem mit anderen Eltern Kontakt aufzunehmen, um etwas über die tatsächliche Festpraxis zu erfahren.
- Die für die Kinder relevanten Feste werden in einen Kalender eingetragen und für alle leicht zugänglich gemacht.
- Auf diesem Hintergrund ist nun eine gezielte Festplanung möglich: Welche Feste sollen gemeinsam gefeiert werden? Von wem und wie werden Feste vorbereitet? Wie ist die Beteiligung von Kindern und Eltern?

2. Festkalender als Thema eines Elternabends:

Die Festpraxis der Familien ist ein lohnendes Thema für einen (ersten) Elternabend, denn Feste sind die von den Eltern am meisten genutzten Gelegenheiten, um die Einrichtung zu besuchen und sich zu beteiligen.

Feste können bei den Eltern ambivalente Gefühle auslösen. Sie haben einerseits den Wunsch, daß ihre Kinder mit Festtraditionen vertraut werden, fürchten aber gleichzeitig oft auch eine Beeinflussung oder Vereinnahmung durch Vorstellungen, die ihnen selbst fremd oder nicht wichtig sind. Deshalb brauchen die Eltern detaillierte Informationen über die Festpraxis der Einrichtung, so daß sie mitentscheiden können, was das eigene Kind erleben soll oder auch nicht. Diese Transparenz ist die Voraussetzung für eine angstfreie Zusammenarbeit von Erzieherinnen und Eltern.

Festkalender ermöglicht Austausch über Festpraxis in den Familien

Die Erzieherinnen brauchen Informationen über die Festpraxis in den Familien, über deren Wünsche und Befürchtungen, um möglichst gut auf die besondere Situation und Bedürfnisse der Kinder eingehen zu können.

Die gemeinsame Gestaltung eines Festkalenders ermöglicht einen Austausch über diese Aspekte und Fragen in einer freien und kreativen Form. Als Einstieg eignen sich Bilder von ganz unterschiedlichen Festen, so daß die Eltern diejenigen auswählen können, die für sie eine Bedeutung haben. Auf diese Weise ist es auch Eltern, die Sprachschwierigkeiten haben, möglich, sich zu beteiligen. Folgendes könnte angesprochen und erarbeitet werden:

- Welche Feste spielen heute in den Familien eine Rolle?
- Welche sollen nach Ansicht der Eltern in der Tageseinrichtung gefeiert werden?
- Was können und möchten die Eltern selbst einbringen, was auf gar keinen Fall?
- Welche Hoffnungen und Befürchtungen bringen die Eltern mit?
- Welche Informationen können die Eltern einander geben?

Ein solcher Festkalender könnte ständig ergänzt und verändert werden: Zu gegebener Zeit werden eine passende Erzählung, ein Bild, ein typisches Rezept usw. von Eltern und/oder Erzieherinnen beim Festkalender angebracht. Auch typische Gegenstände oder Symbole könnten, ähnlich wie bei Jahreszeitentischen, gezeigt werden.

3. Kinder und Jugendliche – eine andere Sicht von Festen:
Gibt es einen öffentlichen Platz für den Festkalender, so können natürlich auch aktuelle Beiträge von Kindern mit aufgenommen werden.

Einen Festkalender ganz mit Kindern zu gestalten bietet sich allerdings erst für die Arbeit mit älteren Kindern an, betrifft also vor allem Tageseinrichtungen, in denen sich besonders Schulkinder aufhalten. Hier ist es sehr von der Alltagsgestaltung abhängig, inwiefern Feste überhaupt eine Rolle spielen.

Es ist spannend, in einem solchen Fall die Vorstellungen und Planungen von Eltern oder Erzieherinnen mit den Interessen der Kinder und Jugendlichen zu vergleichen. Der Festkalender der Kinder wird andere Schwerpunkte aufweisen, eventuell weniger Wert auf traditionelle Familienfeste legen und dafür mehr Raum für spontane Feste lassen.

3.5.5 Weihnachten am 6. Januar? – Festdaten und Kalendersysteme

Unterschiedliche Kalendersysteme

Sobald man sich mit den Festen der Konfessionen und Religionen beschäftigt, wird man mit unterschiedlichen Kalendersystemen konfrontiert, die ihrer Berechnung zugrundeliegen. Ursache dieser Unterschiede sind zweierlei natürliche Zeitmaße, die von jeher beobachtet werden konnten:

- Das Sonnenjahr orientiert sich an der Zeit, die die Erde benötigt, um sich einmal um die Sonne zu drehen, genau 365 Tage, 5 Stunden, 48 Minuten und 46 Sekunden. Ein Jahr umfaßt die vier Jahreszeiten.
- Das Mondjahr orientiert sich am Lauf des Mondes um die Erde, an den Mondmonaten, die 29 oder 30 Tage umfassen, die Zeit von Neumond zu Neumond. Zwölf dieser Lunationen (Mondumläufe) bilden ein Jahr mit 354 Tagen. Ein solches Mondjahr ist elf Tage kürzer als das Sonnenjahr. Das bedeutet, daß das kalendarische Mondjahr sich gegenüber den Jahreszeiten ständig verschiebt.

Diese beiden Zeitmaße passen nicht so einfach zusammen. Deshalb haben sich unterschiedliche Kalender entwickelt, die sich mehr oder weniger stark an einem der beiden Systeme orientieren oder eine Kombination zwischen beiden versuchen.

Das Mondjahr

Islamischer Kalender

Ein reiner Mondkalender liegt bis heute der islamischen Zeitrechnung zugrunde. Der Jahresanfang, die Monate und auch die Festtage bewegen sich im Laufe von etwa 33 Jahren durch alle Jahreszeiten. Eine atmosphärische Verbindung zwischen einem Fest und einer bestimmten Jahreszeit, wie es für Weihnachten („weiße Weihnacht") oder Ostern („Frühlingserwachen") typisch ist, besteht also nicht. Die mit den Festen entwickelten Bräuche weisen deshalb auch keine jahreszeitlich bedingten Elemente auf.

Für den Fastenmonat Ramadan (türk.: Ramazan), dem 9. Monat des islamischen Kalenders, hat die Wanderung durch die Jahreszeiten eine besondere Bedeutung. Die Muslime fasten einen Monat lang von der Morgendämmerung bis zum Sonnenuntergang und verzichten in dieser Zeit auf Nahrung, Getränke und Genußmittel (z. B. Zigaretten). Es ist unschwer einzusehen, daß die Einhaltung dieser Fastenregeln an langen heißen Sommertagen schwerer ist als in der kühleren Jahreszeit, in der auch die Tage kürzer sind.

Am Ende der Fastenzeit steht das dreitägige Fest des Fastenbrechens (türkisch: ramazan bayramı), das im Bewußtsein vieler Muslime die erste Stelle unter den Festen einnimmt. Im Zentrum steht der Dank an Gott, der das Einhalten des Fastens ermöglicht und die Übertretungen vergeben hat. Dieser Dank wird am ersten Tag beim Gebet in der Moschee zum Ausdruck gebracht. Die Festtage werden für Besuche von Verwandten und Freunden genutzt. In Ländern mit einer mehrheitlich muslimischen Bevölkerung wird dieses Fest natürlich auch öffentlich gefeiert. In der Türkei beispielsweise werden am Tag vor dem Fest Ansprachen von namhaften Staatsmännern und religiösen Vertretern über die Bedeutung des Festes gesendet, die dem Volk gleichzeitig gratulieren. An den folgenden Feiertagen haben alle öffentlichen Ämter geschlossen. Die Fernsehanstalten strahlen in dieser Zeit sehr viele Unterhaltungssendungen aus. Etwa drei Wochen vor dem Fest besorgen die Menschen Geschenke und Naschereien. Der Brauch, an den Festtagen Süßigkeiten zu verschenken, führte zu dem zusätzlichen Namen „Zuckerfest" (türkisch: şeker bayram).

Kombinationen von Mond- und Sonnenjahr

In Kulturen, in denen Feste an bestimmte Abläufe im Jahreskreis und damit an bestimmte Jahreszeiten gebunden sind, orientiert sich der Kalender auch am Sonnenjahr. Für die Koppelung von Mondjahr und Sonnenjahr haben sich unterschiedliche Möglichkeiten entwickelt.

Der Mondmonat als Ausgangspunkt

In diesem Fall wird die Zeiteinheit der Mondmonate mit 29 oder 30 Tagen beibehalten. Ein Monat umfaßt dann tatsächlich die Zeit von Neumond zu Neumond. Um das Sonnenjahr auszufüllen, werden nach unterschiedlichen Regeln zusätzliche Tage oder Monate eingefügt.

Jüdischer Kalender

Der jüdische Kalender gleicht die Differenz aus, indem etwa alle drei Jahre dem Monat Adar ein zusätzlicher Monat (Adar II) angefügt wird. Auf diese Weise gibt es Jahre mit 354 Tagen und Schaltjahre mit 384 Tagen. Dieser Ausgleich ist wichtig, weil bei den Festbräuchen auch die Natur mit berücksichtigt wird.

Dies zeigt sich zum Beispiel beim Pessachfest. Es fällt in den Frühlingsmonat Nissan, in die Zeit der ersten Gerstenernte. Diese ursprüngliche Bedeutung als Naturfest wurde überlagert von der Erinnerung an den gemeinsamen Auszug der Stämme Israels aus Ägypten. Das Fest beginnt mit einer feierlichen Mahlzeit mit ganz bestimmten Speisen, die alle eine symbolische Bedeutung haben. Dazu werden die entsprechenden Stellen aus der Pessacherzählung vorgelesen und erklärt. Nach der Überlieferung des Neuen Testaments feierte Jesus dieses Mahl bei seinem letzten Zusammensein mit den Jüngern (vgl. Kirste/Schultze/Tworuschka 1995, S. 23).

Hinduistischer Kalender

Im Hinduismus existieren verschiedene Kalender, verbreitet ist aber die Gliederung des Jahres nach den Mondphasen. Die Differenz zum Sonnenjahr wird durch doppelt gezählte Tage und eingeschobene zusätzliche Mondmonate ausgeglichen (vgl. Bischofsberger 1994, S. 23). Die Festpraxis ist von einer großen, ja verwirrenden Vielfalt geprägt. Es gibt kein Fest auf dem indischen Subkontinent, das überall auf die gleiche Weise begangen wird. Die einzelnen Feste sind zum Teil an den Abläufen in der Natur orientiert oder gelten der Verehrung einer lokalen Tempelgottheit (vgl. Kirste/Schultze/Tworuschka 1995, S. 80ff). Deshalb sei hier nur auf zwei Feste hingewiesen, die für in Deutschland lebende Menschen aus dem hinduistischen Kulturraum von Bedeutung sein können.

Pongal, ein Erntedankfest, wird im Januar gefeiert und ist das größte Fest der Tamilen, einer hinduistischen Bevölkerungsgruppe in Südindien und Sri Lanka. Wegen immer wieder aufflammender bürgerkriegsartiger Kämpfe in Sri Lanka mußten viele Tamilen ihre Heimat verlassen. Etwa dreißig- bis fünfunddreißigtausend Tamilen leben in der Bundesrepublik. Im Zentrum des Pongalfestes steht der Reis – als Hauptnahrungsmittel der Tamilen. Er wird mit einem besonderen Ritual in einem neuen, schön verzierten Tontopf gekocht. Nach der Opferzeremonie wird das Gericht von allen gemeinsam gegessen (vgl. Wagemann 1996, S. 173ff).

Diwali wird in ganz Indien und in Sri Lanka in einer Neumondnacht im Spätherbst gefeiert. Es ist das wohl am meisten verbreitete Hindufest und wird auch von europäischen Hindugemeinschaften gefeiert. Öllampen („Diwa") aus Ton sind das wichtigste Symbol des Festes (vgl. Kirste/Schultze/Tworuschka 1995, S. 85). Sie werden auf den Mauern und Fenstersimsen aller Häuser aufgestellt. Dieses Lichterfest wird allgemein verstanden als Siegesfeier des Guten über das Böse oder des Lichtes über die Finsternis.

Das Sonnenjahr als Ausgangspunkt

Hierbei werden die zwölf Monate als Mittel zur Unterteilung des Jahres zwar beibehalten, in ihrer Dauer jedoch verändert: Jeder Monat wird um ein bis zwei Tage verlängert, so daß dann wiederum zwölf Monate ein Sonnenjahr ergeben. Diese „neuen" Monate sind damit aber vom tatsächlichen Mondumlauf völlig abgelöst. Neumond fällt nicht mehr mit dem kalendarischen Monatsbeginn zusammen, die Monate stellen nur noch eine künstliche Unterteilung des Sonnenjahrs dar.

Julianischer Kalender

Die christliche Zeitrechnung folgt diesem System. Bis ins 16. Jahrhundert folgten die Berechnungen dem sogenannten julianischen Kalender. Er war jedoch nicht genau genug, so daß sich im Laufe der Zeit eine mehrtägige Differenz zwischen Kalender und natürlichem Sonnenjahr ergab. Unter Papst Gregor XIII. wurde das

Gregorianischer Kalender

Kalendersystem reformiert. Der sogenannte gregorianische Kalender war sehr viel exakter, aber seine Durchsetzung mit Problemen verbunden. Durch religiöse Unterschiede und Aufspaltungen in verschiedene Kirchen innerhalb des Christentums war es für die von der römisch-katholischen Kirche unabhängigen Richtungen schwierig, eine vom Papst verordnete Reform zu übernehmen, so sinnvoll sie auch sein mochte. Während die protestantischen Staaten schließlich den gregorianischen Kalender annahmen, hielten die orthodoxen und altorientalischen Kirchen am alten julianischen Kalender fest. Da bis heute in den christlichen Kirchen verschiedene Kalendarien Verwendung finden, werden die christlichen Feste nicht überall am selben Tag gefeiert.

So gibt es für Weihnachten zwei Termine: In den westlichen Kirchen und der griechisch-orthodoxen Kirche wird am 24./25. Dezember Weihnachten gefeiert. Im östlichen Christentum liegt das Weihnachtsfest auf dem 6./7. Januar. Dieses Datum kann vor allem Kinder aus äthiopischen und russischen Familien betreffen.

Auch Ostern wird zu verschiedenen Zeiten gefeiert. Ostern und alle von ihm abhängigen Feste (Himmelfahrt, Pfingsten) sind bewegliche Feste. Der Ostertermin, der zeitlich aus dem jüdischen Pessachtermin hervorgegangen ist, wird auf den ersten Sonntag nach dem Frühlingsvollmond angesetzt. Weil nun der alte julianische und der neue gregorianische Kalender die Frühjahrs-Tag-und-Nacht-Gleiche unterschiedlich ansetzen, kann es zu erheblichen Abweichungen der berechneten Osterdaten kommen. Da in Griechenland beispielsweise alle beweglichen Feste nach dem julianischen Kalender berechnet werden, kennen griechische Kinder, je nach Verbundenheit mit ihrem Herkunftsland, einen anderen Termin für Ostern als die deutschen.

Der gregorianische Kalender als der Kalender der westlichen Länder gilt heute in einem großen Teil der Welt, häufig auch unabhängig von der religiösen Struktur. Nicht selten laufen verschiedene Kalendersysteme parallel: Der gregorianische auf der internationalen Ebene, der islamische, jüdische und weitere Kalender auf der nationalen Ebene oder auch nur noch im religiösen Bereich, wenn es um die Festdaten geht. Kalender können so auch als Zeichen vorherrschender oder auch zurückgedrängter Kulturen verstanden werden.

3.6 „Das Kind in der Mitte" – Religion und Religionen in Tageseinrichtungen

3.6.1 Aufgaben religiöser Erziehung

Im Hort ist eine erregte Diskussion im Gange: Was soll mit dem plötzlich gestorbenen Hasen geschehen, der von den Kindern bisher liebevoll versorgt wurde? Der zehnjährige Daniel meint, man müsse die Stadtreinigung anrufen, die würden das Tier dann abholen. So hätten es seine Eltern mit einer überfahrenen Katze auch gemacht. Großer Protest folgt: Der Hase muß beerdigt werden. Katharina wendet sich an den Erzieher: „Wo könnten wir ihn begraben?" „Okay, ich mach'; ein Kreuz und schreib den Namen drauf", meint Felix. Aber jetzt mischt sich Emir ein, der bisher den Hasen nur still gestreichelt hat: Nein, ein Kreuz findet er nicht gut, so geht keine richtige Beerdigung. Erst mal müsse der Hase in ein Tuch gewickelt werden, dann braucht er ein Grab, das Richtung Mekka zeigt …

Voraussetzungen

Das Beispiel zeigt, von welchen Voraussetzungen wir ausgehen müssen, wenn über Religion in Tageseinrichtungen nachgedacht wird:

- Ob Religion eine Rolle spielt, ist nicht eine Frage der Konzeption der Einrichtung, des Trägers oder der Einstellung der Erzieherin. Ereignisse, Fragen, Themen, die in irgendeiner Weise den Bereich der Religion tangieren, sind einfach da: Ein Tier stirbt, die Kinder werden konfrontiert mit Abschied und Vergänglichkeit, sie suchen einen für sie angemessenen Weg des Umgangs mit dem Tod.
- Es gibt kaum mehr eine religiös homogene Gruppe. Die kulturelle und religiöse Vielfalt der Gesellschaft spiegelt sich in den Tageseinrichtungen. Dementsprechend unterschiedlich können auch die Umgangsweisen der Kinder sein. Sie greifen zurück auf das ihnen jeweils Bekannte.

Darüber hinaus gilt: Im Mittelpunkt der religiösen Erziehung in Tageseinrichtungen steht das Kind mit seinen Bedürfnissen und seinen Voraussetzungen. Dies kann sowohl pädagogisch als auch theologisch begründet werden.

Das Verständnis von Religion als einer Dimension ganzheitlicher Erziehung entspricht dem Konzept des Situationsansatzes, dem es darum geht, Kinder bei der Bewältigung gegenwärtiger Lebenssituationen zu begleiten. Situationen von Allein- oder In-Gemeinschaft-Sein, Fremd- oder Vertrautsein, Trauer und Freude werden von Kindern erlebt und müssen von ihnen gedeutet werden. Religiöse Traditionen können hier als Orientierungshilfe verstanden werden. Dabei geht es nicht um religiöse Wissensvermittlung oder Einübung kirchlich gewünschter Haltungen als Selbstzweck (vgl. Möller 1998a, S. 241f), sondern vielmehr um die konkreten Erfahrungen der Kinder, wie sie sich im Feiern von Festen (vgl. Kap. 3.5) oder im Hören von Geschichten ausdrücken können. Diese Begründung gilt ganz grundsätzlich für jede religiöse Erziehung im außerschulischen Bereich, nicht nur im christlichen Kontext.

Religiöse Traditionen als Orientierungshilfe

Aus christlicher Sicht kann die Religionspädagogik, die das Kind in die Mitte stellt, auch theologisch begründet werden: Das Matthäusevangelium überliefert die Geschichte vom „Rangstreit der Jünger" (Mt. 18, 1–5). Die Freunde Jesu bewegt die Frage, wer der Größte, der Bedeutendste sei, und sie suchen damit auch nach dem Maßstab, nach dem ein Mensch beurteilt werden soll. Jesus antwortet, indem er die gängigen Maßstäbe umkehrt. Er holt ein Kind in die Mitte – „Werdet so wie die Kinder", sagt er zu ihnen. Ausgangspunkt und Ziel der Religionspädagogik ist das Kind in der Mitte, daran müssen sich Inhalt und Gestaltung messen lassen.

Religionspädagogische Ansätze

Aktuelle religionspädagogische Ansätze versuchen diese Voraussetzungen aufzunehmen, indem sie verschiedene Aufgabenfelder religiöser Erziehung beschreiben, die entsprechend der Situation und Zusammensetzung der Kindergruppe ausgestaltet werden können (vgl. Möller 1998a, S. 240ff):

- Die grundlegende Aufgabe besteht in der Schaffung einer sozialen Atmosphäre, in der die Kinder sich angenommen, geborgen und zugehörig fühlen können. Auch wenn dies eigentlich eine pädagogische Selbstverständlichkeit ist, so sollte man sich doch immer wieder bewußt machen, daß die Botschaft von der Liebe Gottes zu den Menschen auf diese Weise für Kinder erlebbar werden kann. Ohne diese Erfahrung ist jeder religiösen Erziehung die Grundlage entzogen.

> Die sechsjährige Jasmin ist neu im Kindergarten. Nach der Trennung ihrer Eltern mußte sie umziehen und für das letzte Jahr vor der Schule auch den Kindergarten wechseln. Sie hatte ein mulmiges Gefühl am ersten Tag. Inzwischen fühlt sie sich ganz wohl, zwar immer noch ein bißchen fremd, und Heimweh nach ihren Freundinnen hat sie auch noch, aber daß die Erzieherin sie morgens immer so freundlich begrüßt und nicht gleich damit angefangen hat, ihr irgendwelche Regeln aufzuzählen, das hat ihr gut gefallen.

- Eine weitere Aufgabe liegt in der „Sensibilisierung der Kinder für die religiöse Dimension von Wirklichkeit" (Möller 1998a, S. 244). Kinder brauchen die Erfahrung von Stille, die Möglichkeit zum Staunen, kurz, eine Vielzahl von Gelegenheiten, der sie umgebenden Welt zu begegnen. So erleben sie eine Alternative zur Alltagswelt, die häufig von Hektik, Rationalität und Konsumorientierung geprägt ist. Sich von etwas ergreifen lassen oder in etwas versunken sein – dafür soll Zeit sein, Freiraum geschaffen werden. Erwachsene können hier unter Umständen auch von Kindern lernen. Wahrnehmung der Natur, Begegnung mit Symbolen in Geschichten und das Feiern von Festen spielen in diesem Zusammenhang eine herausragende Rolle.
- Über diese eher indirekte Begegnung mit Religion hinaus geht die Aufgabe, Religion im Sinne einer Sache, die „mich unbedingt angeht" (Tillich) auch zu einem Gesprächsthema zu machen: Die Kinder sollen angeregt und unterstützt werden, ihre eigenen existentiellen Fragen und Erfahrungen auszudrücken und zu deuten. Dabei gilt es, das einzelne Kind in seinen Überlegungen ernstzunehmen. Es geht nicht um eine Korrektur seiner Ansichten vom „Standpunkt eines ‚erwachsenen' Weltbildes aus, sondern um die einfühlsame Begleitung des Kindes auf seinem jeweiligen Entwicklungsniveau" (Möller 1998a, S. 248).
- Dazu gehört dann auch, sich mit der multireligiösen Situation in den Tageseinrichtungen auseinanderzusetzen. Kinder in ihren religiösen Bedürfnissen und Kompetenzen ernstnehmen, sie in die Mitte stellen, heißt dann weder die Existenz nichtchristlicher Religionen religionspädagogisch einfach zu ignorieren, noch sie als Gelegenheit zur Mission zu mißbrauchen.

> Die Erzieherin beobachtet Maren, die seit dem Tod ihrer Großmutter vor einigen Wochen immer wieder sehr traurig wirkt. Sie bemerkt, wie sich zwischen Maren und dem sechsjährigen Birannavan, dessen Eltern praktizierende Hindus sind, ein Gespräch entwickelt. Maren erzählt ihm, daß ihre Oma jetzt im Himmel sei. „Wenn meine Oma stirbt", erklärt Birannavan, „kommt sie als mein Baby zurück, dann ist sie wieder bei mir." Der Erzieherin fällt auf, daß Maren von dieser Vorstellung fasziniert ist. Sie überlegt, ob sie sich ins Gespräch einschalten soll, um zu erklären, daß die unterschiedlichen Vorstellungen aus den verschiedenen Religionen der Kinder stammen. Sie beschließt dann aber abzuwarten, ob die Kinder selbst auf sie zukommen. Vielleicht wird sie ja auch gar nicht gebraucht.

Solche Gespräche stehen zu lassen, ohne einzelne Vorstellungen als richtig oder falsch zu bewerten, dabei aber auch bereit zu sein, die eigene Position mit einzubringen, wenn sie gefragt ist, qualifiziert religiöse Erziehung als interreligiöse Erziehung.

Darüber hinaus ist es wichtig, daß Kinder verschiedener religiöser Herkunft Elemente ihrer Tradition in der Tageseinrichtung wiederfinden. Das trägt dazu bei, daß sie sich angenommen und dazugehörig empfinden. Eine Beschränkung auf die christliche Religion, auf ihre Feste, Bräuche, Geschichten und Symbole entspräche nicht dem interkulturellen Prinzip der Repräsentanz (vgl. Kap. 2.2.5). Es ist wichtig, daß die Kinder ihre Unterschiedlichkeit leben können, ohne daß diese als Störfaktor betrachtet wird (z. B. bei Speise- oder Kleidungsvorschriften).

Mit die anspruchsvollste Aufgabe interreligiöser Erziehung ist es, den Kindern den Zugang zu den eigenen religiösen Traditionen zu erhalten und sie gleichzeitig zur Begegnung mit anderen Lebensweisen zu befähigen. Im Kindergarten- und beginnenden Grundschulalter gewinnen „Mythen, Geschichten, Symbole, die dem Kind in seiner Umwelt angeboten werden (...), eine zentrale Bedeutung für seine Orientierung in der Welt" (Lähnemann 1998, S. 304). Im Aufgreifen von Geschichten und Symbolen der Religionen liegt deshalb eine große Chance für die interreligiöse Erziehung: Sie ermöglichen spirituelle Erfahrungen, eröffnen Anknüpfungspunkte für religiöse Kom-

Chancen für die interreligiöse Erziehung

munikation und können bewirken, daß Unterschiede bewußt wahrgenommen und respektiert werden (vgl. Möller 1998 b, S. 34f).

3.6.2 Geschichten – Brücken zur eigenen und fremden Religion

Religionen sind die Schatztruhen der Menschheit. Was Menschen in ihrem Innersten bewegt, was für ihr Leben unabdingbar war, hat sich in religiösen Geschichten und Bildern verdichtet: das Wissen um die Würde und Verletzlichkeit der Menschen, die Erfahrung von Geborgenheit und Heimatlosigkeit, von Schuld und Vergebung, von Recht und Unrecht, von Werden und Vergehen (vgl. Doedens 1996, S. 9). Beschäftigt man sich mit den Geschichten und Bildern einer Religion, so hat man durch sie Anteil an den Erfahrungen, die ihnen zugrunde liegen. Deshalb ermöglichen Geschichten authentische Begegnungen mit dem Anderen und Fremden und damit auch interreligiöses Lernen. Gerade im Elementarbereich, aber natürlich auch darüber hinaus können die Erfahrungen, die Kinder im alltäglichen Umgang in einer kulturell und religiös inhomogenen Gruppe miteinander machen, durch das gemeinsame Erleben von Geschichten und Symbolen aus den verschiedenen Religionen vertieft werden.

Die Bedeutung von Geschichten für Kinder

Das Hören von Geschichten bedeutet für das Kind die Möglichkeit der „Ich-Erweiterung“ (Neidhart/Eggenberger 1984, S. 20). Es erhält Anteil an Grundsituationen des Menschseins, zum Beispiel Angst, Trauer, Freude, Gefahr, Rettung usw. Es identifiziert sich, übernimmt Rollen und erlebt auf diese Weise auch eine Stärkung des eigenen Ichs. Neben dieser individuellen Bedeutung haben Geschichten aber auch eine sozio-kulturelle Funktion. „Geschichtenhören ist ein soziales Lernen“ (a.a.O.), denn dadurch wächst das Kind in die Kultur hinein, deren Geschichten es hört. Was von Neidhart für Geschichten der eigenen kulturellen und religiösen Tradition formuliert wird, läßt sich auf die Wirkung von Geschichten aus anderen Religionen ausdehnen: Das zuhörende Kind erlebt, daß die Menschen aus anderen Kulturen und Religionen zum Teil gleiche

Sozio-kulturelle Funtion von Geschichten

Grunderfahrungen machen. Andererseits stößt es auch darauf, daß im sozio-kulturellen Bereich große Unterschiede bestehen können, bekommt aber durch die Geschichte gleichzeitig Anteil an dieser anderen Kultur oder Religion. Geschichten aus anderen Religionen führen also zu einer zusätzlichen Möglichkeit der Ich-Erweiterung, sie erweitern den Horizont, wecken Verständnis und können auf diese Weise zu Toleranz und zum Abbau von Vorurteilen beitragen (vgl. Tworuschka 1993, S. 19).

Identitätsbildung durch Geschichten

Eine weitere Möglichkeit besteht darin, Geschichten als Ausdruck der „Identität von Gruppen oder einzelnen Menschen" (Ritschl/Jones 1976, S. 13) zu verstehen. Dies weist noch einmal darauf hin, daß im gegenseitigen Kennenlernen der jeweils wichtigen Geschichten authentische Begegnung, Lernen durch Beziehung stattfinden kann. Gegenüber dem bloßem Informieren über einen Sachverhalt (das von festen Standpunkten aus geschehen kann) wollen Geschichten „den Zuhörer oder Leser einen bestimmten Weg führen" (Baldermann 1969, S. 29). Das Geschehen wird so eindrücklich vor Augen geführt, daß der Hörer Anteil nehmen muß.

Von Bedeutung für die Arbeit in multireligiösen Kindergruppen ist für die Erzieherin auch die Kenntnis von gemeinsamen Geschichten der Religionen. Dabei läßt sich grundsätzlich festhalten, daß die abrahamitischen Religionen (Judentum, Christentum und Islam) enger aufeinander bezogen sind als beispielsweise das Christentum auf eine Religion Indiens, Chinas oder Japans.

Eine Erzieherin erzählt den Kindern die Geschichte von der „Speisung der Fünftausend" aus der Bibel. Erstaunt reagiert sie, als ein türkischer Junge erklärt: „Die Geschichte kenne ich, da kommt dann ein Tisch vom Himmel." Sie erklärt sich diese von der biblischen Geschichte abweichende Version als Phantasieprodukt des Jungen. Erst später stößt sie darauf, daß diese Geschichte auch im Koran überliefert ist, und zwar gerade mit der von dem Jungen genannten Veränderung.

Gemeinsame religiöse Geschichten

Die Entdeckung, daß man bei allen Unterschieden über gemeinsame Geschichten verfügt, kann verbindend wirken und zu gegenseitigem Verstehen beitragen.

Einige der bekanntesten Geschichten und Gestalten, von denen es sowohl in der Bibel als auch im Koran Überlieferungen gibt, sind im folgenden zusammengestellt. Darüber hinaus gibt es aber noch zahlreiche weitere Parallelen.

Geschichte / Gestalt	Bibel	Koran
■ Erschaffung der Welt in sechs Tagen	1. Mose 1	*Sure 7, 54*
■ Adam (und Eva) / *Adam und Hawwa*: Erschaffung, Versuchung und Vertreibung aus dem Paradies	1. Mose 2,7–5,5	*Sure 2, 31–39; Sure 7, 11–24*
■ Noah und die Arche / *Nuh und die große Flut*	1. Mose 6,5–9,28	*Sure 11, 25–49*
■ Geschichten von Abraham / *Ibrahim*	1. Mose 11,27–25,10	*Sure 11, 25–49; Sure 15, 51–56*
■ Opferung Isaaks/ *Ismaels (begründet das islamische Opferfest)*	1. Mose 22	*Sure 37, 99–113*
■ Josef/ *Yusuf*	1. Mose 37–46	*Sure 12*
■ Mose/ *Musa* (Befreiung des Volkes aus Ägypten, Zug durch die Wüste)	2. Mose 5 ff	*Sure 7, 103–160*
■ Ankündigung der Geburt Johannes des Täufers/ *Yahya*	Lukas 1f	*Sure 19,1–15*
■ Maria/ *Maryam* und Ankündigung der Geburt Jesu/ *Isa*	Matthäus1f, 12,46ff; Lukas 1f; Johannes 2	*Sure 3,42–48; 19,16–36*
■ Jesus/ *Isa* und die Speisung der Fünftausend	Matthäus 14, 13ff	*Sure 5, 110–119*

Über Rolle und Auftrag Jesu nach islamischem Verständnis geben unter anderem folgende Suren Auskunft: Sure 2, 87 und 136 und Sure 4, 156–173.

Wie im Christentum, so ist es auch in anderen Religionen wichtig, die eigenen Geschichten an die Kinder weiterzugeben. Es gibt auch dort für Kinder geeignete Nacherzählungen der zentralen religiösen

Texte und Ereignisse. Für den Islam sind vor allem die vom Islamischen Zentrum in Hamburg herausgegebenen „Prophetengeschichten“ (Islamisches Zentrum Hamburg 1982) zu nennen, auch die Hadith, die Überlieferungen vom Leben des Propheten Mohammed, spielen in der islamischen Unterweisung eine große Rolle. Auch im Hinduismus haben Erzählungen eine zentrale Bedeutung. Hier ist eine mündliche Erzähltradition noch sehr ausgeprägt, die vor allem von den Frauen gepflegt wird (vgl. Tworuschka 1993, S. 12f). Für hinduistische Kinder gibt es eine Reihe von religiösen Bilder- und Geschichtenbüchern, die in verschiedenen Sprachen erhältlich sind (vgl. z. B. Ambikai 1997).

Geschichten als Impulse für die Gegenwart

Aber auch wenn es keine gemeinsamen Geschichten gibt, so werden doch in verschiedenen Erzählungen Erinnerungen und Weisheiten überliefert, die für die Gegenwart Impulse geben können: Viele Kinder kennen die Erfahrung des Aufbrechens und Weggehens von einem vertrauten Ort und die Notwendigkeit, sich auf Neues, Unbekanntes, vielleicht auch Angstmachendes einzulassen. Das gilt natürlich für viele Migrantenkinder, aber auch für deutsche Kinder. Wirkliche Seßhaftigkeit ist selten geworden. Auswanderung, Flucht, Umzug – das sind aktuelle Erfahrungen der Kinder. Von diesen Erfahrungen, von Auszug, Aufbruch und Wanderung erzählen aber auch viele Geschichten der Religionen (vgl. Doedens 1995, S. 9). In der jüdisch-christlichen und islamischen Tradition bieten sich vor allem die Geschichten von Abraham und seinem Aufbruch aus der Heimat an. Wie ist das, wenn jemand aus der vertrauten Umgebung in ein ungewisses Land, eine ungewisse Zukunft unterwegs ist? Auch die im Alten Testament überlieferte Geschichte von Ruth, die ihre Schwiegermutter in eine für sie unbekannte Heimat begleitet, greift diese Motive auf. Von Flucht wegen Verfolgung und Lebensgefahr erzählt die neutestamentliche Geschichte von Maria und Josef, die mit dem neugeborenen Jesus vor dem Kindermordbefehl des Herodes fliehen.

Im gemeinsamen Hören solcher Geschichten können die Kinder ihre eigenen Ängste, Erwartungen und Erlebnisse wiederfinden und Anteil nehmen am Leiden und Hoffen der handelnden Personen.

Das Erzählen von eigenen und fremden Geschichten

Der erzählende Umgang mit Religionen erfordert einige Überlegungen:

- Wer Geschichten erzählt oder vorliest, weiß, daß nicht nur die Geschichte selbst, das in ihr erzählte Geschehen und die in ihr auftretenden Personen wirken, sondern auch die erzählende Person einen wesentlichen Anteil an der Wirkung hat. Nicht erst die Hörer, auch bereits die Erzählerin muß sich mit den handelnden Personen identifizieren, nur dann ist es möglich, daß alte Geschichten auch für uns heute eine Bedeutung erlangen.
- Damit für den Erzähler die Identifikation möglich ist, muß er selbst vom Sinn dessen überzeugt sein, was er vermittelt. Diese Forderung gilt auch für das Erzählen von Geschichten aus anderen Religionen. Religiöse Erzählungen sind Geschichten von Glaubenserfahrungen und letztlich auch darauf ausgerichtet, Glauben zu wecken. Hier stellt sich die Frage an den Erzähler, wie er selbst zu diesen Geschichten steht. Deshalb fordert der narrative Umgang mit anderen Religionen das Glaubensverständnis der Erzählerin viel stärker heraus, als ein scheinbar „objektiv"-emotionsloses Informieren, das natürlich auch nie ganz frei von Wertungen ist (vgl. Tworuschka 1993, S. 18).
- Die Entscheidung, ob und wie solche Geschichten erzählt werden, muß wohl jeder und jede selbst treffen, unter Umständen auch nicht ein für allemal, sondern für jede Geschichte wieder neu. Die Entscheidung wird wesentlich davon abhängen, wie man mit der Pluralität der Religionen überhaupt umgeht.

Erzählen als Brücke zu anderen Religionen

Nimmt man das Erzählen als Brücke zu anderen Religionen ernst, so kann man nur dann glaubhaft erzählen, wenn man voraussetzt, daß es in den Geschichten tatsächlich um Wahrheiten und wichtige Erfahrungen geht. Der Umgang mit den fremden Geschichten muß durch Achtung bestimmt sein. Diese drückt sich auch darin aus, daß man das Fremde fremd sein läßt und akzeptiert, daß es auch ein Nichtverstehen des anderen gibt, das sich gegen eine Identifikation sperrt (vgl. Zillessen 1994, S. 338–347).

3.6.3 Symbole – die Verbindung von Sinnlichkeit und Sinn

> *„Ein Tisch ist ein Tisch. So sagt man. Aber ist es so eindeutig? Ein Tisch ist mehr als ein Tisch. Hier trifft sich die Familie. Gäste kommen und finden Aufnahme in die Hausgemeinschaft. An einem Tisch miteinander zu essen verbindet alle.*
> *Im Lexikon steht: ‚Tisch: Möbelstück aus waagerechter Platte auf einem oder mehreren Beinen.' Das ist eindeutig – von außen gesehen. Im Leben der Menschen bedeutet der Tisch die Mitte des Hauses: Symbol der Gemeinsamkeit."* (Halbfas 1983, S. 256)

Merkmale von Symbolen

Symbole sind Gegenstände, Darstellungen oder Handlungen, die über ihre reale, dingliche Bedeutung hinaus auf eine andere Wirklichkeit verweisen. Psychologie, Soziologie und Theologie kommen in der Bezeichnung dieser anderen Wirklichkeit zu unterschiedlichen Ergebnissen, Einigkeit besteht jedoch darüber, daß zu einem Symbol bestimmte Merkmale gehören:

- Symbole sind mehrdeutig. Im Gegensatz zu einem Zeichen, dessen Bedeutungsgehalt definiert und damit eindeutig ist, weist ein Symbol eine ganze Bandbreite von Bedeutungen auf, die sogar widersprüchlich sein können. Man muß lernen, daß ein auf die Spitze gestelltes, rotumrandetes Dreieck als Verkehrszeichen die Bedeutung „Vorfahrt beachten" hat, und nur diese. Wasser dagegen hat als Symbol nicht nur eine Bedeutung: Es steht am Anfang allen Lebens und erscheint in diesem Sinn in vielen Schöpfungsmythen. Es gilt als lebenserhaltende Kraft und als Element der Reinigung und Erneuerung. Andererseits reicht sein Aussagegehalt auch in den Bereich des Gewalttätigen. Wasser wird erlebt in seiner lebensbedrohenden Macht, man kann in ihm ertrinken, Überschwemmungen zerstören die Lebensgrundlage (vgl. Becker 1978, S. 179).
- Symbole bringen also eine Wirkung mit. Sie weisen nicht nur auf eine andere Wirklichkeit hin, sondern repräsentieren sie auch. Wenn man miteinander am Tisch sitzt, so weist dies nicht nur auf Gemeinschaft hin, sondern läßt Gemeinschaft erleben.
- Symbole sind auf die Erfahrungen einer Gemeinschaft bezogen. Sie sind geschichtlich und gesellschaftlich bedingt (vgl. Biehl 1991, S. 48). Dies ist einsichtig bei Symbolen, die nur in einer be-

stimmten Religion oder Kultur verankert sind (wie z. B. Osterei, Yin-Yang, Friedenstaube, Olympiaringe). Sie haben auch nur in dieser Gemeinschaft Bedeutung. Anders ist das bei sogenannten Grundsymbolen wie Himmel, Baum, Hand, Erde, Wasser usw. Sie begegnen uns in (fast) allen menschlichen Gemeinschaften. Bei ihnen zeigt sich die geschichtliche und gesellschaftliche Bedingtheit darin, daß unterschiedliche Bedeutungsschwerpunkte und auch eine unterschiedliche Bandbreite an Bedeutungen ausgebildet wurden. In vielen Geschichten der Religionen kommen eben diese jeweils spezifischen Deutungsmöglichkeiten zum Ausdruck.

Symbole und Geschichten sind also nicht grundsätzlich zu trennen. Geschichten geben Erfahrungen von Menschen wieder, die in Symbolen Gestalt annehmen. Sie werden damit immer wieder begreifbar und erlebbar. Mehr noch als Geschichten haben Symbole aber mit Sinnlichkeit und mit ganzheitlicher Wahrnehmung zu tun. Sie ermöglichen eine weiterführende Beschäftigung, weil man in vielfältiger Weise mit ihnen umgehen kann: Kerzen können angezündet, mit Licht kann experimentiert, mit Wasser gespielt, Brot gebacken werden. Deshalb bieten sie sich für gemeinsame Erfahrungen an.

Eigentlich ist der Stuhlkreis nicht Christians Sache. Am liebsten bewegt er sich, am allerliebsten mit einem Ball vor den Füßen. Aber daß jetzt jeden Morgen in einer gemütlichen Ecke ein paar Sitzkissen liegen und in der Mitte eine Kerze steht, das gefällt ihm. Da geht er sogar freiwillig hin, möglichst als erster, weil er so gerne die Kerze anzündet und beobachtet, wie es dadurch in der Ecke heller wird. Er bleibt ein paar Minuten sitzen und schaut der kleinen Flamme zu, wie sie im noch dämmrigen Raum flackert und unregelmäßige Schatten wirft. Und er hat auch schon erlebt, wie leicht die Kerze erlischt, wenn wieder einmal jemand die Tür des Gruppenraumes offenstehen ließ, so daß ein Durchzug entstand.

Wenn Kinder die Möglichkeit bekommen, sich sensibel und vielfältig mit den elementaren Dingen der Natur und des Lebens zu beschäftigen, so können sie für sich die Fähigkeit erhalten und weiterentwickeln, die Wirklichkeit der Dinge hinter der Oberfläche wahrzunehmen, also mit dem „dritten Auge“ (Halbfas) zu sehen.

Symbole haben Brückenfunktion

Gerade für das interkulturelle Lernen haben Symbole eine wichtige Brückenfunktion. Wer Erfahrungen macht mit Wasser in seinen vielen verschiedenen Erscheinungsweisen – als belebendes, erfrischendes, reinigendes Element, als kraftvolle oder zerstörerische, beängstigende Macht – wird eher einen Zugang finden können zu den Wasserritualen in den verschiedenen Religionen. Man denke nur an die christliche Taufe, die rituelle Reinigung im Islam, das Bad im heiligen Fluß Ganges, das jeder Hindu wenigstens einmal im Leben anstrebt. Solche Erfahrungen finden sich auch wieder in den „Wassergeschichten“ der Religionen.

Als Beispiel seien hier nur die in vielen Religionen vorkommenden Erzählungen einer großen Flut genannt. In ihnen geht es um eine Urerfahrung des Menschen. Er erlebt sein Leben gefährdet durch Naturkatastrophen und deutet diese oft als Folge des Abfalls von Gott (vgl. Tworuschka 1996, S. 86). In der jüdisch-christlichen Tradition erzählt die Geschichte von Noahs Arche davon: Gott kündigt eine große Flut an. Um die gehorsamen Menschen und die Tiere zu retten, bekommt Noah den Auftrag, ein großes Schiff, die Arche, zu bauen. In ihm finden Noahs Familie und von allen Tieren ein Paar Platz, als es zur Überflutung der Erde kommt. Nach der Katastrophe beginnt mit ihnen neues Leben auf der Erde. Auch im Koran wird die Geschichte von Noah (Nuh) erzählt.

Nach einer Flutgeschichte aus dem Hinduismus rettet Manu, der erste Mensch auf der Erde, einem Fisch das Leben. Zum Dank warnt der Fisch Manu vor der drohenden Flut und rät ihm, ein großes Schiff zu bauen und die Samen aller lebendigen Dinge zu sammeln und mitzunehmen. Nach der Flut schafft Manu mit dem Samen neues Leben (vgl. Tworuschka 1996, S. 96f).

Symbole als eigentliche Sprache der Religionen

Symbole werden häufig als die eigentliche Sprache der Religionen bezeichnet. Gerade in der Altersstufe der Kindergarten- und Grundschulkinder, in der der Zugang zu Religion kaum über theologische Begriffe oder Glaubenssätze geschaffen werden kann, und in einer gesellschaftlichen Situation, die zunehmend von einer religiösen Analphabetisierung gekennzeichnet ist, bietet die Beschäftigung mit Symbolen eine Möglichkeit, sich der religiösen Dimension zu nähern. Hier haben die sogenannten Grundsymbole einen herausragenden Stellenwert. Sie sprechen Erfahrungen an, die jedem Menschen zugänglich sind. Der Umgang mit Wasser und Licht beispielsweise ist etwas ganz Elementares, an solche Gemeinsamkeiten läßt sich anknüpfen. Das Wissen darum, daß Licht nicht nur in der christlichen Adventszeit, sondern auch beim hinduistischen Lichterfest Diwali eine zentrale Rolle spielt, ermöglicht gemeinsame Erfahrungen über Religionsgrenzen, ja sogar Sprachgrenzen hinaus, ohne dabei aus den Augen zu verlieren, daß ein Symbol nicht immer und überall dasselbe bedeutet (sonst wäre es ein Zeichen), sondern daß jede Religion aus der Fülle der Deutungsmöglichkeiten, die ein Symbol mitbringt, bestimmte Bedeutungen herausgreift und andere dafür in den Hintergrund treten läßt.

3.6.4 Beten – Begegnung mit Gott und anderen

Bei einer religionspädagogischen Fortbildung tauschten sich die Teilnehmerinnen darüber aus, bei welchen Gelegenheiten Beten in der Tageseinrichtung eine Rolle spielt. Folgende Erfahrungen wurden zusammengetragen: Gebetet wird

- täglich zum gemeinsamen Mittagessen;
- seit der Einführung der freien Vesperzeit nicht mehr;
- einmal auf Wunsch einiger Kinder, als ein Mädchen aus der Gruppe sehr krank war;
- bei besonderen Gelegenheiten wie Familiengottesdiensten, Festen etc.

Alle Religionen kennen das Gebet als Ausdruck einer inneren Haltung, mit der sich der Gläubige der Gottheit nähert, mit ihr Kontakt aufnimmt. Das Gebet eröffnet einen Raum, der das eigene Leben mit Gott und – im gemeinsamen Gebet – mit anderen Menschen verbindet. So kann im Tischgebet bewußt ausgesprochen werden, daß die ausreichende Versorgung mit dem Lebensnotwendigen nicht nur der eigenen Leistungsbereitschaft zu verdanken ist. Eine solche Haltung der Dankbarkeit drückt sich auch aus, wenn Muslime das Essen mit einem stillen basmala („im Namen Gottes“) beginnen. Oder im

Abendgebet kann sich das Vertrauen zeigen, daß auch im Schlaf, in der Nacht etwas Verläßliches da ist.

Gelegenheiten zum Beten

Was das Beten in Tageseinrichtungen angeht, so muß überlegt werden, welche Gelegenheiten sich bieten. Flexible Öffnungszeiten, freies Frühstück, ein situationsorientierter und projektbezogenerer Arbeitsstil bringen es mit sich, daß mancher feste Anlaß zum Beten weggefallen ist. Auch wird die vorhandene religiöse Vielfalt immer wieder als Grund genannt, lieber auf ein Gebet zu verzichten, als Kinder zu vereinnahmen. Die Gefahr der Vereinnahmung oder des Ausgrenzens besteht beim Beten jedoch nicht mehr oder weniger als beim Feiern religiöser Feste und dem Erzählen von Geschichten. Deshalb wird es vor allem von der Einstellung der Erzieherinnen abhängen, inwieweit in einer Tageseinrichtung Formen des Gebets praktiziert werden, die für alle Kinder offen sind.

Beten als Form der Begegnung

Beten ist eine Form der Begegnung. Alle sollten die Möglichkeit haben, sich eingeschlossen und dazugehörig, nicht ausgeschlossen und fremd zu fühlen. Dies ist nicht nur dann aktuell, wenn mehrere Religionen zusammenleben, sondern immer, wenn unterschiedliche Traditionen, auch innerhalb einer Religion, praktiziert werden.

> Eine Erzieherin erinnert sich an ihre eigene Schulzeit, in der sie als einzige evangelische Schülerin in einem katholischen Umfeld beim morgendlichen Schulgebet auch das Kreuz schlagen mußte. „Das war jedesmal komisch für mich und kostete Überwindung."

Eine Atmosphäre der Offenheit, die für Verschiedenheit Raum läßt, könnte die eigene Beteiligung am Gebet eher fördern, als wenn die Aufmerksamkeit durch ein ungewohntes und fremdes Ritual gebunden wird. Ein wichtiger Beitrag zu einer solchen Offenheit ist es, die praktizierten Formen mit den Eltern zu besprechen und von ihnen zu hören, was dem Kind vertraut oder fremd ist.

Ob Gebet Begegnung auch zwischen den Religionen ermöglicht, hängt wesentlich davon ab, in welcher Weise Gebetshaltungen eingeführt werden und welche Formulierungen gebraucht werden.

Es sollte keine bestimmte Gebetshaltung zur Pflicht gemacht werden. Kinder neigen zunächst dazu, das Beispiel der Erzieherin oder anderer Kinder nachzuahmen. Gleichzeitig ist es für sie, aufgrund des magischen Weltbilds, das ihr Denken bis in das Grundschulalter hinein bestimmt, naheliegend, daß die „richtige" oder „falsche" Gebetshaltung Einfluß auf die Wirkung des Gebets haben kann. Nicht umsonst kursieren Informationen, wie man durch eine bestimmte versteckte Geste Gebete ihrer Wirksamkeit berauben kann. Gerade Kinder anderer Religionszugehörigkeit können in Gewissenskonflikte kommen. So kann es für ein türkisches Kind, dessen Eltern den islamischen Glauben praktizieren, sehr irritierend sein, wenn es vor einem gemeinsamen Frühstück die Hände falten und laut ein Gebet sprechen soll. Es ist unsicher, ob es sich beteiligen darf, oder ob es damit gegen seine eigene Religion verstößt. In solchen Fällen ist es besonders wichtig, immer wieder zu erklären, daß sich das Gebet an den gemeinsamen Gott/Allah richtet.

Verschiedene Gebetshaltungen

Hilfreich kann es auch sein, Kinder mit den verschiedenen Gebetshaltungen und -anreden bekannt zu machen, sei es durch Erklärungen oder einfach durch Praktizieren der Unterschiede.

> Eine muslimische Sozialpädagogin in einem evangelischen Kindergarten berichtet: „Wenn die deutschen Kinder beim Beten die Hände falten, halten wir uns im Kreis bei der Hand, weil wir das so gewohnt sind." (Oehler 1998, S. 43)

Es sollten Formulierungen gewählt werden, die von den vertretenen Religionen akzeptiert werden können. Dank und Bitte für Nahrung, Schutz und Frieden sind Gebetsmotive, die die Religionen verbinden. Gottesbezeichnungen, die nur für eine Religion typisch sind und von den anderen Religionen abgelehnt werden, sollten vermieden werden. Dazu gehören aus der christlichen Tradition die Anrede Gottes als Vater und die Anbetung Jesu (vgl. 3.5.3). Gerade muslimische Kinder könnte dies in Konflikt mit ihrer eigenen Religion bringen.

Auswahl von Gebetstexten

Was die Auswahl von Gebetstexten angeht, so gibt es mehrere Möglichkeiten. Man kann auf vorformulierte Texte zurückgreifen, die zum Grundbestand einer Religion gehören (wie traditionelle Tischgebete, Gebete der Religionsstifter, Texte aus heiligen Schriften usw.). Hierbei ist zu bedenken, daß die Kinder so zwar mit zentralen Texten der Religion bekanntwerden, das Verständnis der Texte aber meist durch eine altertümliche Sprache oder unbekannte Begriffe erschwert wird. Solche Gebete können bei besonderen Anlässen ihre Berechtigung haben, wenn sie beispielsweise zu einem bestimmten feierlichen Ritual gehören. Für das alltägliche Beten sind in vielen Fällen solche Texte geeigneter, die heute formuliert wurden, weil sie eher dem Wirklichkeitsverständnis der Kinder entsprechen und ihre Aussagen verstehbar und nachvollziehbar sind. Nicht angemessen sind jedoch verniedlichende Formulierungen (wie Tierlein, Äuglein und ähnliches) oder Texte, bei denen lediglich der Reim den Inhalt bestimmt oder die eine heile Welt vorgaukeln (vgl. Harz 1992, S. 42). Leicht entsteht sonst der Eindruck, Beten sei nur etwas für Kinder. Kindergebete sollten deshalb auch für Erwachsene eine Bedeutung haben und mitsprechbar sein.

Persönliche Gebete

Eine weitere Möglichkeit wäre, mit den Kindern zusammen kleine Gebete zu entwickeln. Dies bietet sich vor allem dann an, wenn ein gemeinsames Erlebnis aufgenommen werden soll. Auch der Islam kennt neben dem rituellen Pflichtgebet solche persönlichen Gebete. Sie sind nicht an bestimmte Riten oder Zeiten gebunden, sondern können entsprechend dem eigenen Bedürfnis und aus einer konkreten Situation heraus frei formuliert werden (vgl. Khoury/Hühnermann 1989, S. 102). Ein Gebet kann dann in einfachen Worten das sagen, was Kinder und Erwachsene beschäftigt.

3.6.5 Interkulturelles Lernen in kirchlichen Einrichtungen

Kirchliche Tageseinrichtungen stehen in einer doppelten Verpflichtung: Gegenüber ihrem kirchlichen Träger und seinem christlichen Selbstverständnis und gegenüber der Gesellschaft, in deren Auftrag und mit deren finanzieller Unterstützung sie arbeiten. Was das für kirchliche Einrichtungen bedeutet, wird in einer Veröffentlichung der Synode der Evangelischen Kirche in Deutschland (EKD) z. B. so formuliert:

> *„Evangelische Tageseinrichtungen für Kinder bieten die Chance, sich mit einem kirchlichen Angebot an alle Kinder und ihre Familien im*

> *Wohnumfeld wenden zu können. An dieser Öffentlichkeit muß sich die pädagogische Arbeit orientieren, ohne dabei den christlichen Auftrag zu verleugnen. Mit der gesetzlich vereinbarten Bezuschussung kirchlicher Kindergartenarbeit im Rahmen des Kinder- und Jugendhilfegesetzes entsteht eine hohe Planungssicherheit, aber natürlich ebenso eine gesellschaftliche Verantwortung für die Gestaltung eines an den Bedürfnissen und Interessen von Kindern orientierten Angebotes. Zunehmend haben in den vergangenen Jahren Landeskirchen und ihre Synoden einen Umdenkungsprozeß eingeleitet, der neben der Debatte um das Profil der Kindergärten auch ihren sozialdiakonischen Auftrag thematisiert. In einer christlich geprägten Kindergartenkultur, die die vorhandene kulturelle und religiöse Pluralität berücksichtigt, gemeinsam leben und glauben zu lernen, wird zunehmend wichtig. Die spirituelle Dimension der Arbeit, Bilder, Geschichten, Symbole, Feste und Feiern kommen verstärkt oder ganz neu in den Blick.*" (Synode der EKD 1995, S. 64)

Die Einrichtung – und dies gilt genauso für solche in katholischer Trägerschaft – soll also als christliche erkennbar sein und als solche Kinder und Eltern in ihrer jeweiligen Lebenssituation und -welt berücksichtigen, auch wenn dies nicht die christliche ist.

Hier ermöglicht der Ansatz des interkulturellen Lernens eine sinnvolle Verbindung von christlichem und sozialdiakonischem Auftrag, weil er nach Wegen sucht, wie Verschiedenheit akzeptierend gelebt werden kann. Zwar kommt es in der Praxis kirchlicher Einrichtungen durchaus vor, daß man, aus Angst, die Kinder unangemessen zu beeinflussen, der Religion allenfalls eine Randrolle in Gestalt unumgänglicher Feste zukommen läßt, sich ansonsten aber „neutral" verhält. Oder andererseits, daß die kirchliche Trägerschaft als Legitimation ausreicht, um, unabhängig von der Zusammensetzung der Kindergruppe, religiöse Erziehung nur auf den Horizont christlicher Religion zu beziehen. So oder so wird man aber dem doppelten Auftrag nicht gerecht.

Dabei haben kirchliche Einrichtungen eine besondere Chance. Sie bieten an: Religion ist bei uns ein zentrales Thema, sie wird nicht ausgeklammert. Im interkulturellen Kontext bedeutet dies, daß nicht nur die christliche, sondern jede Form von Religion und Religiosität, die die Kinder mitbringen, Achtung und Berücksichtigung erfährt.

Interreligiöses Lernen als Teil einer interkulturellen Konzeption

Deshalb wird ein besonderes Augenmerk auf das interreligiöse Lernen als Teil einer interkulturellen Konzeption gerichtet sein. Anhand von ausschnitthaften Beispielen soll auf die spezifische Situation kirchlicher Einrichtungen hingewiesen werden.

Ein evangelischer Kindergarten in einem bürgerlichen Wohnviertel einer westdeutschen Großstadt hat sich ganz bewußt der Situation im Stadtteil gestellt (ausführlicher bei Meier 1994, S. 19–25):

> Die Plätze in diesem Kindergarten sind sehr begehrt. Kinder aus den verschiedensten Herkunftsländern besuchen ihn, der Anteil ausländischer Kinder liegt bei 35 Prozent. Es herrscht eine große religiöse Vielfalt, auch innerhalb einzelner Religionen. Neben evangelischen und konfessionslosen Kindern gibt es viele muslimische (aus dem arabischen Raum, aus Iran, Afghanistan, Pakistan, Türkei und Südosteuropa), außerdem Kinder hinduistischer und buddhistischer Herkunft. Die Kirchengemeinde als Trägerin hat sich dieser Situation gestellt und ein pädagogisches Programm entworfen, das auch über den Kindergarten hinaus stadtteilbezogen sozialpädagogisches, interkulturelles und interreligiöses Arbeiten miteinander verknüpft. Interkulturelle Arbeit ist für sie nicht nur die Aufgabe des Kindergartens, sondern der ganzen Kirchengemeinde.
> Um die Erzieherinnen zu unterstützen und für diese besonderen Herausforderungen zu qualifizieren, werden ihnen Fortbildungen und Supervision ermöglicht. Dabei liegt ein Schwerpunkt auf dem Verhältnis von interkultureller und interreligiöser Praxis und der eigenen religiösen Identität der Erzieherinnen.
> Daraus entwickelte die Kirchengemeinde den Grundsatz des „doppelten Ernstnehmens" der religiösen Identität, der eigenen und der des anderen. Für die religionspädagogische Arbeit bedeutet dies, die Grundanliegen des christlichen Glaubens weiterzugeben und andere Glaubenserfahrungen und religiöse Traditionen zu respektieren und pädagogisch zu thematisieren. Für diesen evangelischen Kindergarten heißt das konkret:
> - Einerseits spielen die christlichen Feste eine bedeutende Rolle, vor allem das Erschließen von ursprünglich religiösen Bedeutungsinhalten über die konsumorientierte säkularisierte Praxis dieser Feste hinaus (zum Beispiel im Zusammenhang mit Weihnachten). An-

dererseits werden Feste anderer Kulturen und Religionen thematisiert, sofern die Kinder einen Bezug dazu haben. Dies geschieht zum Teil durch die Erzieherinnen selbst, aber auch durch die Eltern (vgl. dazu auch Kap. 3.5), zum Teil unter Beteiligung der Kirchengemeinde.

- Die religiösen Traditionen lassen sich häufig ohne die dazugehörigen Geschichten nicht verstehen, deshalb gehört auch das Erzählen dazu, z. B. von Geschichten aus biblischer und muslimischer Überlieferung (vgl. Kap. 3.6.2).
- Die Eltern wissen, daß ihre Kinder nicht religiös vereinnahmt werden; gleichzeitig schätzen sie es, daß sie die christlichen Glaubenstraditionen als religiöses Erbe dieser Gesellschaft in gelebter Form kennenlernen. „Wie langfristig auf diese Weise echtes Vertrauen wachsen kann, zeigt sich z. B. daran, daß die muslimischen Eltern nichts Anstößiges daran empfinden, wenn der Pfarrer beim Segnen während der wöchentlichen Kindergartenandacht – zu der die Eltern eingeladen sind – das Kreuzzeichen über der Gruppe schlägt. Ein Beispiel dafür, wie durch gewachsenes Verständnis religiöse Symbole des anderen, die in der eigenen Religion traditionell hochgradig tabuisiert sind, in ihrer konkret gelebten Verwendung durch ein ‚sympathisches Gegenüber' neu begriffen und respektiert werden können." (A.a.O., S. 24)

Dieses Beispiel macht deutlich, daß es einer Reihe von sozialen, personellen, materiellen und konzeptionellen Voraussetzungen bedarf, die nicht nur von der einzelnen Einrichtung und dem Mitarbeiterteam geleistet werden können, sondern Teil der gesamtkirchlichen Arbeit werden müssen. Dazu gehört, daß die multireligiöse Wirklichkeit unserer Gesellschaft akzeptiert wird.

Für kirchliche Tageseinrichtungen kann die jüdisch-christliche Tradition, die den Umgang mit dem Fremden immer wieder thematisiert, wichtige Impulse geben. So wird im Alten Testament das Verhalten Fremden gegenüber als göttliches Gebot formuliert:

> *„Wenn bei dir ein Fremder in eurem Land lebt, sollt ihr ihn nicht unterdrücken. Der Fremde, der sich bei euch aufhält, soll euch wie ein Einheimischer gelten, und du sollst ihn lieben wie dich selbst; denn ihr seid selbst Fremde in Ägypten gewesen."* (3. Mose 19, 33f)

Solche und ähnliche Texte können Denkanstoß sein, sich auch heute in die Situation von hier lebenden Menschen mit anderem kulturellen Hintergrund hineinzuversetzen.

Im Neuen Testament wird von Jesus erzählt, daß er sich Fremden und Andersgläubigen zugewandt hat und sie sogar seinen Anhängern als Vorbild vor Augen stellte: So beim römischen Hauptmann, dessen Vertrauen er betont (Matthäus 8), und beim barmherzigen Samariter (Lukas 10).

Solche Traditionen können dazu ermutigen, diese Akzeptanz ganz konkret umzusetzen und auf das uns Fremde zuzugehen, es in die Mitte zu holen. So könnte zum Beispiel ein Imam eingeladen werden, in der Kindergruppe eine Geschichte aus dem Koran zu erzählen.

Besuch religiöser Orte

Oder man besucht mit den Kindern verschiedene religiöse Orte, wie Moscheen, Kirchen unterschiedlicher Traditionen, Friedhöfe.

Zusammensetzung der Teams

Diese Vorschläge setzen interreligiöses Lernen direkt um (vgl. Kap. 2.2.5). Darüber hinaus kann interreligiöses Lernen aber auch indirekt thematisiert werden. Eine Möglichkeit ist, daß sich die religiöse Vielfalt der Kindergruppe auch ein Stück weit in der Zusammensetzung des Teams der pädagogischen Mitarbeiter und Mitarbeiterinnen wiederfindet.

Der Erfahrungsbericht eines evangelischen Kindergartens, in dem seit vielen Jahren eine Erzieherin türkischer Herkunft arbeitet, kann verdeutlichen, was sich dadurch verändert hat (folgende Zitate aus: Monz-Gehring 1995, S. 7ff):

> „Die Kinder türkischer Herkunft erlebten eine positive Aufwertung ihrer Sprache und ihres Landes durch ein erwachsenes Vorbild. Sie identifizierten sich positiv mit der türkischen Erzieherin, entwickelten schneller Vertrauen in unbekannte Situationen, fühlten sich schneller ‚heimisch', entdeckten Bekanntes neben vielem Unbekannten, wurden selbstbewußter und sicherer im Umgang mit anderssprachigen Kindern und Erwachsenen. Durch muttersprachliche Unterstützung wurden sie kommunikationsfreudiger auch in der Zweitsprache Deutsch."
>
> „Die Kinder deutscher oder sonstiger Herkunft erlebten durch die positive Verstärkung ebenfalls eine kontinuierliche Aufwertung der

bisher vorhandenen ‚Andersartigkeit' mancher Kinder, erlebten die Selbstverständlichkeit sprachlicher Unterschiede, wurden neugierig auf neue Worte, Spiele …"
Bei den Eltern stieg die Bereitschaft zu aktivem Mitgestalten durch persönliche Ansprache an. „Das Gefühl, in einem kirchlichen Kindergarten, der ‚sogar' eine muslimische Mitarbeiterin beschäftigt, akzeptiert und toleriert zu sein, baute Ängste vor ‚Christianisierung' ab und gab Sicherheit, daß alle Kinder hier ‚Religiosität' erfahren können."
„Bei den deutschen Eltern bewirkte der Umgang der deutschen Kolleginnen mit der türkischen Mitarbeiterin in Vorbildfunktion, daß sie offener mit ihren bisherigen Unsicherheiten umgingen."
Im Team brachte die türkische Kollegin durch die eigenen Erfahrungen (z. B. Zweisprachigkeit, eigene Sozialisation, Fremdsein, Minderheitsein usw.) „… Handlungskompetenzen ein, die die Zusammenarbeit sehr lebendig machten. Alle deutschen Erzieherinnen mußten sich mit der interkulturellen Situation auseinandersetzen, eigene Positionen mußten neu definiert werden."
„In der Auseinandersetzung um religiöse Fragen wurden auch von den deutschen Erzieherinnen eigene Standpunkte gefordert, die sich nur in der Bewußtwerdung der eigenen Werte und Haltungen entwikkeln konnten."
„Christliche und muslimische Feste werden eigenständig betrachtet – und gefeiert. Es bleibt den Familien freigestellt, woran sie sich beteiligen. Eine Vermischung im Sinne von ‚Harmonisierung' fand nicht statt."

Zur Einstellung muslimischer Erzieherinnen in kirchlichen Tageseinrichtungen:
Die Einstellung von muslimischen Erzieherinnen in einer kirchlichen Einrichtung ist ein umstrittenes und seit Jahren diskutiertes Thema.

Zur Rechtslage:

Rechtslage

Zur Zeit wird die Frage, wer in einer kirchlichen Einrichtung als Erzieherin arbeiten kann, durch die sogenannte ACK-Klausel geregelt: Voraussetzung für die Einstellung als Erzieherin in einer kirchlichen Einrichtung ist die Mitgliedschaft in einer christlichen Kirche, die zur Arbeitsgemeinschaft Christlicher Kirchen in Deutschland (ACK) gehört oder zu einer entsprechenden europäischen oder weltweiten Organisation (der Konferenz Europäischer Kirchen oder des Ökumenischen Rates der Kirchen). Diese Regelung ermöglicht beispielsweise einer aus England stammenden anglikanischen Erzieherin oder einer methodistischen Ghanaerin die Arbeit in einer kirchlichen Einrichtung. Für eine muslimische Erzieherin verhindert eben diese Regelung die Anstellung bei einem kirchlichen Träger. Gegenwärtig gibt es Arbeitsmöglichkeiten für muslimische Mitarbeiter und Mitarbeiterinnen im pädagogischen Bereich allenfalls im Rahmen von Ausnahmeregelungen:

- Bei der Vergabe von Praktikumsplätzen an angehende Erzieherinnen werden in Einzelfällen auch Muslime berücksichtigt;
- in einzelnen Landeskirchen ist eine Ausnahmeregelung möglich (so zum Beispiel in der Evangelischen Kirche in Hessen und Nassau laut Beschluß der Kirchensynode vom März 1995).

Interkulturelles Prinzip der Repräsentanz

Wie das oben beschriebene Beispiel zeigt, kann die Mitarbeit einer muslimischen Erzieherin in einer gemischtreligiösen Kindergruppe vielfältige positive Auswirkungen haben, nicht zuletzt auch auf den Bereich der religiösen Erziehung. Das interkulturelle Prinzip der Repräsentanz wird damit auch auf der Personalebene umgesetzt.

Deshalb gibt es immer wieder kritische Anfragen an die ACK-Klausel und Plädoyers für ihre Aufhebung, die vor allem von folgenden Überlegungen ausgehen:

Die Kinder könnten von einem multireligiösen Team, das zu seiner Verschiedenheit steht, profitieren, da sie vor allem über die Persönlichkeit der Erzieherinnen und in der konkreten Begegnung lernen. Das Empfinden, in ihrer eigenen Unterschiedlichkeit akzeptiert und ernstgenommen zu sein, könnte so verstärkt werden. Außerdem erlebten die Kinder das Team als Modell für gelebte Toleranz und Dialogbereitschaft.

Die Kirche selbst würde mit der Einstellung von nichtchristlichen Erzieherinnen ihr Eintreten für Verständigung und die Rechte der Migranten auch in diesem gesellschaftlich relevanten Bereich konkret und glaubwürdig umsetzen. Vorausgesetzt werden müßte lediglich, daß diese die kirchliche Arbeit in der Tageseinrichtung unterstützen und das Christentum achten.

Ein Hauptargument gegen die Einstellung von Erzieherinnen, die nicht einer christlichen Kirche angehören, ist in der Sorge um das eigene kirchliche und christliche Profil und dem damit verbundenen Erziehungsauftrag begründet. Dort, wo Erfahrungen mit multireligiösen Teams gesammelt werden konnten, zeigte sich, daß diese Sorge unbegründet ist, ja daß sogar gerade aus dieser Situation auch eine besondere religiöse Profilierung entstehen kann. Daß es bisher trotzdem nur zu sehr vereinzelten Einstellungen muslimischer Erzieherinnen gekommen ist, hängt sicher auch damit zusammen, daß befürchtet wird, die Kinder könnten so keine eigene religiöse Identität entwickeln. Deshalb soll im folgenden auf unterschiedliche Vorstellungen von religiöser Identität hingewiesen werden.

3.6.6 Religiöse Identität entwickeln

Als die Erzieherin beim Elternabend zu Beginn des Kindergartenjahres mit den Eltern klärt, wie die vertretenen religiösen Traditionen im Kindergartenalltag aufgenommen werden sollen, äußert sich die Mutter eines Dreijährigen besorgt: „Die Kinder kommen doch ganz durcheinander, wenn man hier die verschiedenen Religionen berücksichtigt. Woher sollen sie denn wissen, was zu welcher Religion gehört und wohin sie selbst gehören?"
Daraufhin meint eine andere Mutter, deren Tochter Leonie schon seit zwei Jahren diesen Kindergarten besucht, sie habe bisher nicht das Gefühl gehabt, daß sie alles durcheinanderbringe. Leonie, die mit Tülay, einem türkischen Mädchen befreundet sei, habe letztes Jahr, als das Zuckerfest relativ kurz nach Weihnachten lag, zuhause erklärt: „Nächste Woche feiern wir der Tülay ihr Fest. Weißt du, das mit den Süßigkeiten."

Nicht wenige Eltern, deren Kind eine kirchliche Einrichtung besucht, erhoffen sich, daß die Erzieherinnen den Kindern Feste und Brauchtum nahebringen und die Inhalte erklären, auch weil sie sich selbst dadurch überfordert fühlen. Ist es für die einen selbstverständlich, daß dabei nicht nur die christlichen Traditionen berücksichtigt werden, so befürchten andere, daß eine zu große Vielfalt eher zu

Unsicherheit und Orientierungslosigkeit führen könne. Hinter diesen Erwartungen und Befürchtungen steht häufig die Frage, wieviel Pluralität ein Kind denn vertragen könne.

Am besten so wenig wie möglich, lautet eine Antwort. Diese Position geht davon aus, daß ein Kind erst einmal in der eigenen religiösen Tradition „beheimatet" werden müsse, bevor es mit anderen, fremden religiösen Traditionen konfrontiert werden dürfe. So könne sich eine eigene religiöse Identität beim Kind ausbilden. Von diesem Fundament aus sei dann auch Begegnung möglich.

Interreliöses Lernen und Identität

Das Konzept des interreligiösen Lernens dagegen geht von einem anderen Identitätsverständnis aus: Identität ist nicht ein irgendwann fertiges Produkt der Erziehung, sondern sie befindet sich in einem lebenslangen Prozeß (vgl. Ziebertz 1996 a, S. 116). Das Eigene entwickelt und verändert sich in der Begegnung mit dem Fremden. Dieses Identitätsverständnis findet sich so auch bei Krappmanns soziologischer Bestimmung der balancierenden Identität wieder (vgl. Kap. 2.4.1).

Von dieser Position aus verschiebt sich der Akzent der Frage. Es kann weniger darum gehen, ob Kinder pluralistischen Situationen ausgesetzt werden dürfen oder wieviel Pluralismus sie vertragen. Kinder leben in in einer pluralistischen Gesellschaft, der Umgang mit Andersartigem, Vielfältigem und Fremdem ist zu einem Teil ihres Alltags geworden (vgl. Schreiner 1998, S. 25). Die Frage ist vielmehr, wie religiös plurale Situationen gestaltet werden müssen, damit sie Kinder nicht der Unsicherheit überlassen, sondern dem „Kind in der Mitte" gerecht werden.

Gestaltung religiös pluraler Situationen

Die Aufgabe der Erzieherin ist also nicht, Verunsicherung zu vermeiden, indem sie einen Schonraum bildet, der alles Fremde und Irritierende ausschließt (dies wäre allenfalls in weltanschaulich oder religiös geschlossenen Einrichtungen möglich), sondern eine Atmosphäre der Wertschätzung und Akzeptanz zu schaffen, in der das Kind mit seinen Unsicherheiten, Fragen und seinem jeweiligen Anderssein gehalten ist. Erlebt dann das Kind die unterschiedlichen religiösen Anschauungen und Lebensweisen in der Begegnung mit Menschen, die sie mit Leben füllen und mit ihrer Person dahinterstehen, können sie zur Bereicherung und Ich-Erweiterung führen.

Grundsätzliche Offenheit für alle Religionen

Das heißt dann auch: Eine Erzieherin muß nicht alle Religionen in gleicher Weise selbst vertreten, sie sollte jedoch für alle Religionen eine grundsätzliche Offenheit mitbringen. Die Traditionen, Rituale und Gedanken, die ihre eigene Religiosität prägen, werden ihr aber vermutlich immer näher sein als die anderer Religionen.

Auf einer Fortbildung mit dieser Aussage konfrontiert, meinte eine Erzieherin: „Ich soll doch aber alle Religionen einbeziehen, damit sich nicht nur die christlichen Kinder akzeptiert fühlen." In der sich anschließenden lebhaften Diskussion wurde am Beispiel von eigenen Erfahrungen mit Festen herausgearbeitet, daß zu den Festen, die man aus der eigenen Kindheit kennt und die für das eigene Lebens- und Zeitgefühl eine besondere Bedeutung erlangt haben, eine andere Beziehung besteht als zu den Festen einer anderen Kultur oder Religion. „Für mich ist Weihnachten so ein richtiges Freudenfest", erzählt eine andere Erzieherin, „das wirkt sich auch auf meine Stimmung mit den Kindern aus. Solche Gefühle verbinde ich mit islamischen Festen nicht in dem Maß, auch wenn ich sie natürlich kenne und auch schon gefeiert habe. Da ist es dann eher so, daß die muslimischen Kinder mich anstecken und ich über sie einen Zugang zu ihrem Fest bekomme."

Gelebte Religiosität

Wichtig ist, daß Kinder durch die Erzieherin, durch andere Kinder oder deren Eltern mit gelebter Religiosität in Berührung kommen. Dann kann es zu Begegnungen kommen, die es ermöglichen, Übereinstimmungen festzustellen und zu erleben, aber auch Unterschiede und Befremdliches wahrzunehmen. Sie können so ihre eigene religiöse Identität als etwas Dynamisches und für die Zukunft Offenes leben und entwickeln.

4 Interkulturelles Lernen – ein offener Prozeß

4.1 So könnte alles beginnen – erste Schritte zum interkulturellen Lernen

In einem längeren Beispiel stellen wir nun dar, wie eine Einrichtung – abhängig von den jeweiligen Gegebenheiten – beginnen könnte, die multikulturelle Lebenssituation von Kindern im Alltag kreativ zu berücksichtigen:

Die Leiterin der Kindertagesstätte St. Maria, Frau Petersen, war von einer einwöchigen Fortbildung zum Thema „Ich fühle mich hier so fremd – Kinder ethnischer Minderheiten in Tageseinrichtungen" zurückgekehrt. Voller Elan berichtete sie darüber in der nächsten Teambesprechung. Sie merkte, daß sie bei einigen Kolleginnen auf Interesse stieß. Andere reagierten eher abwartend und meinten zögernd: „Was müssen wir denn jetzt noch zusätzlich machen? Wir haben doch bisher auch ganz gut gearbeitet!" Frau Petersen erklärte, daß sie den Erzieherinnen natürlich nicht die Verantwortung für einen ganz neuen Erziehungsbereich aufbürden wolle. Es ginge vielmehr darum, den Alltag in der Einrichtung für alle Kinder so auszurichten, daß sie sich mit ihren jeweiligen Besonderheiten wertgeschätzt fühlen und ihre Erfahrungen verarbeiten könnten: Alltagsgestaltung, die die Entwicklung der Kinder effektiv fördern kann.
Sie schlug vor, mit dem Team einer anderen Einrichtung, die bereits Erfahrung mit interkultureller Erziehung gemacht haben, in Austausch zu treten. Über die zuständige Fachberatung erhielt sie eine Adresse. Die Fachberaterin bot an, auch einmal selbst ins Team zu kommen, z. B. als Moderatorin einer Besprechung oder auch, um grundsätzliche Informationen zum Konzept des interkulturellen Lernens zu geben. Sie könne auch eine Liste gut verständlicher Artikel aus Fachzeitschriften zusammenstellen.

Zunächst besuchten die Kolleginnen in Kleingruppen die angefragte Einrichtung und tauschten sich mit den dortigen Erzieherinnen über ihre Arbeitsweise und ihre Erfahrungen aus. Schließlich beschloß das Team, an einem pädagogischen Tag über das Thema „Wie gehen wir mit ‚ausländischen' Kindern und ihren Familien in unserer Einrichtung um?" zu arbeiten. Frau Petersen bat die Fachberaterin darum, an diesem Tag als Moderatorin dabeizusein. Sie versprach sich davon, auf diese Weise eigene Ideen und Gedanken besser einbringen zu können, weil sie selbst von der Gesprächsleitung entlastet sein würde.
Auf Vorschlag der Moderatorin trug das Team zunächst Beobachtungen zur Lebenssituation der Kinder der Tagesstätte zusammen, und zwar aller Kinder:

- Gibt es Kinder aus Familien, die aus den früheren Anwerbeländern stammen?
- Gibt es Kinder aus Flüchtlingsfamilien? Haben sie selbst die Flucht miterlebt?
- Sind Kinder aus Aussiedlerfamilien vertreten?
- Welchen Religionen gehören sie an?
- Welche Muttersprachen sprechen sie?
- Wie gut beherrschen sie ihre Muttersprache, wie gut sprechen sie deutsch?
- Was arbeiten die Eltern?
- Gibt es Arbeitslosigkeit unter den Eltern?
- Wie ist die Wohnsituation?
- Wie sieht das Wohnumfeld aus? Und anderes mehr.[4]

Die Kolleginnen stellten fest, daß die Kinder in ganz unterschiedlicher Weise an der multikulturellen Lebensweise der Gesellschaft teilhaben. Anschließend überprüften sie, an welchen Stellen sich diese Erfahrungen der Kinder im Alltag der Einrichtung auswirkten: Manche sprachen kaum deutsch, wenn sie aufgenommen wurden; andere beherrschten den Wechsel zwischen zwei Sprachen souverän; es gab Spielgruppen, die sich entlang der jeweiligen Muttersprache bildeten; Murat fragte regelmäßig beim Mittagessen, ob auch kein Schweinefleisch dabei sei; Petar, ein Kind aus dem Kosovo, reagierte

[4] In einer Einrichtung, in der wenige oder keine Kinder ethnischer Minderheiten vertreten sind, müßte statt dessen überlegt werden, wann und wo die Kinder die multikulturelle Situation unserer Gesellschaft in ihrem Alltag wahrnehmen.

verstört, als in der Faschingszeit einige Jungs sich gegenseitig mit ihren Pistolen „erschossen“; beim Hochzeitspielen bestimmte Inci, daß der Braut „Geldscheine“ ans Kleid geheftet werden müßten usw.
Daraufhin überlegten die Erzieherinnen, ob und wie das Verhalten der Kinder bisher von ihnen aufgegriffen worden war und wie sie das weiter intensivieren könnten.
Eine Gruppenleiterin meinte, Murat sei sicher von seinen Eltern beauftragt, sich jedesmal nach dem Essen zu erkundigen. Man könnte den Eltern und damit auch Murat diese Sorge nehmen, indem in jeder Gruppe ein Speiseplan für die jeweilige Woche ausgehängt und zu Schweinefleisch eine Alternative angeboten würde.
Anschließend dachten die Erzieherinnen darüber nach, wie sie die offensichtlich traumatischen Erlebnisse Petars aufgreifen könnten. „Man kann ihn ja nicht einfach auffordern, was darüber zu erzählen. Man müßte das irgendwie anders thematisieren, er steht ja nicht gern im Mittelpunkt. Und es wäre auch gut, wenn die anderen Kinder ein bißchen sensibler würden für seine Ängstlichkeit.“ Da berichtete Frau Petersen, daß sie in der Fortbildung altbekannte Bilderbücher auf Inhalte durchgesehen hätten, die etwas mit der Wanderungsgeschichte von Migrantenfamilien zu tun haben könnten. Dabei seien sie auf ganz überraschende Ergebnisse gestoßen: So widerfahre z. B. dem „Maulwurf Grabowski“ (Murschetz 1972) genau das, was viele Migranten erlebt hatten: Seine Lebensgrundlage wird zerstört, er muß fliehen und richtet sich nach einer abenteuerlichen Flucht in einem neuen Zuhause ein. Das könnte vielleicht ein Gesprächsaufhänger werden, und wenn nicht, so würden zumindest Flucht und deren mögliche Ursachen in Worte und Bilder gekleidet und damit für die Kinder etwas faßbarer.
Zwei Kolleginnen erklärten sich bereit, den Bilderbuchbestand der Einrichtung daraufhin zu durchforsten, ob und in welchen Rollen nichtdeutsche Kinder darin vorkämen.
Zu einem späteren Zeitpunkt beschloß das Team, seinen Umgang mit der Mehrsprachigkeit der Kinder neu zu überdenken. Bisher war Konsens gewesen, die Kinder durch freundliche Ermahnungen dazu anzuhalten, deutsch zu sprechen. Damit wollten die Erzieherinnen auch dem Wunsch der Eltern entsprechen, daß ihre Kinder möglichst schnell gut deutsch lernten, um einen problemlosen Start

in der Schule zu haben. Die Erzieherinnen hatten jedoch bemerkt, daß die Kinder versuchten, nach einer Ermahnung leiser weiterzusprechen – in ihrer Muttersprache – oder daß sie überhaupt etwas unwillig reagierten. Eine Kollegin brachte einen Artikel über die Bedeutung der Muttersprache mit. Sie faßte zusammen: „Ermahnungen bringen nichts und verderben nur die Atmosphäre, das merken wir doch jeden Tag!"

Das Team ließ sich darauf ein, in der nächsten Zeit die Kinder einmal so sprechen zu lassen, wie sie wollten und zu beobachten, wann die Kinder besonders gern ihre Muttersprache zur Verständigung nutzten. Dabei stellte sich heraus, daß die Kinder sich besonders dann mit anderen zusammentaten, die ihre Muttersprache ebenfalls beherrschten, wenn sie neu und noch unsicher in der Einrichtung waren. Im Hort der Tagesstätte gab es eine Gruppe von drei bosnischen Jungen, die vor dem Mittagessen häufig gemeinsam in den Toberaum gingen und sich dort lautstark unterhielten und balgten. Eine Erzieherin beobachtete, daß sich Ipek einmal weinend an ein anderes türkischsprachiges Mädchen wandte, nachdem sie von einem Kind von hinten unsanft geschubst worden war. Sie klagte ihr auf türkisch ihr Leid. „Das sind doch alles Situationen, wo die Kinder ganz stark emotional beteiligt sind", meinte eine Kollegin. „Da kann ich wirklich unmöglich verlangen, daß sie deutsch sprechen. In der Muttersprache findet man in solchen Situationen einfach besser Worte. Ich glaube inzwischen, sie haben bei uns trotzdem viel Gelegenheit, ihr Deutsch zu verbessern: im Gespräch mit uns, im Spiel mit Kindern, die nicht ihre Muttersprache sprechen. Da müssen sie ja deutsch sprechen, um sich zu verständigen. Und vielleicht wäre es gut, wenn wir allgemein mehr Wert auf sprachliche Förderung legen würden: mit Bilderbüchern, angeleiteten Rollenspielen, Liedern. Da gibt es sicher noch viel mehr Möglichkeiten!"

Gemeinsam überlegten die Erzieherinnen, wie sie phantasievoll die Sprachenvielfalt der Kinder aufgreifen könnten. Sie hatten bemerkt, daß die Kinder manchmal neugierig fragten, was das eine oder andere Wort in einer anderen Sprache heiße und ganz stolz waren, wenn sie ein Wort in einer anderen Sprache gelernt hatten. Sie nahmen sich vor, auf einem Aushang die Eltern zu bitten, Kinderverse in ihrer Muttersprache aufzuschreiben und sie ihnen beizubringen, da-

mit sie sie dann gemeinsam mit den Kindern beim Spielen verwenden konnten.
In der folgenden Zeit setzte das Team seine ersten Ideen zum interkulturellen Lernen um. Die Mitarbeiterinnen achteten genau darauf, wie Kinder und Eltern reagierten und auch, wie es ihnen selbst mit ihren Versuchen erging. In Dienstbesprechungen wurden regelmäßig Erfahrungen und Beobachtungen reflektiert. Frau Petersen regte zu einem späteren Zeitpunkt an, diese in die Konzeption der Einrichtung aufzunehmen. Dazu nahm sie auch Kontakt zum Träger auf, um die Konzeption mit ihm abzustimmen.

4.2 Praxisanregungen – eine Zusammenfassung

Natürlich gibt es noch wesentlich mehr Möglichkeiten, interkulturelle Erziehung in die Praxis umzusetzen. An vielen Stellen in den Kapiteln haben wir daraufhingewiesen. Wir stellen sie jetzt nur noch einmal stichpunktartig zusammen. Von grundsätzlicher Bedeutung ist, Kindern und Eltern durch die Art, wie man auf sie zugeht, zu vermitteln, daß sie wertgeschätzt und respektiert werden. Wer sich selbst akzeptiert fühlt, kann auch andere leichter so sein lassen, wie sie sind. Die aufgeführten Vorschläge dienen der weiteren Ausgestaltung dieser Grundhaltung. Bei allen Vorschlägen wird deutlich, daß eine Einrichtung keine aufwendigen Projekte inszenieren muß, um interkulturell zu arbeiten. Und wenn tatsächlich ein (zusätzliches) Fest gefeiert wird, sollte ruhig überlegt werden, was dafür auf der anderen Seite wegfallen könnte (aufwendige Bastelarbeiten z. B.).

Alltagsgestaltung

- Eltern werden um Alltagsmaterialien gebeten, z. B. Kopftücher, Pluderhosen, ausgedienter Samowar, Teegläser. Dadurch könnten „ausländischen“ Kindern Rollenspiele erleichtert und einheimische Kinder mit Neuem vertraut werden.
- Bei der Spielzeugbestellung wird der Kauf von dunkelhäutigen Puppen berücksichtigt.
- Es werden zweisprachige Kassetten besorgt (z. B. Erman 1992).

- Eltern werden gebeten, falls sie im Urlaub in ihr Herkunftsland fahren, von dort Musikkassetten oder Bilderbücher mitzubringen.
- Es werden zweisprachige Bilderbücher angeschafft.
- Einzelne Wörter (z. B. Zahlen, Begrüßungen) werden gemeinsam mit allen Kindern gelernt.
- Es wird darauf geachtet, daß auf Plakaten, Fotos und in Bilderbüchern Menschen aller Hautfarben zu sehen sind.
- Ein vielsprachiges Begrüßungsplakat im Eingangsbereich heißt alle Eltern und Kinder willkommen.

Religiöse Erziehung

- Feste anderer Religionen werden beachtet. Das kann von einer Gratulation zum Zuckerfest über das Erzählen von familiären Zusammenkünften bis zum gemeinsamen Feiern in der Tagesstätte reichen.
- Falls gemeinsam gebetet wird, werden unterschiedliche Gebetsgewohnheiten besprochen und akzeptiert.
- Wo es zum Projekt oder Thema paßt, werden religiöse Geschichten aus der gemeinsamen Überlieferung der Religionen erzählt. Es wird mehr Wert auf die Gemeinsamkeiten der religiösen Überlieferungen gelegt als auf Unterschiede (wobei diese, wenn es sich ergibt, nicht ignoriert werden sollten).
- Gemeinsam mit den Eltern wird ein Festkalender für die Einrichtung erstellt.
- Besuch von Einrichtungen der verschiedenen Religionen im Stadtteil.

Zusammenarbeit mit den Eltern

- Grundlegende Informationen über die Tageseinrichtung gibt es in mehreren Sprachen (eventuell beim Sozialamt oder Jugendamt nach Dolmetscher fragen, Eltern einbeziehen).
- Am ersten Elternabend im Kindergartenjahr wird der Tagesablauf anhand von Dias oder Fotos anschaulich erläutert. So sind Eltern und Erzieherinnen nicht nur auf sprachliche Verständigungsmöglichkeiten angewiesen.

- Die pädagogische Arbeit wird kontinuierlich neben schriftlichen Berichten auch mit Fotos dokumentiert und präsentiert.
- Erziehungsziele und religiöse Inhalte werden besprochen.
- Es wird versucht, daß Eltern, die Schwierigkeiten mit der deutschen Sprache haben, die Teilnahme an Elternveranstaltungen durch einen Dolmetscher/eine Dolmetscherin erleichtert wird.
- Hausbesuche können eine Möglichkeit sein, Eltern und Kinder in ihrem vertrauten Umfeld kennenzulernen und dadurch Vertrauen auf beiden Seiten zu schaffen.
- Eltern sind Experten ihrer jeweiligen Familienkultur. Sie werden je nach Möglichkeit in die pädagogische Gestaltung der Einrichtung einbezogen: durch Vorlesen, Erzählen, etwas Vormachen etc.
- Es wird überlegt, welche Formen von Zusammenarbeit die Eltern besonders ansprechen.
- Mit dem Thema Sexualerziehung sollte sehr sensibel umgegangen werden.

Beim Verhalten der Kinder besonders zu beachten

- Wie gehen die Kinder mit ihrem eigenen Anderssein um?
- Wie reagieren die Kinder auf das Anderssein von Gruppenmitgliedern?
- Wo zeigen sich Besonderheiten im Verhalten der Kinder aufgrund besonderer Erlebnisse und Erfahrungen (Gewohnheiten, Bräuche, Erziehungsstil zu Hause, gesellschaftliche Diskriminierung, Flucht etc.)?
- Spiegeln sich im Verhalten der Kinder Vorurteile wider? Gibt es Situationen, in denen die Kinder Überlegenheit oder Unterlegenheit zeigen aufgrund ihrer Hautfarbe, Herkunft oder ihres Geschlechtes?
- Wie gehen die Kinder mit dem Thema Nacktheit um?

Team

Durch neue Akzentsetzungen in der pädagogischen Arbeit können im Team verständlicherweise Ängste ausgelöst werden. Tatsächlich werden ja durch neue Ideen bisherige Arbeitsweisen und Vertrautes in Frage gestellt. So kann es Widerstände geben, sich auf etwas

Neues einzulassen, mit dem man bisher keine Erfahrung hat. Man muß Unsicherheiten und die Gefahr des Nichtgelingens ertragen. Deshalb ist es hilfreich, die Unterstützung durch eine Fachberaterin oder durch Supervision in Anspruch zu nehmen, damit das Team auch eventuell schwierige Umstellungszeiten gemeinsam und erfolgreich bewältigt. Weitere beachtenswerte Punkte können sein:

Unterstützung durch Fachberatung und Supervision

- Fortbildungen zum Thema der interkulturellen Erziehung;
- Einstellung einer Migrantin (Prinzip der Repräsentanz);
- in Dienstbesprechungen wird regelmäßig überprüft, ob in der Arbeit die Prinzipien des interkulturellen Lernens beachtet werden.

Zusammenarbeit mit dem Träger

Gerade für kirchliche Einrichtungen ist es wichtig, in der Frage der religiösen Erziehung in Übereinstimmung mit der Kirchen- oder Pfarrgemeinde zu arbeiten. Dies ist noch einmal dringlicher, wenn ein Team, wie es beim interkulturellen Lernen notwendig ist, offen ist für die unterschiedlichen religiösen Bedürfnisse und Überzeugungen der Kinder und ihrer Eltern und diesen auch einen Platz in der Einrichtung einräumt. Es könnte ja durchaus auch die Situation eintreten, daß einzelne Gemeindemitglieder Anstoß nehmen an einer offenen religiösen Arbeit. Dann ist Rückendeckung für die Mitarbeiterinnen durch die Pfarrerin oder den Pfarrer erforderlich. Deshalb ist es sehr gewinnbringend für die gesamte Arbeit eines Teams,

Kommunikation mit dem Träger

- guten Kontakt zum zuständigen Pfarrer oder zur Pfarrerin zu pflegen
- und gemeinsam zu überlegen, wie das christliche Profil einer konfessionellen Tagesstätte bei einer Zugehörigkeit der Kinder zu unterschiedlichen Religionsgemeinschaften aussehen könnte.

Über den Träger kann auch die Öffnung zu anderen Gruppen im Stadtteil erleichtert werden. Vielleicht gibt es im Ort oder Stadtteil eine Flüchtlingsinitiative, die dringend abends Räumlichkeiten für ihre Beratungstätigkeit sucht, die der Kindergarten zur Verfügung stellen könnte? Oder läßt sich ein Deutsch-Sprachkurs für Eltern organisieren, während ihre Kinder in der Tagesstätte betreut werden? Natürlich ist hier von den Möglichkeiten der Tageseinrichtung und des Ortes sowie den aktuellen Bedürfnissen der Familien auszugehen.

4.3 „Wir lernen täglich dazu"

Interkulturelles Lernen – ein offener Prozeß

So formuliert es eine Erzieherin, die seit vielen Jahren mit Kindern verschiedener Nationalität und Herkunft arbeitet (Schulze 1994, S. 246). Sie drückt damit das Wesentliche aus: Interkulturelles Lernen ist ein offener (Lern-)Prozeß, der Erzieherinnen, Kinder und Eltern einschließt. Dies macht den Weg interkulturellen Lernens gleichzeitig mühsam und spannend.

Mühsam, weil es kein gerader und schon gar kein gebahnter Weg ist, dem man nur zu folgen braucht, um irgendwann ans Ziel zu kommen. Dieser Weg führt manchmal an Grenzen, die zumindest im Augenblick und für die einzelnen nicht überwindbar sind. So können durch interkulturelles Lernen gesellschaftliche Benachteiligungen von MigrantInnen nicht einfach ausgeräumt werden. Und die sind so lange gegeben, wie Migranten von der rechtlichen und politischen Gleichstellung ausgeschlossen sind. Selbst wenn auf diesem Gebiet gleiche Rechte geschaffen sind, bestehen weiterhin vielfach ökonomische und soziale Unterschiede. Es ist wichtig, sich diese Voraussetzungen immer wieder bewußt zu machen, um die eigenen Einflußmöglichkeiten nicht zu überschätzen und ständig Frustrationen zu erleiden.

Angst und Abgrenzungsbedürfnis oder nicht lösbare Konflikte in Fragen der Lebensgestaltung können die Hoffnung auf einen gemeinsamen Weg der Verständigung zunichte machen. Auch muß ertragen werden, daß manchmal keine Annäherung möglich ist. Es gibt Menschen, die sich, aus welchen Gründen auch immer, einer pluralistischen Weltsicht nicht öffnen können und die eigenen Maßstäbe für die allein richtigen halten.

Mühsam ist der Weg des interkulturellen Lernens auch, weil es so scheint, als ob man immer wieder von vorne beginnen müsse. Mit jedem Kind und seinen Eltern, mit jeder Kollegin und nicht zuletzt auch immer wieder mit sich selber muß man sich neu auf den Weg machen. Vorbehalte, Unsicherheit, Angst und auch Ablehnung bei sich selbst und bei anderen können nur in vielen kleinen Schritten abgebaut werden. Auf einige mögliche Schritte wollten wir im Buch hinweisen, vieles wird sicher bei der eigenen Arbeit zu entdecken sein.

Gemeinsames Leben und Lernen

Genau darin liegt aber auch das Spannende des interkulturellen Lernens. Es geht nicht um die Umsetzung eines Programms, sondern um das gemeinsame Leben und Lernen mit Menschen. Jeder Tag kann für eine Überraschung gut sein, für eine neue Begegnung, ein plötzliches Verstehen von bisher Fremdem, Erfahrungen, die verändern. Dazu braucht es Mut zu und Lust an Neuem und gleichzeitig eine gehörige Portion Realitätssinn. Es braucht die Bereitschaft, jede Begegnung, jede neue Situation als eine Herausforderung zu begreifen.

Begegnungen und Erfahrungen mit vielen unterschiedlichen Menschen, Ansichten, Lebensweisen machen aber auch einfach Freude und weiten den Blick für die vielfältigen Möglichkeiten, das Leben sinnvoll und schön zu gestalten.

In Tageseinrichtungen kann mit interkulturellem Lernen der Entwicklung diskriminierender Grundhaltungen entgegengewirkt und daran gearbeitet werden, partnerschaftlich, sensibel und offen miteinander umzugehen, ohne daß damit Konflikte ausgespart werden müßten. Dabei lernen wir täglich dazu.

Literaturverzeichnis

Albert, Marie-Theres: Kulturspezifische Ethnozentrismen und interkulturelles Lernen. In: Nestvogel, Renate: Interkulturelles Lernen oder verdeckte Dominanz? Frankfurt/Main 1991

Akgün, Lale: Une arabesque triste – Kulturelle Transformationen bei türkischen Migranten. In: Zeitschrift für Migration und Soziale Arbeit, Heft 1/1996, S. 40–43

Allemann-Ghionda, Cristina: Mehrsprachige Bildung in Europa. In: BMW AG (Hrsg.): Life. Ideen und Materialien für interkulturelles Lernen (Grundwerk). München 1997, S. 1–10

Allport, Gordon: Die Natur des Vorurteils, Köln 1971

Ambikai, Oma: Der kleine Gott Ganesh und die wunderbare Mango. Ramonas the Publishers Ltd. Illford, Großbritannien 1997

Atabay, Ilhami: Ist dies mein Land? Identitätsentwicklung türkischer Migrantenkinder und -jugendlicher in der Bundesrepublik. Pfaffenweiler 1994

Auernheimer, Georg: Der sogenannte Kulturkonflikt. Orientierungsprobleme ausländischer Jugendlicher. Frankfurt/Main 1988

Auernheimer, Georg: Einführung in die interkulturelle Erziehung. Darmstadt 1995

Axhausen, Silke / Feil, Christine: Zum Abbau von Vorurteilen bei Kindern und Jugendlichen. München 1984

Baacke, Dieter: Individualisierung und Privatisierung von Religion. Neue religiöse Ausdrucksformen bei Jugendlichen. In: Lohmann, Ingrid / Weisse, Wolfram (Hrsg.): Dialog zwischen den Kulturen. Münster 1994, S. 187–194

Baldermann, Ingo: Der biblische Unterricht. Braunschweig 1969

Baringhorst, Sigrid / Schönwälder, Karen: Helfen Gesetze gegen Rassismus und Diskriminierung? Das britische Beispiel. In: Informationsdienst zur Ausländerarbeit Heft 2/1992, S. 44–49

Barth, Wolfgang: Muttersprache der Migranten: Status, Funktion und Gebrauch. In: Budde, Hildegard / Bata, Asad: Für interkulturelle Erziehung qualifizieren. Band 2, Berlin 1990, S. 149–161

Bastigkeit, Anja: Interkulturelle Erziehung und Situationsansatz. In: Kinder interkulturell, Heft 1/1998, Köln, S. 4–6

Beauftragte der Bundesregierung für Ausländerfragen (Hrsg.): Bericht der Beauftragten der Bundesregierung für Ausländerfragen über die Lage der Ausländer in der Bundesrepublik Deutschland. Bonn 1997

Becker, Udo: Lexikon der Symbole. Freiburg i.Br. 1978

Bezirksamt Schöneberg-Berlin: Dialog zwischen den Kulturen. Konzept zur interkulturellen Erziehung in städtischen Kindertagesstätten. Berlin 1998

Biehl, Peter: Symbole geben zu lernen: Einführung in die Symboldidaktik anhand der Symbole Hand, Haus und Weg. Neukirchen-Vluyn 1991

Birkner, Karin: Interaktion im ungesteuerten Zweitspracherwerb. In: Linguistische Arbeiten und Berichte, Heft 26, hrsg. vom Fachbereich Germanistik der Freien Universität Berlin 1990

Bischofsberger, Otto: Feiern des Lebens. Die Feste in den Religionen. Freiburg (CH) 1994

BMW AG (Hrsg.): LIFE. Ideen und Materialien für interkulturelles Lernen (Grundwerk). München 1997

Boos-Nünning, Ursula: Zusammenarbeit mit ausländischen Familien. Hauptstelle RAA Essen, ^{2}1993

Brusch, Wilfried / Kahl, Peter W.: Europa – Die sprachliche Herausforderung. Die Rolle des Fremdsprachenlernens bei der Verwirklichung einer multikulturellen Gesellschaft. Berlin 1991

Büttner, Christian (Hrsg.): Erziehung für Europa. Kindergärten auf dem Weg in die multikulturelle Gesellschaft. Weinheim 1997

Christ, Herbert: Sprachenpolitik für Europa: Folgen für den Fremdsprachunterricht. In: Brusch, Wilfried / Kahl, Peter W.: Europa – Die sprachliche Herausforderung. Die Rolle des Fremdsprachenlernens bei der Verwirklichung einer multikulturellen Gesellschaft. Berlin 1991, S. 32–42

Coburg-Staege, Ursula: Neue Entwicklungen in interkultureller Erziehung. In: Coburg-Staege, Ursula / Zirkel, Manfred (Hrsg.): Interkulturelle Erziehung in Deutschland, Großbritannien und Italien. Schwäbisch-Gmünd 1996, S. 17–36

Deci, Edward L. / Ryan, Richard M: Die Selbstbestimmungstheorie der Motivation und ihre Bedeutung für die Pädagogik. In: Zeitschrift für Pädagogik, Heft 2/1993, S. 223–238

Deutsche Welthungerhilfe: Guck mal übern Tellerrand! Lies mal, wie die anderen leben! Bonn 1996

Deutscher Caritasverband (Hrsg.): Aussiedlerfamilien: Eine Herausforderung für Tageseinrichtungen für Kinder. Freiburg i.Br. 1991

Die Ausländerbeauftragte des Senats von Berlin (Hrsg.): Die Ehre in der türkischen Kultur – Ein Wertsystem im Wandel. Berlin 1997

Die Ausländerbeauftragte des Senats von Berlin: Was tun gegen Diskriminierungen? Berlin 1994

Die Bibel. Einheitsübersetzung der Heiligen Schrift, Stuttgart 1982

Die Rechte des Kindes: Das Übereinkommen über die Rechte des Kindes, verabschiedet von der Generalversammlung der Vereinten Nationen in New York am 20. November 1989. Ravensburg 1994

Diehm, Isabell: Die Kinder von Migranten im Kindergarten. In: Büttner, Christian (Hrsg.): Erziehung für Europa. Kindergärten auf dem Weg in die multikulturelle Gesellschaft. Weinheim/Basel 1997, S. 16–30

Diehm, Isabell: Erziehung in der Einwanderungsgesellschaft (Dissertation). Frankfurt/Main 1993

Diehm, Isabell: Erziehung in der Einwanderungsgesellschaft. In: Informationsdienst zur Ausländerarbeit Heft 3–4/1994, S. 91–97

Doedens, Folkert: Das sind wir. Interkulturelle Unterrichtsideen für Klasse 4–6. In: Feuervogel praktisch Heft 1/1995

Doedens, Folkert: Thesen zum interreligiösen Lernen. In: Feuervogel Heft 1/1996, S. 4–11

Dörr, Hans: Soziales Lernen ist notwendig – wer fördert es? Konkrete Lernfelder in Schule, Betrieb und Jugendarbeit. In: bildung & wissenschaft, November 1997, S. 18–21

Elias, Norbert / Scotson, John: Etablierte und Außenseiter. Frankfurt/Main 1990

Erikson, Erik H. : Identität und Lebenszyklus. Frankfurt/Main 1976

Erman, Okay: Eins von mir – eins von dir, bir benden – bir senden. Deutsche und türkische Spiele und Lieder. Weinheim 1992

Evangelische Kindertagesstätte Martinskirche: 40 Jahre. Konzeptionelle Jubiläumsschrift. Stuttgart 1998

Felix, Sascha: Psycholinguistische Aspekte des Zweitspracherwerbs. Tübingen 1982

Finkenstaedt, Thomas / Schröder, Konrad: Bedarf und Bedürfnis. Bemerkungen und Thesen zur Geschichte und Zukunft des Fremdsprachenunterrichts. In: Brusch/Kahl 1991, S. 43–52

Flitner, Elisabeth / Herwartz-Emden, Leonie: Kulturkonflikt? In: Welt des Kindes, Heft 1/1990

Franger, Gaby / Kneipp, Hubert (Hrsg.): Miteinander leben und feiern, Frankfurt/Main 1984

Fremde Welten. Kinder- und Jugendbücher zu den Themen: Afrika, Asien, Lateinamerika, außereuropäische ethnische Minderheiten und Rassismus. Hrsg. v. Kinderbuchfonds Baobab, Basel 1997

Gogolin, Ingrid / Kalpaka, Annita: Interkulturelle Bildung. Über die Fähigkeit zum Umgang mit Verschiedenheit. In: Pädagogik, Heft 5/1993, S. 52–55

Gogolin, Ingrid: Theorien sprachlicher Sozialisation und sprachlicher Pluralität. In: Deutsch Lernen, Heft 1/1993, S. 14–25

Gorenflos, Walter: Keine Angst vor der Völkerwanderung. Hamburg 1995

Götz, Alexandra-I.: Willst Du wissen, wie das auf türkisch heißt? Zum Umgang mit Zweisprachigkeit in Kindertageseinrichtungen. In: Kindergarten heute, Heft 4/1996, S. 32–35

Gümen, Sedef / Herwartz-Emden, Leonie / Westphal, Manuela: Die Vereinbarkeit von Beruf und Familie als weibliches Lebenskonzept: Eingewanderte und westdeutsche Frauen im Vergleich. In: Zeitschrift für Pädagogik, Heft 1/1994

Güttler, Peter: Sozialpsychologie. Soziale Einstellungen, Vorurteile, Einstellungsänderungen. München 1996

Haider, Elisabeth: Zweitsprachenerwerb im Kindergarten. In: Unsere Kinder, Heft 2/1996, S. 31–32

Halbfas, Hubertus: Das Welthaus. Stuttgart 1983

Halbfas, Hubertus: Religionsunterricht in der Grundschule, Lehrerhandbuch 1, Zürich, Düsseldorf 1983

Haller, Ludger: Institutionelle Chancen und Hindernisse auf dem Weg nach Europa. In: Büttner, Christian (Hrsg.): Erziehung für Europa. Kindergärten auf dem Weg in die multikulturelle Gesellschaft. Weinheim 1997, S. 107–121

Hansen, Georg: Perspektivenwechsel. Münster 1996

Harz, Frieder: Mit Kindern beten. Landesverband für Evangelische Kindertagesstätten in Bayern. Nürnberg 1992

Haussmann, Werner: Dialog mit pädagogischen Konsequenzen? Perspektiven der Begegnung von Christentum und Islam für die schulische Arbeit. Hamburg 1993

Heitmeyer, Wilhelm: Verlockender Fundamentalismus. Frankfurt/Main 1997

Hepsöyler, Ender / Liebe-Harkort, Klaus: Muttersprache und Zweitsprache. Türkische Schulanfängerinnen und Schulanfänger in der Migration – Ein Vergleich. Frankfurt/Main. 1991

Heuchert, Lucija: „Sie müssen doch Deutsch lernen!“ Vom Umgang mit Mehrsprachigkeit im Kindergarten. Mannheim 1994

Heuchert, Lucija: Materialien zur interkulturellen Erziehung im Kindergarten. Band 3: Zweisprachigkeit. Berlin 1989

Hirchert, Bärbel / Winkelmann, Irmtraut: „Unsere Unsicherheit verschärfte die Konflikte!“ In: Theorie und Praxis der Sozialpädagogik, Heft 5/1997, S. 287–289

Hotz, Ursula: Anders sein – (k)ein Problem? Der Dialog zwischen den Nationalitäten. In: Theorie und Praxis der Sozialpädagogik, Heft 4/1994, S. 247–251

Hotz, Ursula : Denkanstöße und Regeln für den interreligiösen Dialog in der Kindertagesstätte. In: Theorie und Praxis der Sozialpädagogik, Heft 5/1997, S. 294–295

Hüsler, Silvia: Al fin Serafin. Kinderverse aus vielen Ländern. Zürich [2]1994

Hummel, Reinhard: Religiöser Pluralismus oder christliches Abendland? Herausforderung an Kirche und Gesellschaft. Darmstadt 1994

Islamisches Zentrum Hamburg e.V. (Hrsg.): Geschichten der Propheten aus dem Qur'an. Hamburg 1982

Jäger, Siegfried: Zur Eskalation des Rassismus in Deutschland. In: Informationsdienst zur Ausländerarbeit 1/1994, S. 14–18

Jamal, Helgard: Die Bedeutung des interreligiösen Lernens. Hamburg 1996

Johann, Ellen / Michely, Hildegard / Springer, Monika: Interkulturelle Pädagogik. Methodenhandbuch für sozialpädagogische Berufe. Berlin 1998

Jouhy, Ernest: Bleiche Herrschaft – dunkle Kulturen. Essays zur Bildung in Nord und Süd. Frankfurt/Main 1985

Junge, Hubertus / Lendermann, Heiner B.: Das Kinder- und Jugendhilfegesetz (KJHG). Einführende Erläuterungen. Freiburg i.Br., 1990

Kagıtçıbası, Çiğdem: Türkische Migranten aus der Sicht des Herkunftslandes. In: Bott, Peter / Merkens, Hans / Schmidt / Folker (Hrsg.): Türkische Jugendliche und Aussiedlerkinder in Familie und Schule. Hohengehren 1991, S. 31–43

Kalb u. a. (Hrsg.): Leben und Lernen in der multikulturellen Gesellschaft. Weinheim 1993

Keil, Annelie: Begegnung mit dem Fremden. Zur Anthropologie eines Lebensprinzips. In: Informationsdienst zur Ausländerarbeit, Heft 3–4/1992, S. 34–41

Khoury, Adel Th. / Hühnermann, Peter (Hrsg.): Wozu und wie beten? Die Antwort der Weltreligionen. Freiburg i.Br. 1989

Kinderkunterbunt: Handreichung für interkulturelles Lernen mit Kindern. Hrsg. von VNB Fachbereich internationale und interkulturelle Arbeit, Barnstorf, in Zusammenarbeit mit der Ausländerbeauftragten des Landes Niedersachsen, Hannover 1996

Kirste, Reinhard / Schultze, Herbert / Tworuschka, Udo: Die Feste der Religionen. Ein interreligiöser Kalender. Gütersloh 1997

Klement, Christa: Community Education und multikulturelle Nachbarschaftsschule. In: Barkowski, Hans / Hoff, Gerd (Hrsg.): Berlin interkulturell. Ergebnisse einer Berliner Konferenz zu Migration und Pädagogik. Berlin 1991, S. 159–178

Koran. In der Übersetzung von Paret, Rudi. Stuttgart 1979

Krappmann, Lothar: Soziologische Dimensionen der Identität. Strukturelle Bedingungen für die Teilnahme am Interaktionsprozeß. Stuttgart 1982

Krenz, Armin: Der „Situationsorientierte Ansatz" im Kindergarten. Freiburg i.Br. ^{3}1992

Krenz, Armin / Raue, Roswitha: Bewegung im „Situationsorientierten Ansatz". Neue Impulse für Theorie und Praxis. Freiburg i.Br. ^{2}1997

Kuhn, Elke (Hrsg.): Gott in vielen Namen feiern. Interreligiöse Schulfeiern mit christlichen und islamischen Schülerinnen und Schülern. Gütersloh 1998

Küng, Hans: Projekt Weltethos. München 1990

Lähnemann, Johannes: Evangelische Religionspädagogik in interreligiöser Perspektive. Göttingen 1998

Lanfranchi, Andrea: Immigranten. Opladen 1993

Leggewie, Claus in Frankfurter Rundschau vom 29.01.1993

Limbindo, Menezes: Die anderen verstehen. Plädoyer für ein grenzüberschreitendes Kulturverständnis. In: Helvetas. Interkulturelle Kommunikation. Zürich o.J., S. 18–19

Lumpp, Gesine: Daß Ali und Elena mitreden können. Stuttgart 1980

Lutz, Helma: Die multikulturelle Gesellschaft. Das Beispiel Niederlande. In: Informationsdienst zur Ausländerarbeit, Heft 1/1995, S. 32–37

Marburger, Helga: Schule in der multikulturellen Gesellschaft. Ziele, Aufgaben und Wege interkultureller Erziehung. Frankfurt/Main 1991

Mattenklott, Gundel: Titel, Themen, Temperamente. Eine kleine Deutschlandreise. In: JuLit, Heft 2/98, S. 3–17

Meier, Andreas: Muslimische Kinder im evangelischen Kindergarten – (k)ein Problem? In: Gossmann, Hans-Christoph (Hrsg.): Zwischen Kirche und Moschee: Muslime in der kirchlichen Arbeit. Hamburg 1994, S. 10–25

Merkens, Hans: Familiale Erziehung und Sozialisation türkischer Kinder in Deutschland. In: Merkens, Hans / Schmidt, Folker (Hrsg.): Sozialisation und Erziehung in ausländischen Familien in Deutschland, Baltmannsweiler 1997, S. 9–100

Merseburger, Helga: Von der Ausländerpädagogik zur interkulturellen Erziehung. In: Merseburger, Helga (Hrsg.): Schule in der multikulturellen Gesellschaft. Frankfurt/Main 1991, S. 19–35

Miedaner, Lore: Vom Mütterabend zur vielfältigen Zusammenarbeit mit den Eltern. In: Theorie und Praxis der Sozialpädagogik, Heft 5/1995, S. 309–312

Militzer, Renate / Bourgeois, Susanne: Aussiedlerkinder im Kindergarten. Köln 1994

Militzer, Renate / Solbach, Regina: Kinder aus europäischen Ländern. Köln 1992

Militzer, Renate: Interkulturelle Erziehung – eine Herausforderung für die Kindertagesstätte. In: Kita aktuell BW, Heft 10/1998, S. 200–205

Mitscherlich, Alexander und Margarete: Zur Psychologie des Vorurteils. In: diess.: Die Unfähigkeit zu trauern. München 1988

Mitulla, Claudia: Die Barriere im Kopf. Stereotype und Vorurteile bei Kindern gegenüber Ausländern. Opladen 1997

Möller, Rainer: Die religionspädagogische Ausbildung von Erzieherinnen. Dissertation Tübingen 1998 (a)

Möller, Rainer: Religion lernen im Kindergarten? In: Theorie und Praxis der Sozialpädagogik Heft 6/1998 (b), S. 32–35

Monz-Gehring, Christiane: Über die Mitarbeit ausländischer bzw. türkischer Mitarbeiterinnen im evangelischen Kindergarten Mainz-Mombach. In: Islam-Arbeitskreis im Amt für Mission und Ökumene der Evangelischen Kirche in Hessen und Nassau (Hrsg.): Theologische Überlegungen zur Einstellung einer muslimischen Erzieherin in einem evangelischen Kindergarten. Darmstadt 1995, S. 7–9

Mühle, Heidi: Feste feiern. Landesverband Evangelischer Kindertagesstätten in Bayern 1994

Naegele, Ingrid M. / Haarmann, Dieter (Hrsg.): Darf ich mitspielen? Kinder verständigen sich in vielen Sprachen – Anregungen zur interkulturellen Kommunikationsförderung. Weinheim [3]1991

Nauck, Bernhard: Heimliches Matriarchat in Familien türkischer Arbeitsmigranten? In: Zeitschrift für Soziologie, Heft 6/1985, S. 450–465

Neidhart, Walter / Eggenberger, Hans: Erzählbuch zur Bibel, Zürich u. a. [4]1984

Neth, Angelika: Gegenseitig bringen wir uns Wörter bei. Eine Erzieherin lernt die Sprache der Kinder. In: Welt des Kindes, Heft 6/1997, S. 28–31

Neumann, Ursula / Popp, Ulrike: Spracherziehung in Migrantenfamilien. In: Deutsch Lernen, Heft 1/1993, S. 26–62

Nieke, Wolfgang: Interkulturelle Erziehung und Bildung. Wertorientierung im Alltag. Opladen 1995

Nieke, Wolfgang: Konzepte interkultureller Erziehung. In: Baur, Rupprecht S. (Hrsg.): Interkulturelle Erziehung und Zweisprachigkeit. Baltmannsweiler 1992

Nieke, Wolfgang: Wie ist interkulturelle Erziehung möglich? In: Kalb, Peter (Hrsg.): Leben und Lernen in der multikulturellen Gesellschaft. Weinheim 1993

Nipkow, Karl-Ernst: Ökumenisches Lernen – Interreligiöses Lernen. Glaubensdialog zwischen den Weltreligionen. In: Orth, Gottfried (Hrsg.): Dem bewohnten Erdkreis Schalom. Münster 1991

Oehler, Elisabeth: „Ich feiere einfach mit!“ In: Kindergarten heute 11–12/1998, S. 42–44

Oertel, Frithjof: Elementare Sozialerziehung. Praxishilfen für den Kindergarten, 2 Bände. München 1982

Oertel, Frithjof: Konzept und Methoden elementarer Sozialerziehung: Materialien für die Aus- und Fortbildung. München 1983

Oksaar, Els: Spracherwerb im Vorschulalter. Einführung in die Pädolinguistik. Stuttgart 1987

Pape, Günther: Zeugen Jehovas. In: Gasper, Hans / Müller, Joachim / Valentin, Friederike: Lexikon der Sekten, Sondergruppen und Weltanschauungen. Freiburg i.Br. 1995, Spalte 1178–1186

Pausewang, Freya: Ziele suchen – Wege finden. Arbeits- und Lehrbuch für die didaktisch-methodische Auseinandersetzung in sozialpädagogischen Berufen. Berlin 1994

Pausewang, Freya: Was ist ein Projekt? In: Theorie und Praxis der Sozialpädagogik, Heft 6/1998, S. 15

Pillert, Diether: Distanz zwischen Schule und Eltern verringern. In: Gemeinsam. Ausländer und Deutsche in Schule, Nachbarschaft und Arbeitswelt. Hrsg. von der Hauptstelle RAA, Essen, Heft 17/1990, S. 13–15

Pommerin-Götze, Gabriele (Hrsg.): Es geht auch anders! Leben und Lernen in der multikulturellen Gesellschaft. Frankfurt/Main 1992

Portera, Agostino: Interkulturelle Identitäten. Köln 1995

Provo – Jugendmagazin H. 3, 1997. Beilage in: Publik-Forum Nr. 18, 1997, S. 1–23

Radtke, Frank-Olaf: Multikulturell – Gesellschaftsdesign der 90er Jahre? In: Informationsdienst zur Ausländerarbeit 4/1990, S. 27–34

Radtke, Frank-Olaf: Multikulturalismus. Ein postmoderner Nachfahre des Nationalismus. In: Vorgänge Heft 3/1992, S. 23–30

Reeves, Nigel: Fremdsprachen und Beruf im vollendeten europäischen Binnenmarkt. In: Brusch, Wilfried / Kahl, Peter W.: Europa – die sprachliche Herausforderung. Berlin 1991, S. 18–31

Rickers, Folkert: Interreligiöses Lernen. In: Feuervogel Heft 1/1997, S. 25–29

Rickers, Margot: Interkulturelles Leben und Lernen in einer evangelischen Grundschule in Aachen. In: Biehl, Peter u. a. (Hrsg.): Jahrbuch der Religionspädagogik JRP Bd. 8, Neukirchen-Vluyn 1992

Rieck, Bert-Olaf: Natürlicher Zweitspracherwerb bei Arbeitsmigranten. Frankfurt / Bern / New York 1989

Ritschl, Dietrich / Jones, Hugh O.: „Story" als Rohmaterial der Theologie. In: Theologische Existenz heute, Nr. 192, München 1976

Rösch, Heidi: Bilderbücher zum interkulturellen Lernen. Hohengehren 1997

Rogge, Jan-Uwe: Aussiedlerfamilien und -kinder. Wie anders sind sie? In: Werner, Walter: Das Mannheimer Kindergarten-Stadtteilprojekt. Mannheim 1994, S. 90–105

Rolle, Jürgen / Kesberg, Edith: Der Hort. Band 1: Der Hort als Erziehungs- und Bildungseinrichtung für Kinder im schulpflichtigen Alter. Stuttgart 1994

Rommelspacher, Birgit: Die Erfindung des Fremden. In: taz vom 27.11.1997

Scharf, Achim: Die Nahtstelle ist der Übergang. Von der punktuellen Elternarbeit zur flächendeckenden Elternberatung. In: Gemeinsam. Ausländer und Deutsche in Schule, Nachbarschaft und Arbeitswelt. Hrsg. von der Hauptstelle RAA, Essen, Heft 17, Juni 1990, S. 19–22

Schiffauer, Werner: Die Migranten aus Subay. Türken in Deutschland – eine Ethnographie. Stuttgart 1991

Schiffauer, Werner: Kulturdynamik und Selbstinszenierung. In: taz vom 4.3.1997

Schilling, Klaus: Symbole erleben. Glauben erfahren mit Hand, Kopf und Herz. Stuttgart 1991

Schmidt-Dumont, Geralde: Die Kinder von 1001 Nacht. Interkulturelle Erziehung durch Kinder- und Jugendliteratur aus islamischen Ländern und von Migrantenautoren und -autorinnen. (Heft 35 der Materialien Jugendliteratur und Medien, hrsg. von der GEW) Frankfurt/Main 1996

Schmitt, Gabriele: Der Feldversuch in Kindertagesstätten in Köln-Kalk. In: Kinder interkulturell, Köln, Heft 1/1997, S. 5–8

Schrader, Achim / Nikles, Bruno / Griese, Hartmut: Die Zweite Generation. Sozialisation und Akkulturation ausländischer Kinder in der Bundesrepublik. Königstein/Ts. 1979

Schreiner, Peter (Hrsg.): Identitätsentwicklung in multikultureller Gesellschaft. Münster 1994

Schreiner, Peter: Interkulturelles Lernen braucht Religion. In: CI-Informationen Heft 1/1997, S. 2

Schreiner, Peter: Schule und europäische Identität. In: Feuervogel Heft 1/1998, S. 22–26

Schulze, Christa: Auch eine herrische Großmutter ist eine Frau. In: Theorie und Praxis der Sozialpädagogik, Heft 5/1994, S. 244–246

Sieg, Ursula: Die Feste in Klassengemeinschaft und Unterricht. In: „Vielfalt der Feste – Reichtum der Religionen". Hrsg. vom Pädagogisch-Theologischen Institut (PTI) der Nordelbischen Kirche in Hamburg 1997, S. 31

Simon, Barbara: Ramadan im Kindergarten? In: Publik Forum 2/1998, S. 19f

Sozialpädagogisches Institut NRW (Hrsg.): Aussiedlerkinder im Kindergarten. Stuttgart 1994

Spuler-Stegemann, Ursula: Muslime in Deutschland. Freiburg i.Br. 1998

Steffensky, Fulbert: Die Gewißheit im Eigenen und die Wahrnehmung des Fremden. In: ru Ökumenische Zeitschrift für den Religionsunterricht Heft 1/1997, S. 2–5

Steglich, Hanne: Kinder aus aller Welt. Die interkulturelle Kindertagesstätte von „terre des hommes". In: Kindergarten heute, Heft 11–12, 1998, S. 40–41

Stölting, Erhard: Der Mechanismus des ethnischen Vorurteils. In: Pommerin-Götze u. a. (Hrsg.): Es geht auch anders! Frankfurt/Main 1992

Swidler, Leonard: Die Zukunft der Theologie. München 1992

Synode der evangelischen Kirche in Deutschland (Hrsg.): Aufwachsen in schwieriger Zeit. Kinder in Gemeinde und Gesellschaft. Gütersloh 1995

Textor, Martin R.: Kindheit in der Familie. In: Aus Politik und Zeitgeschichte (APUZ), B 40–41, 1990, S. 14–20

Textor, Martin R.: Elternarbeit mit neuen Akzenten. Reflexion und Praxis. Freiburg i.Br. 1995

Thalmann, Hans-Christian: Die Identitätsentwicklung bei Jugendlichen aus Migrantenfamilien. In: Coburn-Staege, Ursula / Zirkel, Manfred (Hrsg.): Interkulturelle Erziehung in Deutschland, Großbritannien und Italien. Schwäbisch Gmünd 1996

Thiel, Thomas: Schülertreff Sonne. Ein Ort multikultureller Vielfalt. In: Welt des Kindes, Heft 2/1994, S. 41–45

Thielicke, Berthold: Aussiedler – Fremde in der alten und neuen Heimat. In: Unsere Jugend Heft 1/1988, S. 4–9

Tibi, Bassam: Multikulturelle Werte – Relativismus und Werte – Verlust. In: Aus Politik und Zeitgeschichte (APUZ) B 52–53/96

Triesscheiyn, Cyriel: Eine Infrastruktur gegen Rassismus in den Niederlanden. In: Informationsdienst zur Ausländerarbeit Heft 1/1994, S. 48–49

Tworuschka, Monika / Tworuschka, Udo (Hrsg.): Symbole in den Religionen der Welt. Ein Vorlesebuch für Kinder von 8–14 Jahren. Lahr 1996

Tworuschka, Monika / Tworuschka, Udo (Hrsg.): Vorlesebuch fremde Religionen. Bd. 1 Judentum – Islam. Lahr/Düsseldorf 1988

Tworuschka, Monika / Tworuschka, Udo (Hrsg.): Vorlesebuch fremde Religionen. Bd. 1 Judentum – Islam. Lahr/ Düsseldorf 1993

Ulich, Michaela: Woher kommen die Bilder im Kopf? In: Kindergarten heute Heft 4/1994

Wagemann, Gertrud: Feste der Religionen – Begegnung der Kulturen, München 1996

Walter, Michael: Nur gespielt und nichts gelernt? Im Dialog mit Eltern. In: Welt des Kindes, Heft 6/1997, S. 12–15

Welsch, Wolfgang: Transkulturalität. Lebensformen nach der Auflösung der Kulturen. In: Information Philosophie Heft 2/1992, S. 5–20

Werner, Walter: Das Mannheimer Kindergarten-Stadtteilprojekt. Mannheim 1994

Wondruschka, Mario: Die Mehrsprachigkeit des Menschen. München/Zürich 1979

Zeitpunkte Heft 2/1999, S. 44–46

Zentrum für Türkeistudien (Hrsg.): Türkei Sozialkunde. Opladen 1991

Ziebertz, Hans-Georg: Interkulturelles/Interreligiöses Lernen. Antworten auf fünf Fragen des Comenius-Instituts. In: Interkulturelles und interreligiöses Lernen – Beiträge zu einer notwendigen Diskussion. Hrsg. vom Comenius-Institut Münster 1996 (a), S. 114–117

Ziebertz, Hans-Georg: Zwischen Hintergrund und Horizont. In: Feuervogel Heft 2/1996 (b), S. 4–9

Zillessen, Dietrich: Dialog mit dem Fremden. Vorüberlegungen zum interreligiösen Lernen. In: Der evangelische Erzieher, Heft 46/1994, S. 338–347

Zimmer, Dieter: So kommt der Mensch zur Sprache. München 1994

Zimmer, Jürgen: Das kleine Handbuch zum Situationsansatz. Praxisreihe Situationsansatz. Ravensburg 1998

Weitere Handbücher

Daniela Braun
Handbuch Kreativitätsförderung
Theorie und Praxis für die Arbeit mit Kindern
192 Seiten, gebunden
ISBN 3-451-26972-4

Daniela Braun
Handbuch Kunst und Gestalten
Theorie und Praxis für die Arbeit mit Kindergruppen
240 Seiten mit 16 vierfarbigen Seiten, gebunden
ISBN 3-451-26617-2

Armin Krenz
Handbuch Öffentlichkeitsarbeit
Professionelle Selbstdarstellung für Kindergarten, Kindertagesstätte und Hort
240 Seiten, gebunden
ISBN 3-451-26966-X

Eva-Maria Leupold
Handbuch der Gesprächsführung
Problem- und Konfliktlösung im Kindergarten
248 Seiten, gebunden
ISBN 3-451-26779-9

Erich Lutz / Michael Netscher
Handbuch Ökologischer Kindergarten
Kindliche Erfahrungsräume neu gestalten
328 Seiten mit 40 Farbfotos und 120 Grafiken, gebunden
ISBN 3-451-23945-0

Hans-Joachim Schmutzler
Handbuch Heilpädagogisches Grundwissen
Einführung in die Früherziehung behinderter und von Behinderung bedrohter Kinder
352 Seiten, gebunden
ISBN 3-451-27002-1

Renate Zimmer
Handbuch der Bewegungserziehung
Didaktisch-methodische Grundlagen für die Praxis
224 Seiten, gebunden
ISBN 3-451-26906-2

Renate Zimmer
Handbuch der Psychomotorik
Theorie und Praxis der psychomotorischen Förderung von Kindern
272 Seiten, gebunden
ISBN 3-451-26621-0

Renate Zimmer
Handbuch der Sinneswahrnehmung
Grundlagen einer ganzheitlichen Erziehung
224 Seiten, gebunden
ISBN 3-451-26905-8

HERDER **Im Buchhandel erhältlich!**